수도권
전철 타고 가는 산

수도권
전철 타고 가는 산

지은이 신명호
펴낸이 장인행

1판 1쇄 2011년 10월 30일
2판 1쇄 2012년 10월 30일

펴낸곳 **깊은솔**
주   소 서울특별시 종로구 구기동 85-9번지 인왕B/D 301호
전   화 02 · 396 · 1044(대표) / 02 · 396 · 1045(팩스)
등   록 제1 · 2904호(2001. 8. 31)

ⓒ 신명호, 2011
mobile : 011-9652-3966
e-mail : hosan1@hanmail.net

ISBN 978-89-89917-36-6 13990

값 9,800원

• 인지는 저자와의 협의에 의하여 생략합니다.
• 본 도서의 무단복제 · 전재 · 전송 행위는 저작권법에 의해 처벌받게 됩니다.
• Printed in Seoul, Korea

수도권 전철 타고 가는 산

깊은솔

책을 펴내면서

경제성장과 국민생활의 향상으로 인하여 건강과 취미 생활에 관심이 깊어지면서 등산인구가 폭발적으로 늘어나고 있습니다. 통계에 의하면 18세 이상 국민 두 사람 중 한 사람이 등산을 한다고 합니다. 등산은 이제 일상생활이 되었습니다. 등산은 건강생활에 최고이며 건전한 취미생활입니다. 우리는 오를 수 있는 산이 있어 축복받은 국민입니다.

필자는 건강을 위해 산행을 시작한 것이 동기가 되어 33년간 등산을 하였으며 그동안 1,400산을 등정하였습니다. 젊은 시절을 산과 함께 보내게 되었습니다. 그동안 산행으로 터득한 산행방법과 산행지식을 다음 세대에 전수 해주어야 한다는 생각을 하고 산행안내 책을 쓰기로 결심을 하여 『한국 700명산』『한국 100대명산』『서울에서 가까운 200명산』『첩첩산중 오지의 명산』『영호남 200명산』을 출간하였으며, 다시 『수도권 전철 타고 가는 산』을 출간하게 되었습니다. 출간한 책 내용은 모두 필자가 직접 산행을 통하여 경험한 내용이며, 부족한 부분들을 재 답사를 통해 정성을 다하여 기록하였습니다.

'전철 타고 가는 산'은 수도권에서 전동열차를 타고 가서 산행을 할 수 있는 산이며, 일부는 전철역에서 하차 후, 연계버스를 타고 산행을 할 수 있는 산입니다.

왼쪽에 지도, 오른 쪽에 등산로를 기록하였고 기타 교통, 식당, 명소를 기록하였습니다. 식당은 산 주변에서 대부분 맛있게 잘하는 음식점을 필자가 직접 확인한 음식입니다. 산행은 안내대로만 진행을 하면 누구나 산행을 할 수 있도록 자세하게 기록을 하였습니다.

산행은 자연그대로의 청정지역인 산천을 오르고 내리며 때로는 평지와 같은 능선이나 계곡을 걸으면서 자연과 동화되어 무심으로 돌아가 심신을 수련하는 건전한 취미생활입니다. 산행을 할 때는 언제나 산행지도를 지참하고 안전산행을 기본으로 하시기 바랍니다.

저자 신 명 호

참고사항

1. 수도권에서 전철을 타고 내려서 바로 산행, 혹은 연계버스를 타고 산행이 가능한 서울 근교 산이다.
2. 지도는 2004년 이후 발행된 국립지리원 1:5000 원색지도를 기본으로 하여 능선과 계곡을 쉽게 이해할 수 있도록 개념도로 작성하였다.
3. 본문은 개요, 등산로, 교통, 식당, 명소 순으로 정리하였다.
4. 등산로는 산행기점에서 적색점선 등산로를 따라 정상에 오른 후, 하산 지점까지 진행하는 실제 산행과정과 산행시간을 기록한 것이다.
5. 등산로는 주변 상황에 따라 변할 수 있으므로 이를 참고하면서 길을 찾아 가야 한다.
6. 능선은 주능선, 지능선, 세능선으로 분류하여 굵고 가늘게 하여 회색선으로 하였다.
7. 계곡은 물이 많은 주요계곡만 청색으로 하였고, 기타 계곡은 바탕색으로 하였다.
8. 등산로는 혼란을 피하기 위해 안내하는 대표적인 등산로는 적색점선(----)으로 하고, 기타 산길은 검은점선(----)으로 표시하였으며 가능한 원점회귀 산행을 기본으로 하였다.
9. 소요시간은 보통사람들의 보행시간이며, 총 소요시간은 구간별시간 합계에서 1시간(점심+휴식시간)을 더 포함한 시간이다.
10. 북한산, 도봉산 둘레길 시간은 1시간에 10분 정도 휴식시간을 포함한 시간이다.
11. 매년 2월 1일~5월 15일, 11월 1일~12월 15일은 산불예방 입산 통제 기간이다.
12. 도로는 철도, 고속도로, 국도, 지방도, 기타도로, 소형차로(1차선 도로)로 정리하였다.
13. 교통편은 전동열차편과 연계버스 편을 기록하였고, 자가운전 편을 기록하였다.
14. 식당은 해당되는 산 주변에서 비교적 잘하는 집을 확인하여 한두 집을 선정하였다.
15. 명소는 등산로 주변에 가볼만한 한두 곳을 기록하였다.
16. 입산문의 산림청 1588-3249. 국립공원관리공단 02-3279-2794. 시, 군청 산림과
17. 열차시간안내 1544-7788. 동서울터미널 1688-5979. 남부버스터미널 02-521-8550

지도에 표시된 기호

기호		기호		기호		기호	
도　　계	―◇―◇―	임　　도	━━━━	헬 기 장	⊕	표 적 물	●
군　　계	―‥―‥―	안내등산로	-------	샘(식수)	⊛	산 불 초 소	
면　　계	――――	미확인산길	-------	묘(무덤)	⌒	통 제 소	
철　　도	┼┼┼□┼┼┼	소요시간	←20분	폭　　포		과 수 원	○
고 속 도 로		능　　선	～～	주요안부	●	밭 · 논	
국　　도	37	계　　곡		주갈림길	○	교회(기도원)	
지 방 도	371	합 수 곡		절(암자)	卍	학교(학교터)	
기 타 도 로		삼각점봉	△	성(성터)	⊐⊏	주 차 장	P
소 형 차 로		산 봉 우 리	▲	다리(교)	⋈	버스정류장	

차례

- 책을 펴내면서/4
- 참고사항/5
- 차례/6
- 산이름 쉽게 찾기/7

- 북한산(北漢山. 837m)/8
- 도봉산(道峰山. 739.5m)/12
- 관악산(冠岳山. 629.9m)/16
- 청계산(淸溪山. 615m)/20
- 수락산(水落山. 640.6m)·불암산(佛岩山. 509.7m)/22
- 검단산(黔丹山. 659.8m)·용마산(龍馬山. 595.4m)/24
- 남한산성(南漢山城)/26
- 수리산(修理山. 489.2m)·수암봉(秀岩峰. 398m)/30
- 바라산(428m)·백운산(白雲山. 562.6m)·광교산(光敎山. 582m)/32
- 예봉산(禮峰山. 683.2m)·갑산(甲山. 547m)·운길산(雲吉山. 606.4m)/34
- 문안산(文案山. 533.1m)·금남산(琴南山. 412m)/36
- 청계산(淸溪山. 656m)·부용산(芙蓉山 362.8m)/38
- 백운봉(白雲峰. 941m)/40
- 추읍산(趨揖山. 582.6m)/42
- 용문산(龍門山. 1157m)/44
- 중원산(中元山. 800.4m)·용조봉(龍鳥峰. 635m)/46
- 도일봉(道一峰. 864m)·단월산(丹月山. 775m)/48
- 화야산(禾也山.754.2m)·뾰루봉(709.7m)·고동산(602m)/50
- 깃대봉(645m)·운두산(678.4m)/52

- 호명산(虎鳴山. 632.4m)·주발봉(周鉢峰. 489.2m)/54
- 불기산(佛岐山. 600.7m)/56
- 대금산(大金山. 706m)·청우산(靑牛山. 619.3m)/58
- 깃대봉(909.3m)·송이봉(810m)·수리봉(550m)/60
- 보납산(寶納山. 330m)·월두봉(466m)/62
- 칼봉산(900m)·매봉(929.2m)/64
- 노적봉(858.8m)·옥녀봉(510m)/66
- 연인산(戀人山. 1068.2m)/68
- 명지산(明智山. 1253m)·백둔봉(974m)/70
- 견치봉(犬齒峰. 1110m)·민드기봉(1009m)/72
- 석룡산(石龍山. 1147m)·차돌박이산(710m)/74
- 화악산(華岳山. 1468.3m)·애기봉(1055.3m)/76
- 수덕산(修德山. 794.2m)·문바위봉(590m)/78
- 가덕산(加德山. 858.1m)·삿갓봉(716.1m)/80
- 촉대봉(燭臺峰. 1125m)/82
- 북배산(北培山. 867m)·계관산(鷄冠山. 736m)/84
- 오봉산(五峰山. 779m)·마적산(馬蹟山 605.2m)/86
- 대룡산(大龍山. 899.3m)/88
- 금병산(金甁山. 652.2m)/90
- 삼악산(三岳山. 654m)·등선봉(登仙峰. 636.3m)/92
- 검봉산(劍峰山. 530.2m)·봉화산(烽火山. 515m)/94
- 굴봉산(屈峰山 395m)·육계봉(385m)/96
- 새덕산(塞德山. 490m)/98
- 축령산(祝靈山. 879.5m)·서리산(霜山. 832m)/100
- 천마산(天摩山. 810.2m)·백봉산(白峰山. 587m)/102
- 주금산(鑄錦山. 812.7m)·철마산(鐵馬山. 780.8m)/104
- 불곡산(佛谷山. 469m)/106
- 소요산(消遙山. 587m)·마차산(磨叉山. 588.4m)/108
- 고대산(高臺山. 831.8m)/110
- 호룡곡산(虎龍谷山. 243.8m)/112
- 장봉도(長峰島) 국사봉(149.8m)/114
- 백운산(白雲山. 255.2m)/116
- 북한산국립공원 둘레길/118

산이름 쉽게 찾기

가
가덕산 … 80
갑산 … 34
검단산 … 24
검봉산 … 94
견치봉 … 72
계관산 … 84
고대산 … 110
고동산 … 50
관악산 … 16
광교산 … 32
굴봉산 … 96
금남산 … 36
금병산 … 90
깃대봉(청평면) … 52
깃대봉(가평읍) … 60

나
남한산성 … 26
노적봉 … 66

다
단월산 … 48
대금산 … 58
대룡산 … 88
도봉산 … 12
도일봉 … 48
등선봉 … 92

마
마적산 … 86
마차산 … 108
매봉 … 64
명지산 … 70
문바위봉 … 78
문안산 … 36
민드기봉 … 72

바
바라산 … 32
백둔봉 … 70
백봉산 … 102
백운봉 … 40
백운산(영종도) … 116
백운산(의왕) … 32
보납산 … 62
봉화산 … 94
부용산 … 38
북배산 … 84
북한산 … 8
불곡산 … 106
불기산 … 56
불암산 … 22
뽀루봉 … 50

사
삼악산 … 92
삿갓봉 … 80
새덕산 … 98
서리산 … 100
석룡산 … 74
소요산 … 108
송이봉 … 60
수덕산 … 78
수락산 … 22
수리봉 … 60
수리산 … 30
수암봉 … 30

아
애기봉 … 76
연인산 … 68
예봉산 … 34
오봉산 … 86
옥녀봉 … 66
용마산 … 24
용문산 … 44
용조봉 … 46
운길산 … 34
운두산 … 52
월두봉 … 62
육계봉 … 96

자
장봉도 국사봉 … 114
주금산 … 104
주발봉 … 54
중원산 … 46

차
차돌박이산 … 74
천마산 … 102
철마산 … 104
청계산(성남) … 20
청계산(양평) … 38
청우산 … 58
촉대봉 … 82
추읍산 … 42
축령산 … 100

카
칼봉산 … 64

하
호룡곡산 … 112
호명산 … 54
화악산 … 76
화야산 … 50

※북한산국립공원 둘레길/118

북한산(北漢山) 837m

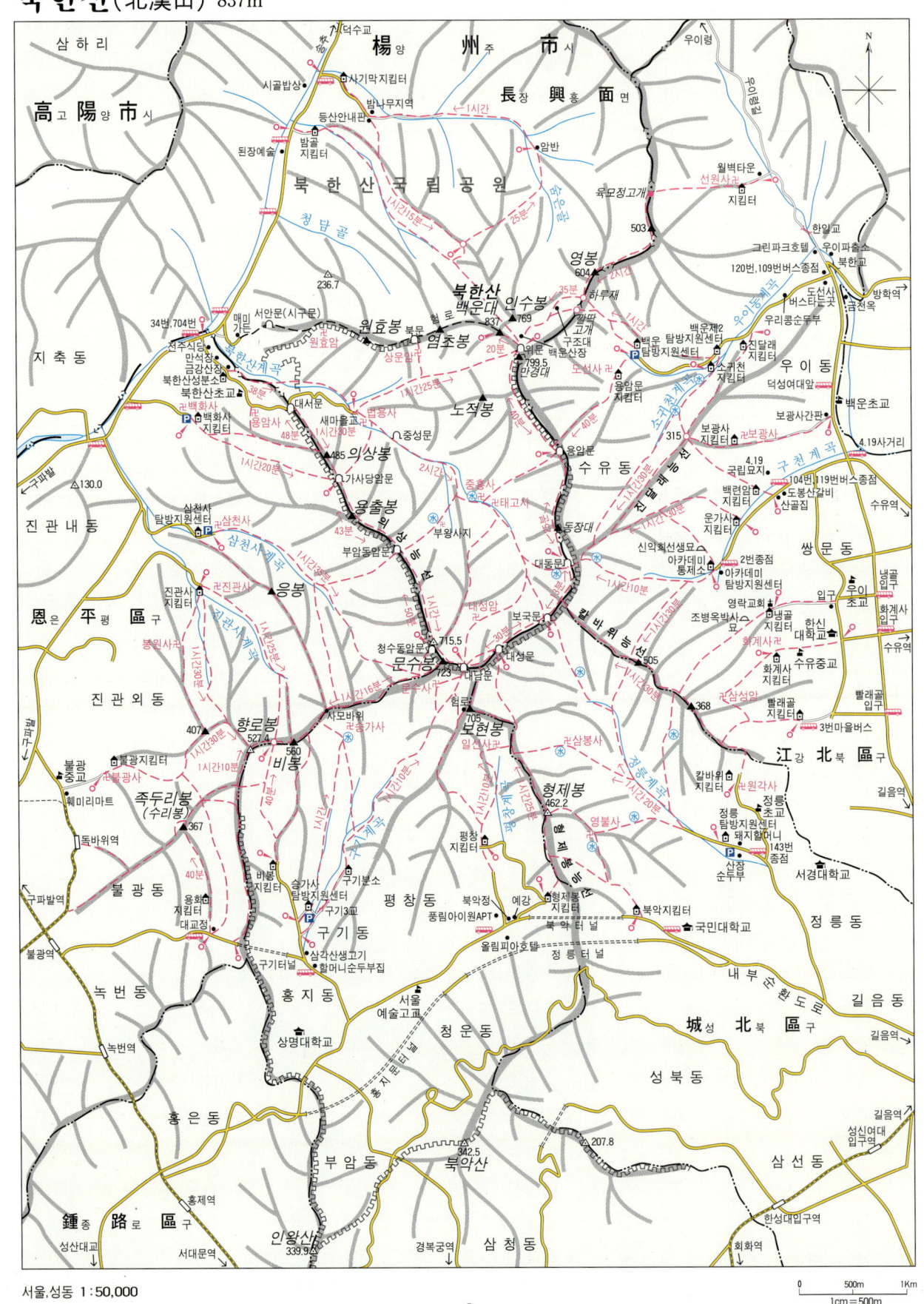

북한산
서울특별시 · 경기도 고양시

백운대에서 바라본 인수봉

북한산(北漢山. 837m)은 수도 서울의 북쪽에 위치한 산이다. 우이령을 사이에 두고 북동쪽은 도봉산 남서쪽은 북한산이다. 백운대, 인수봉, 만경대의 거대한 삼각 암봉을 이루고 있고, 북쪽 백운대에서 시작하는 주능선은 남쪽 보현봉에 이른 후, 고도를 낮추어 인왕산을 끝으로 가라앉는다. 주능선은 북한산성으로 둘러싸여 있으며 위문을 비롯하여 14개의 성문이 있다. 북한산은 1983년 4월 2일 도봉산과 함께 우리나라 15번째 국립공원으로 지정되었다.

북한산 산행 코스는 무려 35개 정도 된다. 너무나 다양하고 복잡하다. 대표적인 코스 7곳만을 선정하여 안내 한다.

등산로 Mountain path

우이동-하루재-백운대-용암문-도선사-우이동 코스 총 5시간 소요

120번 종점 → 30분 → 도선사주차장 → 20분 → 하루재 → 60분 → 백운대 → 20분 → 위문 → 40분 → 용암문 → 40분 → 도선사주차장 → 30분 → 120번 종점

4호선 수유역 8번 출구 강북구청 동편에서 120번 버스를 타고 우이동 120번 종점에서 하차 후, 도선사로 가는 도로를 따 30분(2km) 거리에 이르면 도선사 주차장이 나온다.

도선사주차장에서 오른쪽으로 가면 백운지 킴터를 통과하고, 20분 거리에 이르면 하루재사 거리가 나온다. 하루재에서 직진 산악구조대, 백운산장을 지나면서 40분을 오르면 위문이 나온다. 위문에서 오른쪽 바윗길을 따라 20분을 더 오르면 백운대 북한산 정상이다.

하산은 다시 위문으로 내려온 다음, 오른쪽 용암문 이정표를 따라 간다. 비탈길로 이어지는 길을 따라 40분 거리에 이르면 용암문에 닿는다.

용암문에서는 왼쪽 도선사 이정표를 따라 40분을 내려가면 도선사를 거쳐 주차장에 닿는다. 주차장에서 120번 종점까지는 30분 거리다.

우이동-진달래능선-대동문-백운대-하루재-우이동 코스 총 6시간 소요

120번 종점 → 112분 → 대동문 → 85분 → 백운대 → 75분 → 도선사주차장 → 30분 → 120번 종점

4호선 수유역 8번 출구 강북구청 동편에서 120번 버스를 타고 우이동 120번 종점에서 하차 후, 도선사로 가는 차도를 따라 17분을 가면 왼쪽에 진달래능선 이정표가 나온다.

이정표에서 왼쪽 능선으로 오르면 진달래능선으로 이어져 1시간 20분 거리에 이르면 대동문이다.

대동문에서 오른쪽 성곽 길을 따라 25분을 거리에 이르면 동장대를 거쳐 용암문에 닿고, 용암문에서 40분 거리에 이르면 위문에 닿는다. 위문에서 20분을 오르면 백운대에 닿는다.

하산은 위문으로 다시 내려가서 왼쪽으로 내려가면 백운산장을 통과하고 하루재, 깔딱고개 갈림길이 나온다. 갈림길에서 왼쪽 하루재 쪽으로 가면 구조대를 통과하고 위문에서부터 30분 거리에 이르면 하루재 사거리가 나온다.

하루재에서 직진 10분을 내려가면 갈림길이 나온다. 갈림길에서 오른쪽으로 5분을 내려가면 도선사주차장이다. 주차장에서 120번 종점까지는 30분 거리다.

수유역-아카데미하우스-대동문-백운대-하루재-우이동 코스 총 5시간 20분 소요

아카데미하우스 → 70분 → 대동문 →

여행 정보 Tourist Information

대중교통

진달래능선(하루재) 코스
4호선 수유역 3번 출구에서 120번 153번 버스를 타고 우이동 종점 하차.

아카데미하우스 코스
4호선 수유역 8번 출구 강북구청 동편에서 01번 마을버스를 타고 종점하차.

정릉 코스
4호선 길음역 3번 출구에서 정릉행 143번 버스를 타고 정릉종점 하차.

국민대 코스
4호선 길음역 3번 출구에서 불광동행 7211번 버스를 타고 국민대 하차.

불광역 코스
3호선 불광역 2번 출구에서 구기터널 쪽 11분 거리 대교정식당.

구기동 코스
3호선 불광역 2번 출구에서 직진 신호등을 건너 구기터널 방향에서 7022번 7211번 7212번을 타고 구기동 입구 하차.

북한산성 코스
구파발역 1번 출구에서 704번. 34번 송추방면 버스를 타고 북한산성 입구 하차.

해골바위에서 바라본 숨은벽. 숨은벽 좌우로 인수봉과 백운대가 자리하고 있다.

25분 → 용암문 → 40분 → 위문 → 20분 → 백운대 → 20분 → 위문 → 30분 → 하루재 → 32분 → 백운교 → 22분 → 120번 종점

4호선 수유역 8번 출구 강북구청 동편에서 아카데미하우스 방면 01번 마을버스를 이용, 종점 하차. 4.19 묘소 입구에서 서쪽으로 도로를 따라 약 1km 끝까지 가면 아카데미지킴터가 나온다. 지킴터에서 왼쪽으로 10분을 가면 갈림길이 나온다. 갈림길에서 왼쪽은 칼바위능선으로 이어지고, 오른쪽은 대동문으로 이어진다. 오른쪽 대동문 이정표를 따라 1시간 10분을 오르면 대동문에 닿는다.

대동문에서 오른쪽으로 간다. 오른쪽 성곽길을 따라 25분을 가면 용암문에 닿고, 용암문에서 비탈길을 따라 40분을 가면 위문에 닿는다. 위문에서 20분을 더 오르면 백운대이다.

하산은 위문으로 다시 내려가서 왼쪽으로 간다. 위문에서 왼쪽 비탈길로 가면 백운산장을 통과하고 계속 내려가면 구조대를 통과하며 위문에서 25분 거리에 이르면 하루재에 닿는다.

하루재에서 10분을 내려가면 갈림길이 나온다. 오른쪽은 도선사주차장, 왼쪽은 백운교이다. 왼쪽 지능선을 타고 22분을 내려가면 백운제2지킴터 백운교에 닿는다. 여기서 도로를 따라 22분 내려가면 120번 종점이다.

수유역-정릉-보국문-백운대-하루재-우이동 코스 총 5시간 42분 소요

정릉탐방지원안내소 → 80분 → 보국문 → 13분 → 대동문 → 25분 → 용암문 → 40분 → 위문 → 20분 → 백운대 → 20분 → 위문 → 30분 → 하루재 → 54분 → 120번 종점

4호선 수유역 3번 출구에서 정릉행 143번 버스를 타고 정릉버스종점 하차. 정릉 버스종점에서 조금 더 들어가면 110번 종점을 지나서 100m 거리에 이르면 주차장 탐방안내소가 나온다. 탐방안내소에서 보국문 이정표를 따라 40분 거리에 이르면 넓적바위 삼거리가 나온다. 삼거리에서 왼쪽 계곡을 따라 40분을 오르면 보국문에 닿는다.

보국문에서 오른편 성곽을 따라 13분을 가면 대동문이 나오고, 대동문에서 25분을 가면 용암문이며 계속 40분을 가면 위문에 닿는다. 위문에서 20분을 더 오르면 백운대에 닿는다.

하산은 위문으로 다시 내려선 다음, 우이동 방면은 위문에서 왼쪽 하산길을 따라 내려가면 백운산장을 지나고 구조대를 지나면서 25분을 내려가면 하루재에 닿는다. 하루재에서 10분 내려가면 갈림길이 나온다. 갈림길에서 오른쪽으로 5분 내려가면 도선사주차장이다.

* 갈림길에서 왼쪽으로 22분 내려가면 능선으로 이어져 백운교에 닿고, 백운교에서 22분을 내려가면 120번 종점이다.

불광역-족두리봉 – 문수봉 –대남문 – 구기동 코스 총 6시간 11분 소요

불광역 → 62분 → 족두리봉 → 70분 → 향로봉 사거리 → 76분 → 청수동암문 13분 → 대남문 → 90분 → 구기터널 입구

불광역 2번 출구에서 구기터널 방면으로 12분을 가면 대교정식당이 나온다. 여기서 골목으로 50m 가서 오른쪽으로 50m 가면 산길이 시작되어 10분을 가면 용화1지킴터를 통과하고, 이어서 바윗길 능선으로 이어지면서 40분을 오르면 바위봉 족두리봉에 닿는다.

족두리봉에서 바위를 다시 그대로 내려와서 오른쪽 향로봉 방면 비탈길을 따라 15분을 가면 5거리가 나온다. 5거리에서 직진으로 20분을 오르면 향로봉 지킴터가 나온다. 지킴터에서 오른쪽으로 25분을 가면 향로봉 사거리가 나온다.

사거리서 오른쪽 능선을 따라 가면 왼쪽으로 삼천사, 진관사 방면 하산길이 4번 있고, 오른쪽으로 승가사 구기터널 방면이 1번 있으며, 비봉·사모바위·승가봉 등을 통과하면서 59분 거리에 이르면 문수봉 갈림길이 나온다. 갈림길서 오른쪽은 암릉길 문수봉으로 오르는 길이고, 왼쪽으로 17분을 오르면 청수동암문이 나온다.

여행 정보 Tourist Information

🍴 식당

우이동

우리콩순두부(두부전문)
우이동 도선사 입구
☎ 02-995-5918

금천옥(설렁탕전문)
강북구 우이동 5-1
☎ 02-904-5191

울타두부마을(두부전문)
우이동 도선사버스정류장
☎ 02-996-1487

산(토속음식)
강북구 수유동 산 284
☎ 02-993-1807

아카데미하우스

도봉갈비(갈비전문)
강북구 수유4동 535-12
☎ 02-902-0977

산골집(일반식)
강북구 수유동 535-55
☎ 02-994-5075

농우(생등심)
강북구 수유동 535-17
☎ 02-999-6233

정릉

산장순두부촌(두부전문)
성북구 정릉4동 822-33
☎ 02-919-1599

돼지할머니(삼겹살전문)
성북구 정릉4동 822-54
☎ 02-918-8198

평창동

예강(돼지갈비)
평창동 북악터널 서편
☎ 02-379-8008

문수봉에서 바라본 비봉능선

청수동암문에서 오른쪽으로 7분을 오르면 문수봉 갈림길이 나오고, 6분을 더 내려가면 대남문이다.

대남문에서 오른쪽 구기터널 쪽으로 내려간다. 하산길이 문수사를 거쳐 가는 길과 직진길 모두 구기동 입구로 하산길이며, 1시간을 내려가면 삼거리가 나오고, 30분을 더 내려가면 구기터널 입구 버스정류장에 닿는다.

북한산성 입구-백운대-대동문-태고사-
북한산성 입구 코스 총 6시간 48분 소요
북한산성 입구 → 38분 → 새마을교 →
85분 → 위문 → 20분 → 백운대 → 20분 →
위문 → 40분 → 용암문 → 25분 →
대동문 → 90분 → 새마을교 → 30분 →
북한산성 입구

3호선 구파발역 1번 출구 북한산성 입구 버스정류장에서 북한산성 방면(34번, 704번) 버스를 타고 북한산성 입구 하차. 산성 입구에서 오른편 소형차로를 따라 3분 거리에 이르면 주차장을 지나서 북한산성탐방지원센터가 나오고 50m 거리에 이르면 갈림길이 나온다.

갈림길에서 오른쪽은 차도 왼쪽은 등산로이다. 왼쪽으로 가면 계곡길로 이어져 30분 거리에 이르면 새마을교 삼거리가 나온다.

새마을교 삼거리에서 왼쪽 소형차로를 따라가면 등운각 삼거리가 나온다. 삼거리에서 왼쪽으로 오르면 계곡길로 이어져 1시간 25분을 오르면 위문이 나온다. 위문에서 바윗길을 따라 20분을 오르면 백운대에 닿는다.

하산은 위문으로 다시 내려온다. 위문에서 대동문에 이르기까지 주능선 성곽길은 뚜렷하고 수많은 갈림길이 나온다. 하지만 이정표가 잘 배치되어 있어서 이정표만 확인을 하면서 산행을 하면 큰 어려움이 없다. 위문에서 오른쪽 비탈길을 따라 40분 거리에 이르면 용암문이 나오고, 계속 25분 거리에 이르면 대동문이 나온다.

대동문에서 오른쪽 태고사 방면으로 내려가면 계곡길로 이어지며, 태고사 입구 중흥사를 거쳐 1시간 30분을 내려가면 새마을교에 닿는다.

여기서 차도를 따라 30분 내려가면 북한산성문을 통과하여 북한산성 입구 버스정류장이다.

국민대-대남문-의상봉능선-
북한산성 입구 총 6시간 소요
국민대 → 60분 → 형제봉 → 80분 →
대남문 → 69분 → 부왕동암문 → 43분 →
가사당암문 → 48분 → 북한산성 입구

의상봉능선길은 바윗길 험로 구간이므로 주의를 요한다.

4호선 길음역 3번 출구에서 7211번 버스를 타고 국민대 입구 하차 후, 터널 쪽 50m 거리 북악지킴터에서 오른쪽 소형차로를 따라가면 삼거리가 나온다. 삼거리에서 왼쪽으로 1시간을 올라가면 형제봉에 닿는다

형제봉에서 35분 거리 일선사 갈림길에서 직진 후, 능선길에서 오른쪽으로 30분을 가면 대성문이고, 대성문에서 왼쪽으로 15분을 가면 대남문이다.

대남문에서 직진 10분 거리 문수봉 삼거리에서 오른쪽으로 7분 내려가면 청수동암문이다. 여기서 직진 7분을 오르면 삼각점봉 삼거리다. 삼거리에서 왼쪽 의상봉능선 바윗길을 따라 20분을 내려가면 안부가 나온다. 안부에서 오른편 비탈길을 따라 8분 거리 갈림길에서 왼쪽으로 16분을 가면 부암동암문이다. 왼쪽은 삼천사 방면.

부암동암문에서 직진 43분을 가면 가사당암문이 나온다. 왼쪽은 백화사 방면이고, 직진으로 16분을 오르면 의상봉이다. 의상봉에서 2분을 내려가면 갈림길이 나온다. 왼쪽은 백화사, 직진은 북한산성 입구다. 직진길을 따라 10분을 내려가면 차로에 닿고, 20분을 더 내려가면 북한산성 입구 버스정류장이다.

여행 정보 Tourist Information

강촌쌈밥(쌈밥전문)
종로구 평창동 460
☎ 02-395-6467

구기동

삼각산(생고기전문점))
종로구 구기동 85-25
☎ 02-379-8710

북한산성

금강산장(일반식)
덕양구 북한동 422-2
☎ 02-385-3064

만석장(일반식)
고양시 덕양구 북한동
☎ 02-385-3064

전주식당(일반식)
은평구 진관동 279-37
☎ 02-355-3300

가야밀냉면(밀냉면, 일반식)
은평구 진관내동 85
☎ 02-356-5546

형제갈비(갈비전문)
은평구 진관동 277-11
☎ 02-353-5455

밤골

된장예술(된장정식전문)
효자2동 밤골 입구
☎ 031-352-2111

사기막

시골밥상(일반식)
고양시 효자2동 46-4
☎ 02-354-7667

눈이 내린 족두리봉

도봉산(道峰山) 739.5m

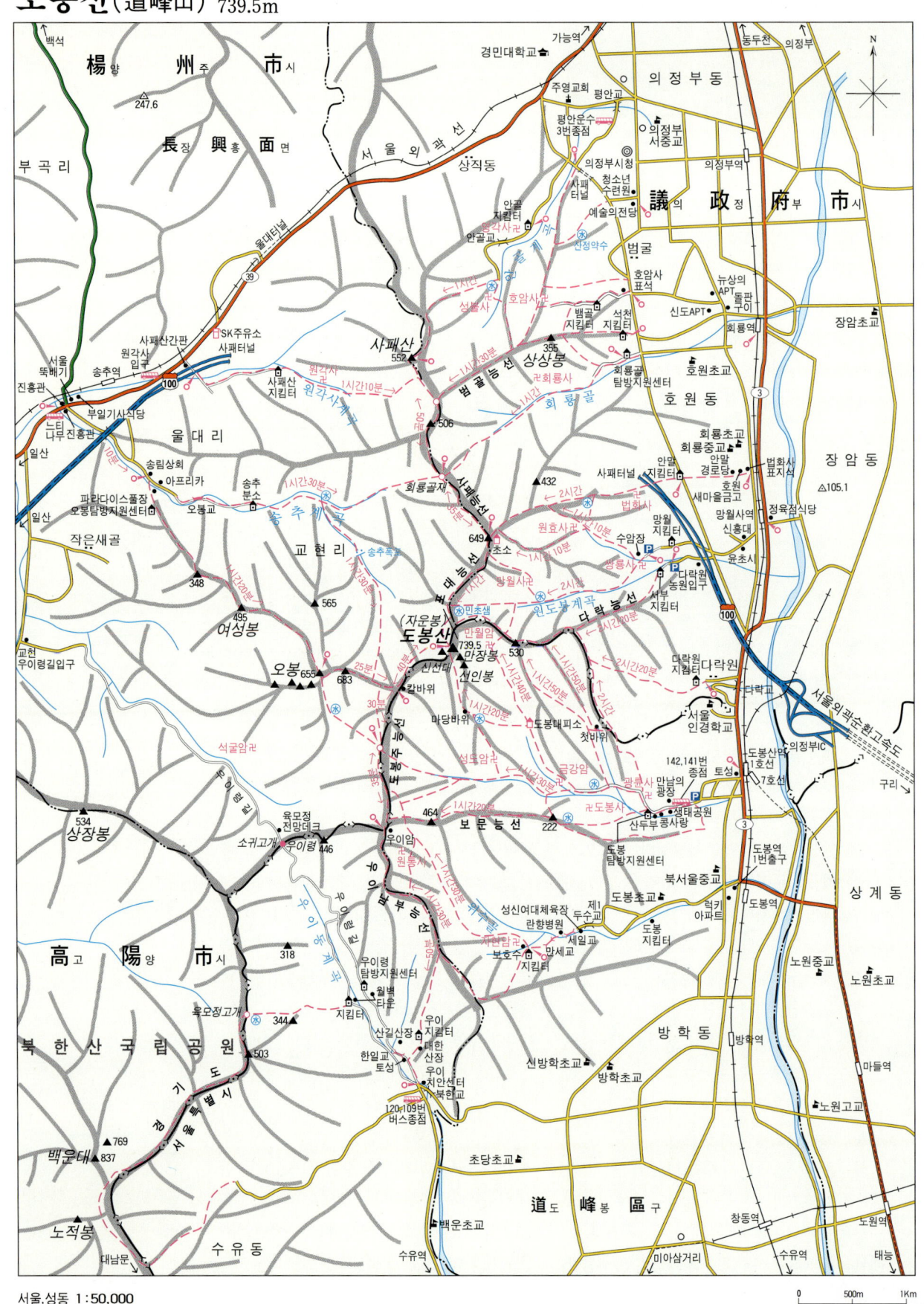

도봉산 신선대에서 바라본 자운봉

도봉산 서울특별시 · 경기도

도봉산(道峰山, 739.5m)은 수도서울과 경기도 경계를 이루고 있는 산이다. 1983년 4월 2일 북한산과 함께 우리나라 15번째 북한산국립공원으로 지정되었으며 수도 서울의 상징적인 산이다.

전체적으로 바위산이며 정상 일대는 대부분 바위로 이루어져 있다. 또한 우리나라에서는 등산객이 가장 많이 오르는 산이다.

정상인 자운봉은 거대한 바위봉으로 바위 전문 등산객 외에는 오를 수가 없어 신선대를 정상으로 대신한다.

도봉산역, 망월사역, 회룡역, 수유역, 의정부, 송추 방면에 오르는 등산로가 있다. 요소에는 이정표 안내문이 잘 배치되어 있고, 험로에는 안전설치가 되어있으므로 지도와 이정표를 확인하면서 산행을 하면 목적한대로 산행을 할 수 있다.

매우 많은 코스 중에서 등산객이 많이 오르는 대표적인 코스 6곳을 선정하여 안내하고, 이 외 등산로는 지도를 보고 현장에서 안내문 이정표를 보면서 산행을 하면 목적한 대로 산행을 하는데 큰 문제가 없는 산이다.

등산로 Mountain path

도봉산역-만월암-신선대-마당바위-도봉산역 코스 총 4시간 25분 소요

도봉산역 → 30분 → 서원교 → 60분 → 만월암능선 → 50분 → 신선대 → 20분 → 마당바위 → 45분 → 도봉산역

1호선, 7호선 도봉산역 1번 출구에서 도로 건너 식당골목 왼쪽 또는 오른쪽으로 500m 거리에 이르면 주차장을 지나서 생태공원 넓은 목조 만남장소가 나온다. 생태공원에서 100m 더 들어가면 탐방지원센터 삼거리가 나온다. 탐방지원센터 삼거리에서 오른쪽은 망월사 포대능선 등 다양한 등산로가 있고, 왼쪽은 보문능선, 우이암 방면이다. 탐방안내센터에서 오른쪽으로 100m 거리에 이르면 광륜사삼거리가 또 나온다. 광륜사삼거리에서 왼쪽으로 넓은 길을 따라 20분 거리에 이르면 서원교 삼거리가 나온다.

서원교에서 오른쪽으로 20분을 가면 도봉산장이 나오고, 도봉산장에서 오른쪽으로 40분을 오르면 만월암을 거쳐 다락능선에 닿는다.

다락능선에서 왼쪽 능선을 따라 3분을 가면 갈림길이 나온다. 갈림길에서 왼쪽 능선을 타고 오른다. 여기서부터 급경사 바윗길 밧줄 계단길 등 험로가 연속 이어진다. 갈림길에서 30분을 오르면 포대능선에 닿고, 포대능선에서 밧줄코스를 통과하면 삼거리가 나온다. 삼거리에서 왼쪽으로 가다가 오른쪽 거대한 바위를 타고 오르면 신선대이다. 포대능선에서 20분 거리다.

하산은 올라왔던 바위를 내려선 다음, 오른쪽으로 20분을 내려가면 마당바위가 나온다. 마당바위에서 왼쪽으로 내려가면 도봉산장이 나오고, 계속 45분을 내려가면 탐방지원센터를 지나서 도봉산역에 닿는다.

도봉산역-다락능선-신선대-우이암-우이치안센터 코스 총 6시간 25분 소요

도봉산역 → 10분 → 광륜사삼거리 → 60분 → 다락능선 → 80분 → 포대능선 → 20분 → 신선대 → 60분 → 오봉사거리 → 35분 → 우이암 → 60분 → 우이치안센터

1호선, 7호선 도봉산역 1번 출구에서 도로 건너 식당골목 왼쪽 또는 오른쪽으로 약 500m 거리에 이르면 주차장을 지나서 생태공원 넓은 장소가 나온다. 생태공원에서 100m 거리에 이르면 탐방지원센터 삼거리가 나온다. 탐방지원센

여행 정보 Tourist Information

대중교통

도봉산역
1호선(7호선) 도봉산역 1번 출구

망월사역
1호선 망월사역 3번 출구

회룡역
1호선 2번 출구

송추 방면
3호선 구파발역 1번 출구에서 34번 버스 이용, 송추 느티나무 하차.

식당

도봉산역

콩사랑(두부요리전문)
도봉동 생태공원 위
☎ 02-955-6016

산두부(두부요리전문)
도봉동 생태공원 위
☎ 02-954-1183

섬진강(해물전문)
도봉동 주차장 전
☎ 02-956-7386

홍도해물(해물전문)
도봉동 주차장 부근
☎ 02-955-2710

토성(오리전문)
도봉동 1동 288-1
☎ 02-955-5667

태정(참나무장작오리구이)
도봉동 553
☎ 02-3494-2006

신선대에서 바라본 포대능선

터에서 오른쪽으로 100m 가면 광륜사 삼거리가 또 나온다. 삼거리에서 오른쪽 등산로를 따라 20분을 가면 갈림길이 나온다. 갈림길에서 직진 지능선을 따라 40분을 오르면 은석암 입구를 지나서 다락능선 삼거리가 나온다. 삼거리에서 왼쪽 다락능선을 타고 40분을 오르면 만월암 갈림길이 나온다. 갈림길에서 직진 3분 거리에 이르면 갈림길이 나온다. 여기서 왼쪽 능선을 타고 오른다. 급경사 바윗길 밧줄 계단 등 험로가 연속 이어진다. 만월암 갈림길에서 30분을 오르면 포대능선에 닿고, 포대능선에서 밧줄코스를 통과하면 삼거리가 나온다. 삼거리에서 왼쪽으로 가다가 오른쪽 바위를 타고 오르면 신선대이다. 포대능선에서 20분 거리다.

하산은 올라왔던 바윗길을 타고 내려가서 왼편 삼거리로 되돌아간 다음, 우이암 방면 남쪽 주능선을 탄다. 우이암 방면으로 가면 신선대 북쪽 비탈길로 이어지다가 다시 능선으로 이어져 27분 거리에 이르면 칼바위 위 사거리가 나온다. 사거리에서 우이암 방면 남쪽 경사진 길을 따라 33분을 내려가면 안부 사거리가 나온다.

안부사거리에서 직진 35분 거리에 이르면 우이암 위 바위능선이다. 여기서 계속 직진 우이 남부능선을 타고 내려간다. 하산길에 밧줄지역을 통과하면서 30분을 내려가면 쉼터가 나온다. 쉼터를 지나서 계속 능선을 따라 30분을 내려가면 한일교를 지나 우이치안센터에 닿는다.

망월사역 - 다락능선 - 신선대 - 우이암 - 보문능선 - 도봉산역 코스 총 6시간 53분 소요
망월사역 → 35분 → 3주차장 → 68분 → 은석암삼거리 → 40분 → 만월암사거리 → 50분 → 신선대 → 60분 → 오봉사거리 → 35분 → 우이암 → 65분 → 도봉산역

1호선 망월사역 3번 출구로 나와 오른쪽 100 거리 갈림길에서 왼쪽으로 간다. 망월사역에서 10분 거리에 이르면 고가 밑 삼거리가 나온다. 삼거리에서 왼쪽으로 25분을 가면 제3주차장이 나온다.

제3주차장에서 8분을 오르면 심원사가 나온다. 심원사 오른편 다락능선을 타고 오른다. 다락능선은 암릉 구간으로 험로이다. 밧줄 등 안전시설이 있지만 매우 조심해야 할 구간이다. 바윗길 능선을 타고 1시간을 오르면 은석암삼거리가 나온다.

삼거리에서 오른편 다락능선을 타고 40분을 오르면 만월암사거리가 나온다.

사거리에서 3분 거리에 이르면 갈림길이 나온다. 갈림길에서 직진하여 오르면 급경사 암릉 코스가 이어진다. 밧줄, 계단으로 된 바윗길을 타고 30분을 오르면 포대능선에 닿고, 포대능선에서 밧줄을 타고 오른 후, 삼거리 안부에서 왼쪽으로 가다가 오른쪽으로 오르면 신선대에 닿는다. 포대능선에서 20분 거리다.

신선대에서 하산은 바윗길을 그대로 내려서 왼쪽 삼거리로 되돌아간 다음, 우이암 방면 왼쪽으로 간다. 처음에는 비탈길로 가다가 다시 왼쪽 우이능선으로 이어져 21분 거리에 이르면 칼바위 위 오른쪽 사거리에 닿는다. 사거리에서 칼바위 오른쪽으로 내려가는 우회길을 따라 33분을 내려가면 오봉사거리가 나온다.

오봉사거리에서 직진 35분 거리에 이르면 우이암 위 바위에 닿는다.

우이암 위에서 올라왔던 300m 정도 거리로 다시 내려와서 동쪽 비탈길로 간다. 비탈길을 따라 300m 정도 가면 우이암에서 내려오는 보문능선이다. 여기서부터 무난한 보문능선을 타고 1시간을 내려가면 도봉산 주차장에 닿고, 도봉산역까지는 5분 거리다.

망월사역 - 원효사 - 산불초소 - 신선대 - 마당바위 - 도봉산역 코스 총 5시간 소요
망월사역 → 20분 → 쌍룡사 → 70분 → 산불초소 → 60분 → 신선대 → 40분 → 성도암 → 50분 → 도봉산역

망월사역 3번 출구에서 오른쪽 도로를 따라 50m 가서 왼쪽으로 10분을 가면 고가 밑 삼거리가 나온다. 여기서 오른쪽으로 가면 망월지킴터

여행 정보 Tourist Information

망월사역

윤초시(생고기전문)
망월사역 3번 출구에서 100m
☎ 031-877-6694

전원정육점식당(생고기전문)
의정부시 호원동 464-11
☎ 031-873-6317

원도봉산(감자탕전문)
호원동 119-192
☎ 031-873-7380

송추

서울뚝배기(일반식)
남양주시 장흥면 부곡리 540-20
☎ 031-826-4190

부일기사식당(부대찌개, 된장찌개, 청국장)
장흥면 부곡리 504-5
☎ 031-826-4108

진흥관(중식전문)
장흥면 울대리 390-2
☎ 031-826-4077

우이동

토성(오리전문)
강북구 우이동 216-43
☎ 02-990-9292

금천옥(설렁탕전문)
강북구 우이동 5-1
☎ 02-904-5191

울터두부마을(두부전문)
우이동 120번 종점
☎ 02-996-1487

를 지나 쌍룡사 삼거리다.

삼거리에서 오른쪽으로 10분을 가면 원효사 입구 삼거리가 나온다. 여기서 왼쪽 원효사 앞을 통과하여 계곡 능선으로 이어지면서 1시간을 오르면 산불초소가 나온다.

산불초소에서 왼쪽 포대능선을 따라 1시간을 가면 신선대 도봉산 정상에 닿는다.

하산은 신선대에서 올라왔던 안부로 다시 내려가서 오른쪽으로 간다. 오른쪽으로 20분을 내려가면 마당바위가 나오고, 마당바위에서 오른쪽으로 20분을 내려가면 성도암을 지나서, 계곡을 따라 45분을 내려가면 주차장에 닿는다. 도봉산역까지는 5분 거리다.

회룡역-회룡골재-사패산-예술의전당 코스 총 3시간 39분 소요

회룡역 → 60분 → 회룡골재 → 30분 → 사패산 → 32분 → 삼거리 → 37분 → 예술의전당

회룡역 2번 출구에서 서쪽으로 150m 가면 사거리 차도가 나온다. 여기서 도로를 건너 왼쪽으로 100m 거리에 이르면 오른쪽으로 회룡사 이정표가 나온다. 회룡사 이정표를 따라 15분 거리에 이르면 회룡탐방지원센터가 나온다.

지원센터에서 회룡사 이정표를 따라 25분을 가면 회룡사가 나오고, 35분을 오르면 회룡골재에 닿는다.

회룡골재에서 오른쪽으로 15분을 가면 범골능선삼거리에 닿고 15분을 더 가면 사패산이다.

사패산에서 하산은 올라왔던 15분 거리 범골능선으로 다시 내려간 다음, 의정부시청 방면 범골능선을 탄다. 주능선 삼거리에서 동쪽 지능선을 타고 17분을 내려가면 삼거리가 나온다.

삼거리에서 왼편 시청 방면 능선으로 간다. 삼거리에서 왼쪽 시청 방면 능선을 따라 25분을 내려가면 예술의전당 갈림길이 나온다. 갈림길에서 오른쪽으로 12분을 내려가면 산정약수를 지나서 예술의전당에 닿는다.

송추-오봉-신선대-회룡골재-송추 코스 총 6시간 소요

느티나무정류장 → 70분 → 오봉 → 65분 → 신선대 → 60분 → 산불초소 → 25분 → 회룡골재 → 40분 → 송추통제소 → 40분 → 느티나무정류장

송추 느티나무버스정류장에서 송추계곡으로 가는 소형차로를 따라 10분 거리에 이르면 송림상회 오봉삼거리가 나온다. 삼거리에서 오른쪽 다리를 건너 5분을 가면 오봉탐방지원센터가 나온다. 오봉탐방지원센터에서 무난한 등산로를 따라 30분을 오르면 전망바위가 나오고, 다시 20분을 오르면 여성봉에 닿는다. 여성봉을 지나서 20분을 오르면 오봉이 보이는 전망봉에 닿고, 5분을 더 오르면 625봉에 닿는다.

625봉에서 5분 거리에 이르면 오른쪽으로 갈림길이 나오고, 직진으로 9분을 가면 왼쪽으로 갈림길이 나온다. 갈림길에서 직진하여 11분을 가면 칼봉 전 삼거리가 나온다. 여기서 직진 2분 거리에 이르면 칼봉 위 갈림길이 나온다. 갈림길에서 오른쪽은 바윗길 험로이고, 왼쪽은 우회길이다. 왼쪽 길을 따라 21분 거리에 이르면 삼거리가 나온다. 삼거리에서 오른쪽 비탈길을 따라 10분 거리 안부삼거리에서 오른쪽 바위를 타고 7분을 오르면 신선대 도봉산 정상이다.

하산은 올라왔던 안부삼거리로 다시 내려가서 왼쪽으로 10분을 가면 주능선삼거리이다. 삼거리에서 북쪽 능선을 타고 오른 후, 밧줄을 타고 내려서 다시 오르면 포대능선 시작점이다. 포대능선에서 사패산 방면 포대능선을 타고 간다. 포대능선을 따라 가면 수차례 오른편으로 갈림길이 나온다. 하지만 언제나 주능선만을 따라 1시간 가면 산불초소가 나온다. 초소에서 계속 직진 25분을 가면 회룡골재 사거리에 닿는다.

회룡골재에서 왼편 서쪽 하산길 따라 30분을 내려가면 송추폭포 갈림길이 나오고, 갈림길에서 10분을 직진하면 송추지킴터에 닿는다. 지킴터에서 소형차로를 따라 40분을 가면 느티나무버스정류장에 닿는다.

여행 정보 Tourist Information

회룡역

돌판구이(돼지생고기)
의정부시 호원동 314-1
031-872-5292

안골

대가(닭, 오리 전문)
가능3동 581-24
☎ 031-829-9133

흥부산장(약백숙, 오리)
가능3동 581-203
☎ 031-872-1136

🏠 명소

만월암

도봉산 만장봉 동편 도봉산역 포대능선 코스 등산로 변에 위치한 절.

예전부터 보덕굴(普德窟)이라는 참선도량으로 널리 알려져 있었으며, 현재에도 참선수행하는 승려들이 즐겨찾고 있는 곳이다.

원효사

망월사역에서 사패능선 산불초소로 가는 등산로에 위치한 비구니 도량.

신라 선덕왕 때 원효대사가 한동안 이곳에 머물렀던 곳으로 알려져 있으며, 이 때문에 이곳에 원효대사의 동상을 모시고 있다.

비슷한 다섯 개의 봉우리로 이루어진 오봉

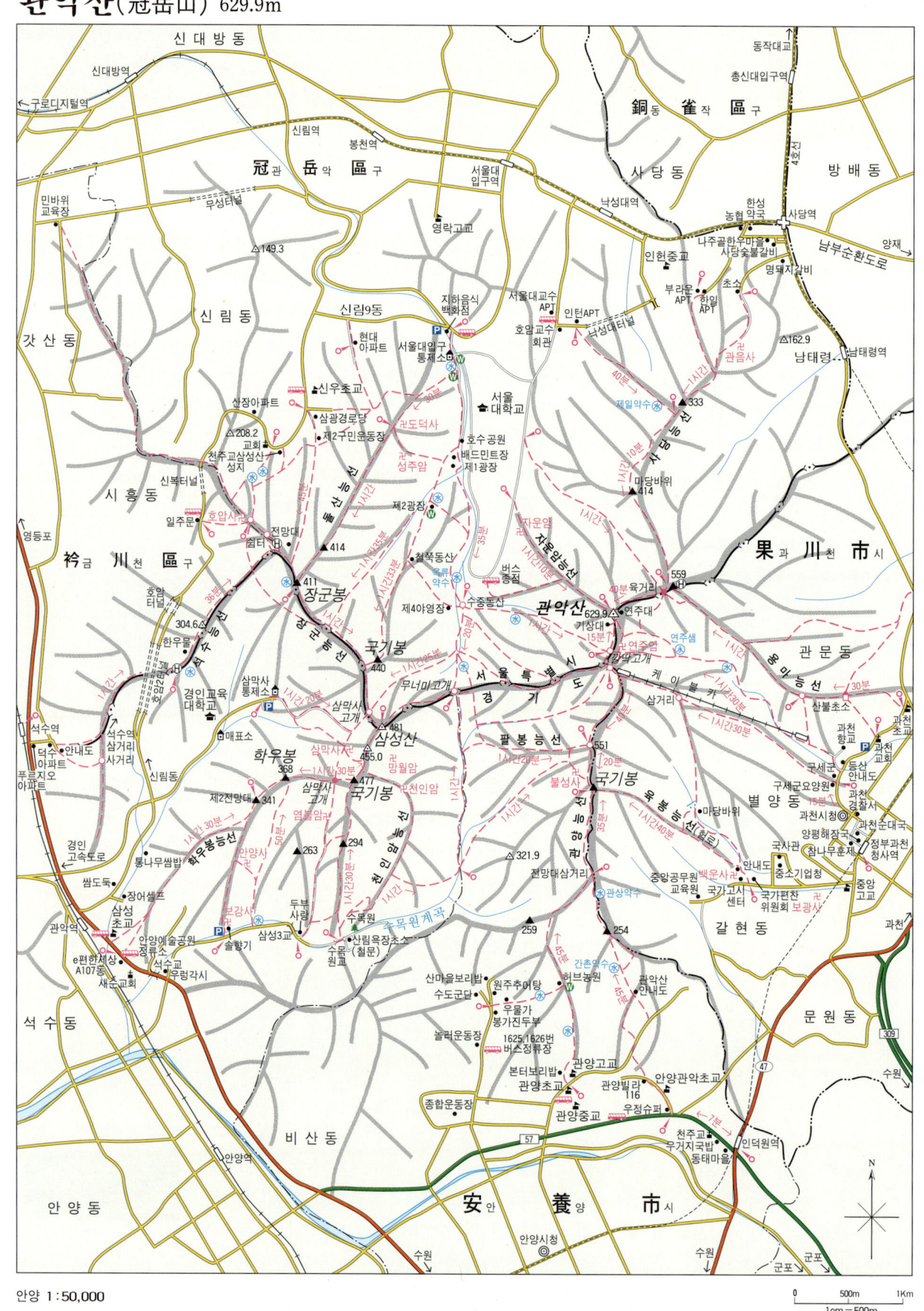

관악산 육봉 전경

관악 산
서울특별시 관악구 · 경기도 과천시, 안양시

관악산(冠岳山, 629.9m)은 경기 5악(岳)의 하나로 바위가 많은 산이다. 서울 남부와 경기도 과천시, 안양시의 경계를 이루고 있다. 꼭대기에 우뚝 솟은 기암괴석에서 땅으로 내려오는 산의 형세가 마치 갓(冠)과 같이 생겼다 하여 관악산이라 부른다. 정상에 서면 서울 남부 시가지와 과천일대가 속속들이 내려다보인다. 관악산은 광범위한 산이며 수도권 중앙에 위치하고 있어 수도권 시민들이 편하게 오를 수 있는 거대한 공원 같은 산이다.

삼성산(三聖山, 481m)은 관악산의 일부라 할 수 있으며 무너미고개를 사이에 두고 동쪽은 관악산 서쪽은 삼성산이다. 전체적으로 바위가 많은 산이다.

관악산과 삼성산 산행은 사방에 등산로가 수없이 많이 있고 이정표도 요소 마다 설치되어 있다. 대표적인 등산로 7곳을 선정하여 요약해서 안내한다. 이 외에도 많은 등산로가 있으므로 지도와 현지 안내문과 이정표를 참고하고 확인하면서 산행을 하면 큰 어려움이 없다.

등산로 Mountain path

서울대 입구 – 깔딱고개 – 관악산 – 연주암 – 과천향교 – 정부청사역 코스

총 4시간 20분 소요

서울대 입구 → 35분 → 사거리 → 60분 → 깔딱고개 → 15분 → 관악산 → 15분 → 연주암 → 60분 → 과천향교 → 15분 → 정부청사역

2호선 서울대입구역 2번 출구에서 5515A번 또는 5515B번 버스를 타고 서울대 입구 하차 후, 50m 거리 서울대 정문 서쪽 편 관악산광장에서 산책길을 따라 7분을 가면 경노구역 갈림길이 나온다. 갈림길에서 직진 산책길을 따라 6분 거리에 이르면 호수공원 갈림길이 나온다. 갈림길에서 왼쪽 연주대 이정표를 따라 22분을 가면 옥돌샘을 지나 삼거리 쉼터가 나온다.

삼거리 쉼터에서 왼쪽 연주암 이정표를 따라 오르면 가파른 길로 이어지면서 1시간을 오르면 깔딱고개 사거리에 닿는다.

깔딱고개에서 왼쪽은 바윗길 정상으로 가는 길이고, 직진은 완만하게 이어져 연주암을 경유하여 정상으로 가는 길이다. 직진으로 내려서면 바로 연주암이다. 연주암에서 무난한 등산로를 따라 15분을 오르면 관악산 정상이다. 관악산 정상에서 바라보면 서울 남부 일대가 조망되고 과천시 일대가 내려다보인다.

하산은 다시 연주암으로 내려와서 동쪽 과천 방면 계곡길로 간다. 계곡으로 이어지는 하산길을 따라 1시간을 내려가면 과천향교에 닿는다. 과천향교에서 정부청사역까지는 15분 거리다.

서울대 입구 – 장군봉 – 삼성산 – 무너미고개 – 서울대 입구 코스

총 4시간 50분 소요

서울대 입구 → 30분 → 돌산능선 → 60분 → 장군봉 → 60분 → 삼성산 → 25분 → 무너미고개 → 20분 → 수주동산사거리 → 35분 → 서울대 입구

2호선 서울대입구역 2번 출구에서 5515A번 또는 5515B번 버스를 타고 서울대 입구 하차 후, 서쪽으로 50m 정도 가면 관악산안내도가 있는 관악산광장이 나온다.

안내도 왼쪽 산책로를 따라 7분 거리에 이르면 경로구역 삼거리가 나온다. 삼거리에서 오른쪽 능선으로 오른다. 이정표가 있는 등산로를 따라 23분을 오르면 바위봉 돌산능선에 닿는다. 돌산 능선에서 바윗길로 이어지는 돌산능선

여행 정보 Tourist Information

대중교통

서울대입구 코스
2호선 서울대입구역 3번 출구 에서 5515A번, 5515B번을 타고 서울대 입구 하차.

사당역 코스
2호선, 4호선 사당역 4번 출구.

과천종합청사역 코스
4호선 과천종합청사역 3번 출구.

인덕원역 코스
4호선 인덕원역 8번 출구.

석수역 코스
1호선 석수역 1번 출구.

신림역 코스
2호선 신림역 3번 출구에서 152번, 5520번을 타고 신우초교 하차.

식당

서울대 입구

관악산회관(일반식)
관악구 신림9동 910-2 2층
☎ 02-873-0943

전주식당(일반식)
관악구 신림9동 910 지하 음식백화점내
☎ 02-875-5742

낙원정(일반식)
관악구 신림9동 910 지하 음식백화점내 15호
☎ 02-875-5742

푸르름으로 가득한 삼성산

을 따라 간다. 돌산능선은 암릉길로 이어진다. 우회길을 이용하면서 1시간을 오르면 장군봉에 닿는다.

장군봉에서 남동쪽 장군능선을 따라 35분 거리에 이르면 깔딱고개가 나온다.

* 관악산광장에서 산책로를 따라 13분 거리 호수공원 삼거리에서 오른편 산책로를 따라 10분을 가면 제2광장이 나온다. 광장에서 오른편 길을 따라 조금 지난 삼거리에서 직진으로 간다. 여기서부터 깔딱고개 이정표만을 따라 45분을 오르면 깔딱고개가 나온다.

깔딱고개에서 직진 15분을 가면 삼막사 삼거리에 닿고, 10분을 더 오르면 송전탑이 있는 삼성산 정상에 닿는다. 삼성산에서 바라보면 안양 방면 일대가 조망되고 관악구 일대가 시야에 들어온다.

하산은 동쪽 관악산 방향 능선을 따라 25분을 내려가면 사거리 무너미고개가 나온다.

무너미고개에서 왼편 북쪽으로 20분을 내려가면 수중동산 사거리에 닿고, 수중동산 사거리에서 직진하여 35분을 내려가면 서울대 입구에 닿는다.

사당역 – 관악산 – 연주암 – 케이블카능선 – 구세군 – 과천정부청사역 코스
총 5시간 50분 소요

사당역 → 70분 → 낙성대갈림길 → 70분 → 6거리 안부 → 40분 → 관악산 → 15분 → 연주암 → 80분 → 구세군 → 15분 → 과천정부청사역

2호선 사당역 5번 출구(4호선 4번 출구)에서 과천 방면으로 50m 정도 가다가 우측 언덕길로 올라 첫 번째 오른쪽 관악산(관음사) 팻말을 따라 10분 정도 가면 초소를 통과하고 10분을 더 가면 관음사가 나온다. 관음사에서 좌우측 어느 쪽으로 가도 정상으로 이어진다. 관음사에서 50분을 오르면 낙성대 갈림길이 나오고, 계속 능선을 타고 1시간 10분을 오르면 6거리 안부가 나오며, 40분을 더 오르면 관악산 정상에 닿는다.

하산은 남쪽으로 15분을 내려가면 연주암이 나온다. 연주암에서 식당 오른쪽으로 비탈길 따라 30분을 가면 케이블카 능선으로 이어져 삼거리가 나온다. 삼거리에서 직진 능선을 타고 50분을 내려가면 구세군이 나온다. 여기서 오른쪽으로 15분을 가면 과천정부청사역이다.

과천정부청사역 – 연주암 – 관악산 – 용마능선 – 과천교회 – 과천정부청사역
총 4시간 55분 소요

정부청사역 → 15분 → 과천향교 → 90분 → 연주암 → 15분 → 관악산 → 30분 → 6거리 → 70분 → 과천교회 → 15분 → 정부청사역

4호선 과천정부청사역 11번 출구에서 관악산 과천향교 이정표를 따라 15분 거리에 이르면 과천향교 입구가 나온다. 여기서 과천향교 앞을 지나 계곡길을 따라 1시간 30분을 오르면 연주암에 닿고 15분을 더 오르면 관악산 정상에 닿는다.

하산은 동북쪽 능선을 따라 내려가면 급경사 바윗길 밧줄 지역으로 이어져 30분을 내려가면 6거리가 나온다.

여기서 동쪽 능선으로 직진 5분 정도 오르면 헬기장 559봉이다. 여기서 동남쪽 용마능선을 타고 내려간다. 무난한 능선을 타고 45분을 내려가면 산불초소 갈림길이 나온다. 산불초소 갈림길에서 왼쪽 능선을 따라 5분 거리에 이르면 갈림길이 또 나온다. 여기서는 오른쪽으로 15분을 내려가면 과천교회가 나온다. 도로건너 7분을 가면 과천역 6번 출구에 닿고, 오른쪽으로 7분 거리에 이르면 과천정부청사역이다.

여행 정보 Tourist Information

사당역

나주골한우마을(한우전문)
관악구 남현동 1062-15
☎ 02-585-2040

명돼지갈비
관악구 남현동
☎ 02-522-2975

사당숯불갈비(돼지갈비)
관악구 마현동 1061-3
☎ 02-585-2763

과천정부청사역

과천순대국
과천시 중앙동 40-4
동성빌딩 101
☎ 02-502-4274

양평해장국
과천시 중앙동 40-7
☎ 02-503-0049

무진장(오리삼겹살 전문)
과천시 중앙동 40-9
☎ 02-503-8833

인덕원역

동태마을(동태요리전문)
안양시 관양2동 1480-43
☎ 031-424-2097

우거지국밥
안양시 관양2동 1487-2
☎ 031-422-8989

한식뷔페
안양시 관양1동 1437-16
☎ 031-424-0949

수목원 방면

우렁각시(두부전문)
안양시 만안구 안양동 14-5
☎ 031-471-6786

인덕원역 – 관양능선 – 관악산 – 연주암 – 과천향교 – 과천정부청사역 코스

총 5시간 15분 소요

인덕원역 → 7분 → 우정슈퍼 → 80분 → 국기봉 → 60분 → 깔딱고개 → 15분 → 관악산 → 15분 → 연주암 → 60분 → 과천향교 → 15분 → 과천정부청사역

4호선 인덕원역 8번 출구로 나와 안양 방면 500m 거리에 이르면 도로 우측에 우정슈퍼가 나온다. 우정슈퍼에서 우측 소형차로를 따라 7분을 가면 관악초교를 지나서 관양빌라166 오른쪽으로 산길이 나온다. 여기서 오른쪽 언덕을 넘어서면 도로가 나온다. 도로를 건너 능선으로 난 등산로를 따라 8분 거리에 이르면 안내도와 이정표가 나온다.

안내도에서 뚜렷한 등산로를 따라 10분을 가면 관촌약수 삼거리가 나온다. 삼거리에서 오른쪽 또는 왼쪽으로 20분을 가면 능선에 전망대삼거리가 나온다. 전망대삼거리에서 능선을 따라 35분을 더 오르면 국기봉에 닿는다.

국기봉에서 연주암 이정표대로 주능선을 따라 45분 거리에 이르면 연주암 갈림길이 나온다. 갈림길에서 오른쪽은 연주암, 왼쪽은 깔딱고개 바윗길이다. 왼쪽은 바윗길 오른쪽은 완만한길 어느 쪽으로 가도 15분을 가면 연주암 또는 깔딱고개에 닿는다.

깔딱고개 또는 연주암에서 북쪽방면으로 15분을 더 오르면 관악산 정상에 닿는다.

하산은 연주암으로 되돌아와서 동쪽 과천방면 계곡길을 따라 1시간을 내려가면 과천향교에 닿는다. 과천향교에서 과천정부청사역까지는 15분 거리다.

석수역 – 석수능선 – 장군봉 – 삼성산 – 학우능선 – 관악역 코스 총 5시간 47분 소요

석수역 → 60분 → 헬기장 → 36분 → 장군봉 → 62분 → 삼성산 → 66분 → 제2전망대 → 63분 → 관악역

1호선 석수역 1번 출구 끝 계단으로 내려와 오른쪽 파리바게트 삼거리에서 좌회전 5분 거리 도로 끝 소형차로 사거리에서 오른쪽으로 50m 가면 계단 위에 호암산 안내도가 나온다. 안내도 왼편 등산로를 따라 6분을 올라가면 지능선 사거리가 나온다. 사거리에서 왼쪽 능선을 따라 17분을 오르면 왼쪽 석수역 갈림길 쉼터가 나온다. 갈림길에서 직진 30분을 오르면 헬기장이 나온다.

헬기장을 지나면 제2한우물이 나오고 곳 바로 왼편으로 큰 한우물이 나온다. 한우물에서 계속 이어지는 지능선을 타고 12분을 오르면 삼막사 갈림길이 나온다. 갈림길에서 오른쪽으로 가면 다소 편안한 길로 이어져 삼성산, 삼막사 방면이고, 왼쪽으로 오르면 전망대를 경유하여 주능선길이다. 여기서 직진 능선을 타고 11분을 더 오르면 헬기장이 나오고, 30m 거리에 전망대가 있다. 다시 헬기장에서 오른쪽으로 5분 거리에 이르면 헬기장을 지나 삼거리 장군봉이 나온다.

장군봉에서 직진 완만한 주능선을 따라 52분 거리에 이르면 깔딱고개 사거리가 나온다.

사거리에서 오른쪽은 삼막사이고 직진 능선을 타고 10분을 더 오르면 통신안테나가 있는 삼성산 정상이다. 정상에서 바라보면 안양시 대부분이 시야에 들어온다.

삼성산에서 하산은 남릉을 타고 20분을 내려가면 삼막사 상불암 사거리가 나온다. 사거리에서 직진 능선을 타고 10분을 오르면 국기봉에 닿고, 국기봉에서 서쪽 주능선을 따라 10분을 내려가면 삼막고개 쉼터사거리가 나온다. 삼막고개 사거리에서 직진 서쪽 능선을 따라 가면 학우봉 왼쪽 비탈길로 가다가 능선으로 이어지면서 26분 거리에 이르면 제2전망대가 나온다.

제2전망대에서 오른편 서남쪽 능선길을 따라 가면 좌우로 갈림길이 계속 나온다. 하지만 언제나 주능선만을 따라 45분 거리에 이르면 이정표 갈림길이 나온다. 갈림길에서 왼편으로 6분을 내려가면 예술공원 버스정류장이 나온다. 여기서 오른쪽으로 12분 거리에 관악역이다.

여행 정보 Tourist Information

두부사랑(두부전문)
만안구 석수1동 839-6
☎ 031-474-5712

대성식당(한식전문)
안양시 안양2동 산1번지
☎ 031-472-3382

관양고교

본터(보리밥전문)
관양1동 관양고교 뒤
☎ 031-384-9282

종합운동장

산마을민속촌(보리밥전문)
동안구 비산3동 38-1
☎ 031-388-8816

봉가진순두부
동안구 비산3동 6-3
☎ 031-384-1002

석수역

쌈도둑(쌈밥전문)
만안구 석수동 54
☎ 031-471-7676

등나무집(한방오리전문)
만안구 석수1동 118-1
☎ 031-472-7100

영광숯불(민물장어전문)
만안구 석수동 147
☎ 031-471-0186

시흥동

마포소금구이
(흑돼지 오겹살전문)
금천구 시흥동 978
☎ 02-895-5589

신림초교

고향고기촌(생고기전문)
신림동 10동 신우초교 앞
☎ 02-874-5530

청계산(淸溪山) 615m

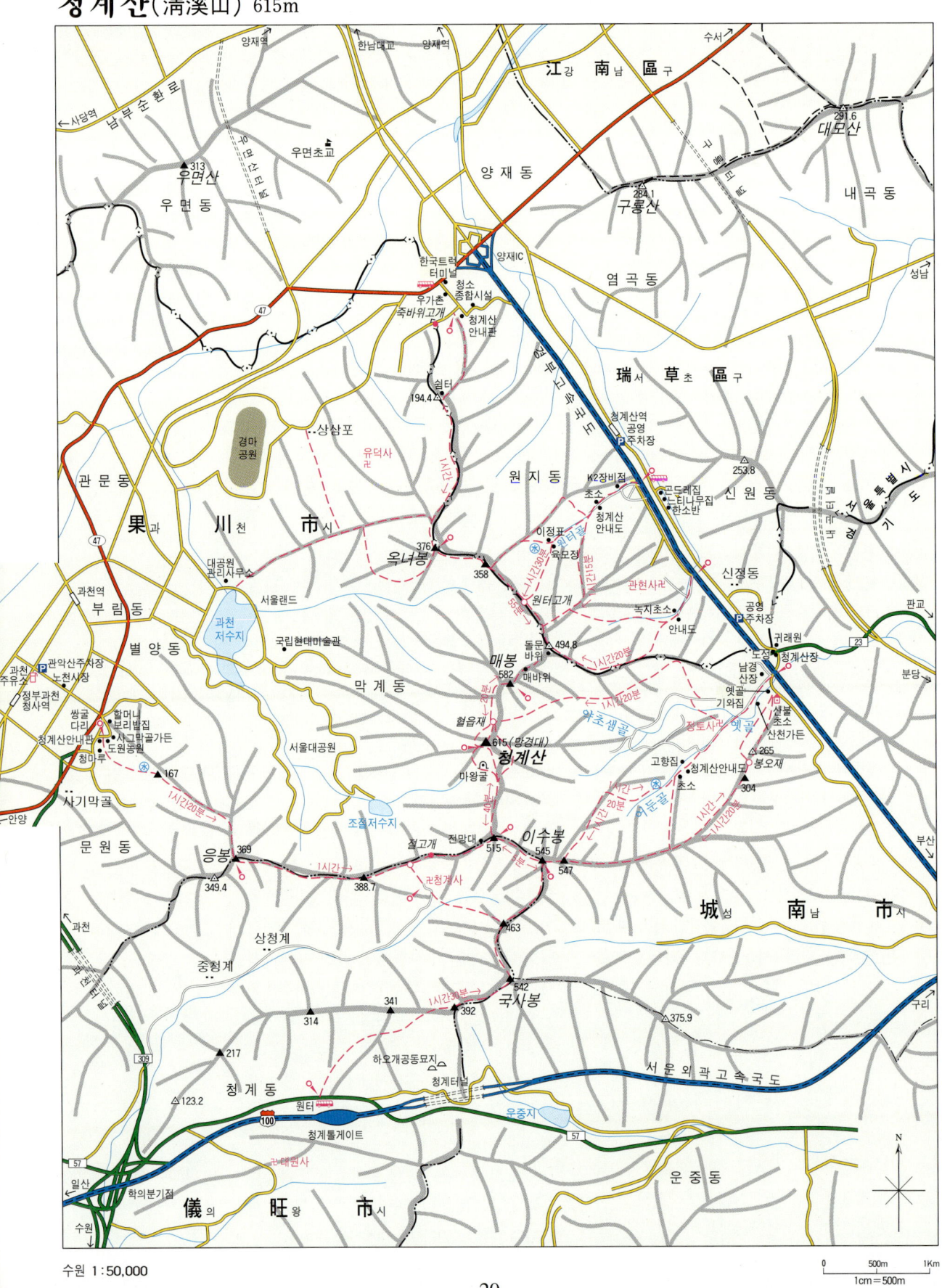

청계산

서울 서초구 · 경기도 과천시, 성남시 (서울 瑞草區. 京畿道 果川市, 城南市)

청계산(清溪山. 615m)은 서울 서초구, 과천시, 성남시, 의왕시에 걸쳐 있는 산이다. 주능선 동남부는 부드러운 편이나 서부지역은 가파른 산세를 이루고 있다. 정상을 중심으로 북쪽으로는 매봉, 옥녀봉으로 이어지고, 남쪽으로는 이수봉, 바라산, 백운산, 광교산으로 주능선이 이어진다. 청계산은 수도권 시민들이 언제나 오를 수 있는 공원 같은 산이다.

등산로는 원터골, 옛골, 화물터미널, 과천, 청계사 방면에서 오르는 코스 등이 있다.

등산로 Mountain path

원터골-청계산-이수봉-옛골 코스
총 4시간 45분 소요

원지동 → 50분 → 원터고개 → 65분 → 청계산 → 50분 → 이수봉 → 60분 → 옛골

3호선 양재역 7번 출구에서 4432번 옛골행 버스를 타고 원터골 입구 하차 후, 오른쪽 굴다리를 통과하여 오른쪽으로 100m 가면 청계산 안내도가 나온다. 안내도에서 계곡을 따라 35분 거리에 이르면 정자가 있는 삼거리가 나온다. 오른쪽은 옥녀봉 왼쪽은 원터고개이다. 여기서 왼쪽으로 15분을 오르면 원터고개삼거리이다.

원터고개에서 남쪽으로 25분을 오르면 494.8봉삼거리가 나오고, 삼거리에서 오른쪽으로 20분을 가면 매봉이다. 매봉에서 15분을 가면 혈읍재 사거리가 나오고, 5분 더 오르면 청계산 정상에 닿는다.

하산은 남릉을 따라 40분 거리에 이르면 515봉 삼거리가 나온다. 삼거리에서 왼쪽으로 10분을 가면 이수봉이다.

이수봉에서 왼편 동쪽으로 능선을 따라 1시간을 내려가면 옛골 버스정류장에 닿는다.

정부과천청사역-응봉-청계산-원터고개-원터골 코스
총 5시간 40분 소요

도원농원 → 80분 → 응봉 → 60분 → 515봉 → 40분 → 청계산 → 50분 → 원터고개 → 50분 → 원터골 입구

4호선 정부과천청사역 1번 출구로 나와 서울 방면 50m 거리 과천주유소에서 동쪽 일직선으로 가면 노점 상가를 지나서 왼쪽으로 인도 굴다리 지나 도로를 가로질러 올라가면 왼편으로 매봉가든이 나온다. 여기서 오른쪽으로 50m 가면 도원농원이 있고 청계산 안내도가 나온다. 도원농원 우측 길을 따라 1시간 20분을 오르면 응봉이다. 응봉에서 동쪽 능선을 따라 1시간 거리에 이르면 515봉 삼거리가 나온다. 여기서 북쪽으로 40분 거리에 이르면 청계산 정상이다.

하산은 북쪽 주능선만을 따라 50분을 내려가면 매봉을 경유하여 원터고개에 닿는다.

원터고개에서 오른쪽으로 계곡을 따라 50분을 내려가면 원터골 입구에 닿는다.

화물터미널-옥녀봉-청계산-이수봉-옛골 코스
총 5시간 5분 소요

화물터미널 → 60분 → 옥녀봉 → 55분 → 매봉 → 20분 → 청계산 → 50분 → 이수봉 → 60분 → 옛골버스정류장

양재동 화물터미널 정문에서 남쪽 도로를 따라 직진 5분(200m)을 가면 도로 끝 지점에 청계산 등산안내판이 있다. 여기서부터 등산로가 시작되어 1시간을 오르면 옥녀봉에 닿는다.

옥녀봉에서 계속 능선을 따라 12분을 가면 원터고개가 나오고, 25분을 더 오르면 봉우리 림길이 나온다. 갈림길에서 20분을 가면 매봉에 닿고, 20분을 더 오르면 청계산 정상에 닿는다.

하산은 남쪽 능선을 따라 40분 거리에 이르면 515봉 삼거리에 닿고, 515봉에서 왼쪽으로 10분 거리에 이르면 이수봉이다.

이수봉에서 동쪽 능선을 따라 내려가면 왼쪽으로 두 번 갈림길이 나오는데 세 번째 갈림길에서 왼쪽으로 내려가면 도로에 닿고, 고가 밑을 통과하면 옛골버스정류장이다.

여행 정보 Tourist Information

🚌 대중교통

원터골, 옛골
분당선 청계산역 2번 출구에서 남쪽으로 원터골 입구는 300m, 옛골은 1.3km이다.

화물터미널
3호선 양재역 7번 출구에서 08번 화물터미널행 버스를 타고 화물터미널 하차.

과천
4호선 과천종합청사역 1번 출구에서 서울 쪽 과천주유소 왼편 노점상 길로 간다.

🍴 식당

원터골
곤드레밥집
서초구 신원동 원터골 입구
☎ 02-574-4542

옛골
산천가든 (일반식)
성남시 수정구 상적동 284-1
☎ 031-723-8679

과천
과천순대국
과천시 중앙동 40-4
☎ 02-502-4274

화물터미널
우가촌 (일반식)
서초구 양재동 223
☎ 02-572-8548

수락산(水落山) 640.6m　　불암산(佛岩山) 509.7m

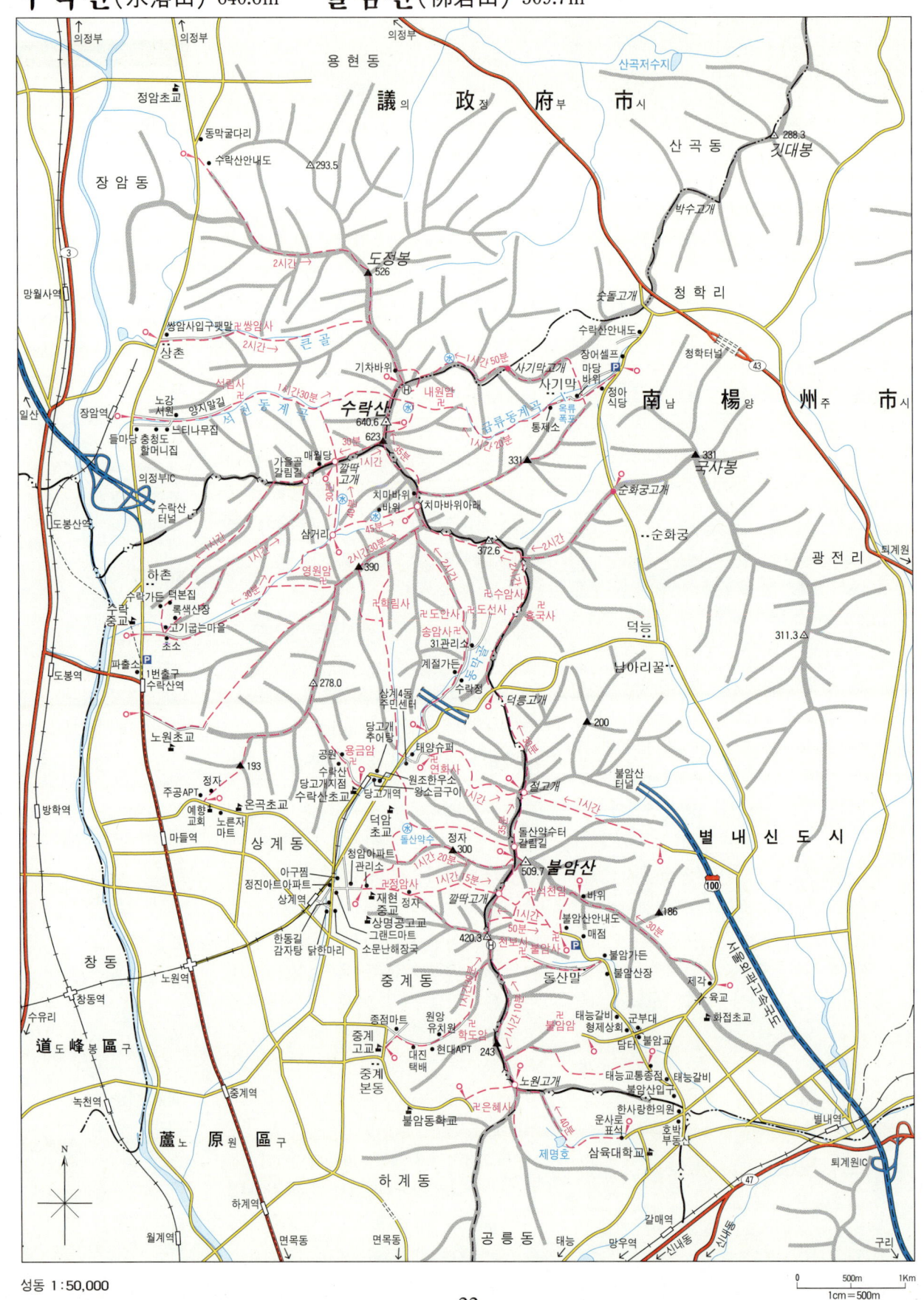

수락산 정상에서 바라본 의정부 시가지

수락산 · 불암산
서울특별시 도봉구 · 경기도 남양주시

수락산(水落山. 640.6m)과 불암산(佛岩山. 509.7m)은 서울 노원구와 의정부시 경계를 이루면서 덕릉고개를 사이에 두고 북쪽은 수락산 남쪽은 불암산이다.

대부분이 바윗길이나 안전시설이 되어있고, 중요한 길목에 이정표가 잘 배치되어 있어 산행에 큰 어려움이 없다.

등산로 Mountain path

수락산 총 4시간 25분 소요
초소(입석) → 30분 → 삼거리 → 45분 →
고개 → 35분 → 수락산 → 35분 →
깔딱고개 → 60분 → 초소(입석)

7호선 수락산역 1번 출구로 나와 북쪽 인도로 200m 가서 오른쪽으로 가면 수락산 입구 초소가 나온다. 초소에서 넓은 길을 따라 30분을 가면 합수곡 삼거리가 나온다.

합수곡 삼거리에서 왼쪽은 하산길로 하고, 오른쪽으로 가면 바위굴을 지나면서 45분을 오르면 주능선 고개에 닿는다.

고개에서 왼쪽으로 10분을 가면 하경바위 입구가 나온다. 여기서 오른편 정상으로 가는 길을 따라 25분을 더 오르면 수락산 정상에 닿는다.

하산은 남쪽 급경사를 내려서 능선으로 5분 정도 거리 봉우리 갈림길에서 오른편 서쪽 능선을 탄다. 서쪽 능선은 바윗길로 이어져 30분을 내려가면 깔딱고개 사거리에 닿는다

깔딱고개에서 왼쪽으로 30분 내려가면 삼거리가 나오고 30분 더 내려가면 초소에 닿는다.

불암산 상계역 – 전망대 – 불암산 – 깔딱고개 – 상계역 코스 총 3시간 23분 소요
상계역 → 40분 → 전망대 → 38분 →
불암산 → 65분 → 상계역

4호선 상계역 1번 출구에서 북쪽으로 샛길을 따라 100m 가면 우측 그랜드마트가 나온다. 그랜드마트 쪽 차도를 따라 100m 가면 4, 5등산로 입구 불암산 관리소가 나온다. 왼쪽은 능선길 오른쪽은 계곡으로 모두 정상으로 이어진다.

왼쪽 능선을 따라 18분을 오르면 돌다방쉼터가 나오고, 계속 12분을 더 오르면 전망대이다.

전망대에서 28분을 오르면 주능선 삼거리에 닿고 10분을 더 오르면 불암산 정상이다.

하산은 남쪽 바윗길을 타고 15분을 내려가면 깔딱고개에 닿는다. 깔딱고개에서 오른쪽으로 40분을 가면 관리소가 나오고 , 10분을 내려가면 상계역이다.

삼육대학교 – 불암산 – 깔딱고개 – 불암사 – 불암동 버스종점 코스 총 3시간 53분 소요
삼육대 입구 → 33분 → 주능선 → 65분 →
불암산 → 75분 → 불암동 종점

6호선 화랑대역 1번 출구에서 1155번, 1225번 버스를 타고 불암동 삼육대후문 입구 하차 후, 횡단보도를 건너 소형차로를 따라 5분을 가면 삼육대후문이 나온다. 후문을 통과하여 5분을 더 가면 등산로표석이 나온다. 표석차단기를 통과하여 15분을 가면 저수지 오른쪽으로 등산로가 이어지면서 3분을 오르면 이정표가 나온다. 여기서 왼쪽으로 5분을 가면 주능선 삼거리가 나온다.

주능선에서 오른쪽으로 40분을 가면 깔딱고개에 닿고, 25분을 더 오르면 불암산 정상이다.

하산은 다시 깔딱고개로 내려서 동쪽으로 35분을 내려가면 불암사를 지나 일주문에 닿는다. 여기서부터 소형차로를 따라 25분 거리에 이르면 불암동 버스종점이다.

여행 정보 Tourist Information

🚌 대중교통

수락산
7호선 수락산역 1번 출구에서 북쪽 200m 오른쪽 100 거리 수락산 입구 초소.

불암산
4호선 상계역 1번 출구에서 북쪽으로 100m 가서 우측 그랜드마트 쪽.

불암사 코스
6호선 화랑대역 1번 출구에서 1155번, 1225번을 타고 삼육대 후문 입구 하차.

🍴 식당

수락산역
고기굽는마을(삼겹살)
상계1동 1226 등산로 입구
☎ 02-934-9292

수락가든(토종닭 전문)
상계1동 등산로 입구
☎ 02-933-9490

상계역
한동길감자탕(감자탕전문)
노원구 중계동 142-3
☎ 02-931-7066

닭한마리(삼계탕전문)
노원구 중계동 152-1
☎ 02-936-3989

생소금구이(생소금구이)
노원구 상계3동 65-1
☎ 02-938-5393

불암동
소나무집(오리전문)
별내면 화접리 623-1
☎ 031-527-9143

덕화가든(토종닭, 오리)
별내면 화접리 569-1
☎ 031-528-8674

검단산(黔丹山) 659.8m 용마산(龍馬山) 595.4m

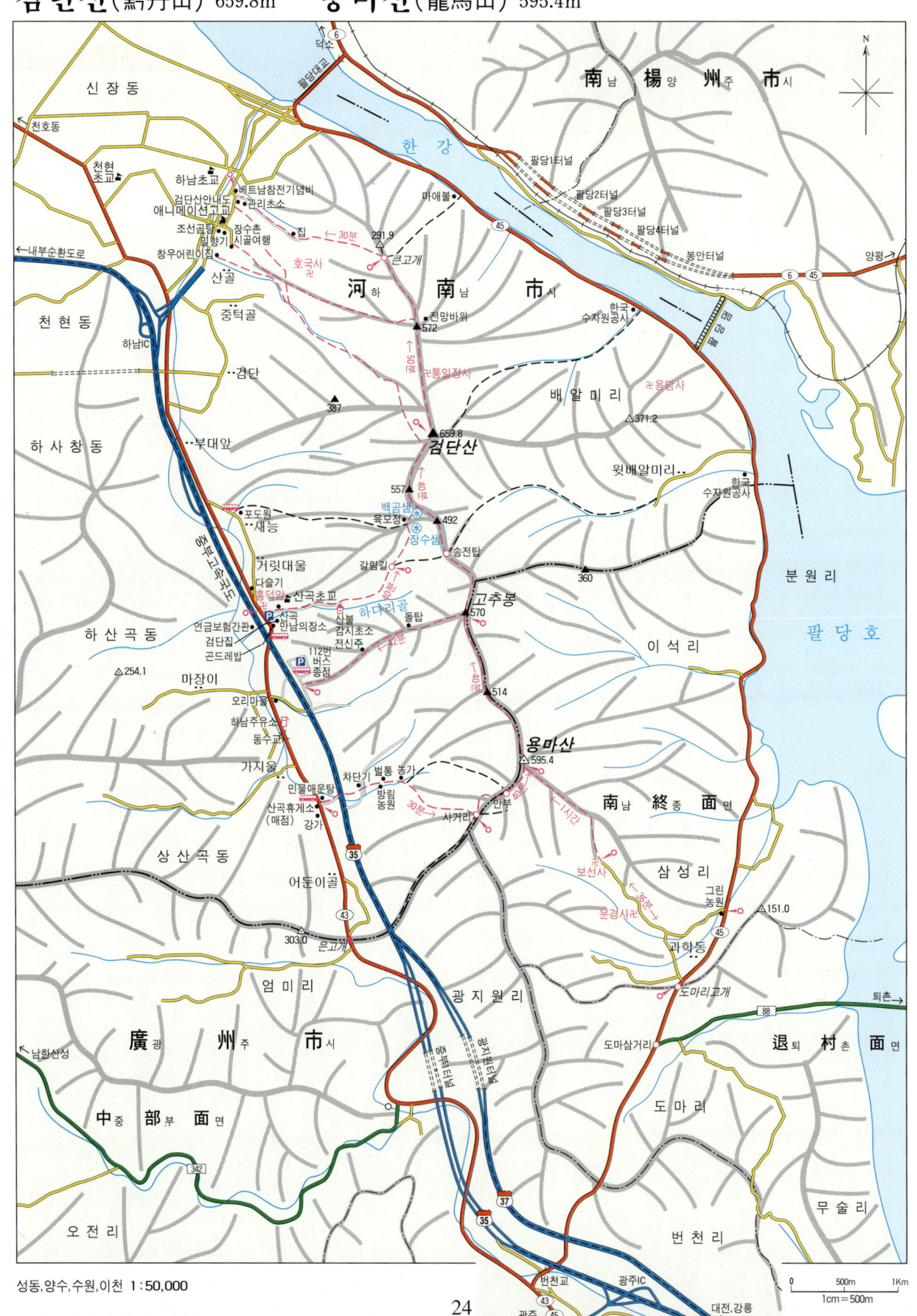

팔당댐에서 바라본 검단산

검단산·용마산
경기도 하남시, 광주시 남종면

검단산(黔丹山, 659.8m)은 하남시 동남쪽 팔당대교 남쪽에 위치한 산이다. 산세가 완만하여 누구나 편안히 오를 수 있는 공원 같은 산이며, 정상에서면 팔당호와 하남시 일대가 시원하게 내려다보인다. 수도권에 위치하여 가족 산행지로 좋은 산이다. 산행은 중부고속도로 톨게이트 동편 산곡초교와, 하남시청 쪽 애니메이션고교에서 오른다.

용마산(龍馬山, 595.4m)은 검단산에서 남쪽 능선으로 이어져 약 4km 거리에 위치한 산이다. 산행은 상산곡동 산곡휴게소에서 지능선을 타고 용마산에 오른 후, 북쪽 주능선을 타고 고추봉에서 서쪽 지능선 동수말로 하산하거나, 계속 북릉을 타고 검단산까지 종주산행이다.

등산로 Mountain path

검단산 총 3시간 40분 소요
산곡초교 → 40분 → 갈림길 → 40분 → 검단산 → 50분 → 큰 고개 → 30분 → 애니메이션고교

하산곡동 산곡초교 입구 버스정류장에서 동쪽 소형차로를 따라 100m 가면 산곡초교 정문을 지나고 200m 더 가면 산불초소를 지나 소형차로 끝이 나온다. 여기서부터 등산로를 따라 올라가면 계곡을 벗어나면서 갈림길이 나온다. 버스정류장에서 40분 거리다.

갈림길에서 왼쪽 길을 따라 조금 올라서면 샘이 있고, 이어서 육모정 능선에 서게 된다.

능선에서 왼쪽 비탈길로 들어서면 백곰샘이 있고, 능선을 지나서 주능선 삼거리가 나온다. 삼거리에서 북쪽 주능선을 따라 계속가면 다시 삼거리가 나오고, 조금 가면 검단산 정상이다. 갈림길에서 40분 거리다.

하산은 북쪽 주능선을 타고 20분을 내려서면 전망바위가 나오고, 바로 왼쪽 호국사로 내려가는 삼거리가 나온다. 여기서 계속 직진하여 30분을 내려가면 큰 고개 십자로가 나온다.

여기서 왼쪽으로 가면 애니메이션고교 방면이고, 직진하면 팔당대교 방면이다. 왼쪽 넓은 길을 따라서 30분을 내려가면 애니메이션고교 검단산 등산로 입구에 닿는다.

용마산 총 3시간 32분 소요
산곡휴게소 → 30분 → 안부 → 40분 → 용마산 → 40분 → 고추봉 → 42분 → 동수말

상산곡동 산곡휴게소(매점)에서 도로를 건너 동쪽 검은 다리(마을길)를 따라가면 중부고속도로 교각 밑 삼거리가 나온다. 삼거리에서 왼쪽 고물상을 끼고 100m 가면 산불초소가 있고, 양편에 차단기가 있는 소형차로가 나온다. 여기서 오른쪽 차단기를 통과하여 올라가면 방림농원 팻말을 지나 빈집 두 채가 나온다. 빈집에서 오른쪽으로 8분 거리 삼거리에서 오른쪽으로 6분을 가면 안부사거리가 나온다. 산곡휴게소에서 30분 거리다.

사거리에서 왼쪽으로 간다. 왼쪽 비탈길을 따라 13분을 가면 안부에 닿고, 27분을 더 올라가면 용마산 정상이다.

하산은 왼쪽 주능선을 따라 17분을 내려가면 안부 갈림길이 나온다. 계속 주능선을 따라 7분을 가면 또 안부갈림길이 나온다. 여기서도 계속 주능선을 타고 16분을 오르면 삼각점이 있는 고추봉 삼거리에 닿는다. 여기서 검단산까지 1시간 거리다.

고추봉에서 왼편 지능선을 따라 30분을 내려가면 묘를 지나 송전탑을 통과하고 12분을 더 내려가면 112번 버스종점에 닿는다.

여행 정보 Tourist Information

대중교통

검단산
2호선 강변역 동편에서 112번. 13번. 12-1번. 15-3번 2호선 잠실역에서 30-5번. 13-2번. 15-3번. 112번 상산곡동 방면 버스 이용, 산곡초교 입구하차.

용마산
2호선 강변역 동편에서 13번 광주 방면 버스 이용, 섬말 입구 안가 앞 하차.

식당

애니메이션고교
조선곰탕(곰탕전문)
하남시 창우동 307-2
☎ 031-796-2570

밀향기(칼국수전문)
하남시 창우동 305-5
☎ 031-794-8155

산곡동
산골별장오리(오리전문)
하남시 상산곡동 13-8
☎ 031-794-1133

강가생고기(생삼겹살전문)
하남시 상산곡동 282-7
☎ 031-793-5905

표지석이 세워진 용마산 정상

남한산성 (南漢山城)

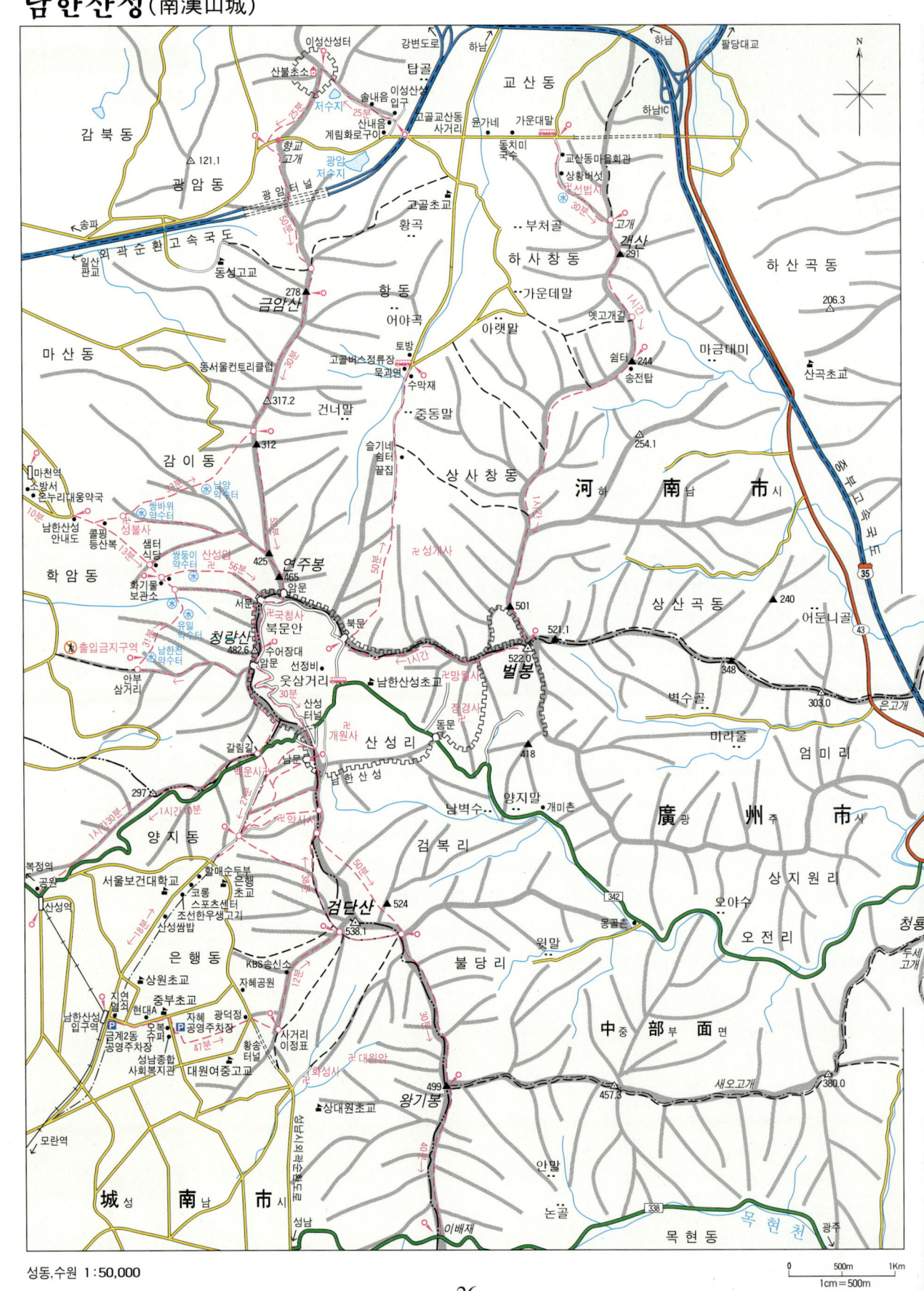

남한산성 남문

남한산성 경기도 하남시, 성남시, 광주시

남한산성(南漢山城)은 서울특별시 송파구 하남시 성남시 광주시 경계에 위치한 산이다. 광범위한 면적에 400m~550m급 나지막한 높이의 산군으로 이루어져 있으며 청량산(482.6m)과 수어장대를 중심으로 남한산성으로 둘러싸여 있다. 성의 외부는 급경사를 이루어 적의 접근이 어렵고 내부는 경사가 완만하여 넓은 경작지와 물을 갖춘 천혜의 전략적 요충지의 지형이다.

전체적인 산세는 북 서쪽 남쪽 면은 급경사를 이루고 있고 동남쪽은 완만한 지형을 이루고 있다. 조선시대뿐 아니라 삼국시대부터 천연의 요새로 중요한 역할을 하던 곳이며 백제의 시조인 온조의 왕성이었다는 기록도 있고, 나당전쟁이 한창이던 신라 문무왕 12년(672년)에 한산주에 쌓은 주장성이라는 기록도 있다. 고려시대에는 몽고의 침입을 격퇴한 곳이기도 하고 일제강점기에는 항일운동의 거점이 되기도 한 곳이다.

그러나 남한산성은 주로 병자호란으로 기억되는 곳이다. 조선 인조 14년(1363년)에 청나라가 침략해오자 왕은 이곳으로 피신하여 항전하였으나, 왕자들이 피신해 있던 강화도가 함락되고 패색이 짙어지자 세자와 함께 성문을 열고 삼전도에 나가 치욕적인 항복을 한 곳이다.

등산로는 사방에 수많은 등산로가 있으며 단거리 혹은 장거리 산행을 취향대로 선택의 폭이 많은 산이며 주요등산로는

(1) 마천역에서 만남의장소 성불사 표말삼거리를 경유하여 수어장대에 오른 후, 남한천약수터 암문 일장천약수터 화기물보관소를 경유하여 다시 마천역으로 원점회귀 산행이다.

(2)는 마천역에서 화기물보관소 서문을 경유하여 수어장대에 오른 후, 6암문 성벽 외곽길 남문 닿기 전 서쪽 지능선을 타고 산성역으로 하산한다.

(3)은 하남시 교산동 선법사에서 지능선을 타고 벌봉에 오른 후, 서쪽 북문 고골로 하산한다.

(4)는 장거리산행으로 하남시 송내동 토방카페에서 이성산성 금암산 수어장대 검단산 이배재로 하산한다.

이 외에도 성남시에서 남문 방면, 검단산 방면으로 오르고 내려오는 코스가 많고, 광주시 중부면 산성리, 불당리, 검복리 방면에서도 등산로가 많고, 은고개에서도 오르는 코스가 있다.

등산로 Mountain path

마천역 – 표말삼거리 – 수어장대 – 남한천약수터 – 마천역 총 3시간 40분 소요

마천역 → 10분 → 만남의장소 → 53분 → 표말삼거리 → 46분 → 수어장대 → 17분 → 삼거리 → 34분 → 마천역

5호선 마천역 1번 출구 사거리에서 서쪽으로 직진 50m 거리 119거여소방대에서 좌회전 도로를 따라 10분 거리에 이르면 만남의장소가 나온다. 만남의장소에서 상가골목으로 직진 3분을 가면 콜핑 등산복 갈림길이 나온다. 갈림길에서 왼쪽으로 10분 거리에 이르면 성불사를 지나서 안내도가 있는 갈림길이 나온다.

* 갈림길에서 오른쪽으로 50분 정도 오르면 능선으로 이어져 송림쉼터 425봉 연주봉을 경유하여 남한산성 서문에 닿는다.

* 갈림길에서 왼쪽으로 3분을 가면 쌍바위약수터가 나온다. 여기서 왼쪽 표말삼거리 이정표를 따라가면 등산로는 평지와 같은 비탈길로 이어지면서 두 번 오른쪽 능선으로 오르는 갈림길이 있으나 언제나 직진 비탈길을 따라간다. 비탈길은 남양약수터 연못 묵밭을 경유하면서 40분 거리에 이르면 주능선 푯말삼거리에 닿는다.

여행 정보 Tourist Information

대중교통

마천역~남한산성 코스
5호선 마천역 하차.

산성역~남한산성코스
8호선 산성역 하차.

남한산성역~남문코스
8호선 남한산성 하차.

벌봉, 이성산성-금암산 코스
(2호선, 8호선 잠실역에서 춘궁동-하남시청 방면 1번), (잠실역-성내역-춘궁동-하남시청 30-5번), (5호선 둔촌역에서 춘궁동-애니메이션고교 80번) 버스를 타고

이성산성-금암산 쪽은 춘궁동 하차하고, **벌봉** 쪽은 교산동 서부농협 하차한다.

하산지점 고골에서 하남시청은 100번(15분 간격) 이용.

광주-남한산성은 15-1번 이용.

검단산 하산지점 이배재에서는 성남이나 광주방면 버스를 이용한다.

식당

하남시, 춘궁동, 교산동, 향동

계림화로구이
(삼겹살화로구이전문)
하남시 춘궁동 303-15
☎ 031-794-7592

보리향(보리밥전문)
하남시 춘궁동303-15
☎ 031-794-7592

푯말삼거리에서 오른쪽 능선을 따라 30분을 오르면 성벽이 나온다. 성벽 외곽길을 따라 5분 거리에 이르면 데크를 지나서 서문에 닿는다.

서문을 통과 오른쪽 성내 길을 따라 11분 거리에 이르면 수어장대에 닿는다.

수어장대에서 100m 내려가면 암문이 나온다. 암문을 통과 이정표 사거리에서 직진 남한천약수터 하산길을 따라 16분을 내려가면 안부 삼거리가 나온다.

삼거리에서 오른쪽으로 4분을 가면 남한천약수터가 나오고 바로 갈림길이 나온다. 갈림길에서 왼쪽으로 7분을 가면 희미한 사거리가 나온다. 여기서 직진 8분을 내려가면 울타리 갈림길이 나온다. 갈림길에서 오른쪽으로 100m 거리에 일장천약수터이다. 약수터에서 비탈길을 따라 6분을 내려가면 철조망삼거리가 나온다. 여기서 직진 6분을 내려가면 화기물보관소이다. 여기서 13분 내려가면 만남의광장이고 10분 거리에 마천역이다.

마천역 – 화기물보관소 – 서문 – 수어장대 – 산성역 코스 총 4시간 4분 소요

마천역 → 23분 → 화기물보관소 → 56분 → 수어장대 → 35분 → 남문 입구 도로 → 70분 → 산성역

마천역 1번 출구에서 직진 50m 거리 119거여소방대에서 좌회전 10분 거리에 이르면 만남의장소가 나온다. 만남의장소에서 상가골목길을 따라 3분을 가면 갈림길이 나온다. 갈림길에서 오른쪽으로 소형차로를 따라 10분을 가면 화기물보관소 삼거리가 나온다.

삼거리에서 왼쪽으로 3분을 가면 끝집을 지나서 갈림길이 나온다. 갈림길에서 왼쪽으로 12분 거리에 이르면 헬기장을 지나서 갈림길이 나온다. 갈림길에서 오른쪽으로 간다. 오른쪽 급경사 능선을 따라 30분을 오르면 서문에 닿고, 서문을 통과 오른쪽 성곽을 따라 11분 거리에 이르면 수어장대가 나온다.

수어장대에서 100m 내려서면 암문이 나온다.

암문을 통과 왼쪽 성벽 외곽길을 따라 21분을 가면 남문 방면으로는 철조망이 있는 갈림길이 나온다. 갈림길에서 오른쪽으로 간다. 오른쪽 내려가면 지능선으로 이어져 12분을 내려가면 이정표 갈림길이 나온다. 여기서 왼쪽으로 50m 가면 도로가 나온다.

도로 오른편으로 50m에서 다시 도로 오른편으로 난 등산로를 따라 28분을 내려가면 '산성역 2.2km, 남문 1.5km' 이정표가 나온다. 여기서 계속 도로 오른편으로 이어지는 등산로를 따라 42분을 내려가면 공원을 지나서 8호선 산성역에 닿는다.

* 이 등산코스를 역으로 산성역에서 시작하여 남한산성에 이른 다음, 마천역 방면 코스로 하산해도 좋다.

* 마천역에서 20분 거리 콜핑등산복 갈림길에서 오른쪽으로 가면 화장실 화기물보관소 삼거리가 나온다. 삼거리에서 왼쪽으로 가면 산성암을 경유하여 남한산성 서문에 닿는다.

화기물보관소 삼거리에서 오른쪽으로 가면 삼거리가 나온다. 삼거리에서 왼쪽으로 가면 서문으로 이어진다.

* 삼거리에서 오른쪽으로 가면 남한천약수터를 경유하여 암문을 통과 수어장대로 이어진다.

남한산성역 – 검단산 입구 – 수어장대 – 남문 – 남한산성역 코스 총 4시간 43분 소요

남한산성역 → 61분 → 능선사거리 → 57분 → 남문 → 30분 → 수어장대 → 30분 → 남문 → 45분 → 남한산성역

남한산성역 2번 출구에서 직진 100m 거리 금계2동공영주차장에서 좌회전 12분 거리 중부초교에서 우회전 2분 거리에 이르면 성남종합사회복지관이 나온다.

사회복지관에서 길 건너 왼쪽 골목길을 따라 2분 거리에 이르면 자혜공영주차장이 있고 바로 오른쪽으로 계단길 등산로가 나온다. 이 계단길을 따라 15분 거리에 이르면 광덕정이 나온다. 광덕정을 지나 3분을 가면 육교를 건너 공원 삼

여행 정보 Tourist Information

산내음(곤들레밥전문)
하남시 상사창동 338
☎ 031-793-0440

윤가네(황오리전문)
하남시 교산동 236-1
☎ 031-793-0172

묵과면(도토리요리전문)
하남시 향동 490-1
☎ 031-793-5291

토방(오리훈제전문)
하남시 향동 367-1
☎ 031-793-5291

마천역

산사모(일반음식점)
마천역 등산로 입구
☎ 02-400-0442

산사랑(일반음식점)
마천역 등산로 입구
☎ 02-404-9354

산성역

춘천원조닭갈비
수정구 산성역 2번 출구
☎ 031-736-5533

궁중돌판구이(삼겹살)
수정구 산성역 2번 출구
☎ 031-744-3717

순대국집(통나무순대국)
수정구 산성동 868
☎ 031-735-3886

비밀통로인 남한산성 6암문

거리가 나온다. 삼거리에서 오른쪽으로 가면 갈림길이 나오는데 오른쪽으로 간다. 오른쪽 능선을 따라 27분을 가면 지능선 사거리가 나온다. 사거리에서 왼쪽 능선을 따라 5분을 올라가면 KBS송신소가 나온다. 송신소를 지나서 계속 6분을 가면 검단산 입구 갈림길이 나온다. 갈림길에서 왼쪽 비탈길을 따라 30분 정도 가면 임도 갈림길이 나온다. 임도 갈림길에서 왼쪽 등산로만을 따라 11분을 가면 정자를 지나고 5분 거리에 이르면 남문에 닿는다.

남문에서 성벽 오른편 넓은 길을 따라 30분 거리에 이르면 수어장대가 나온다. 수어장대에서 다시 성벽 내 길을 따라 30분을 내려오면 남문이다. 남문을 빠져나와 오른쪽 계곡길을 따라 27분을 내려가면 남한산성유원지 입구 버스정류장에 닿는다. 여기서 도로 왼편 인도를 따라가면 코롱스포츠센터를 경유하여 18분 거리에 이르면 남한산성역이다.

선법사 – 벌봉 – 고골종점 코스
총 5시간 20분 소요

교산동회관 → 30분 → 고개삼거리 → 60분 → 송전탑 → 60분 → 벌봉 → 60분 → 북문 → 50분 → 고골종점

하남시 하사창동 샘재입구 사거리에서 동쪽 다리를 건너면 왼쪽에 보리밥촌이 있고, 200m 거리에 이르면 오른쪽에 가운데말 버스정류장이 나온다. 버스정류장에서 마을길을 따라 가면 교산동 마을회관을 지나 상황버섯 재배지를 통과하여 계곡길 끝 지점에 선법사주차장이 나온다. 주차장을 지나 약수터에서 계곡길을 따라서 15분을 오르면 고개삼거리에 닿는다.

고개 삼거리에서 오른편 남릉을 따라 15분을 오르면 객산에 닿고, 객산에서 사거리를 두 번 지나서 45분 거리에 이르면 송전탑 삼거리가 나온다. 삼거리에서 계속 남릉을 따라 삼거리를 두 번 지나면서 1시간을 오르면 벌봉에 닿는다.

벌봉에서 하산은 오른쪽 동쪽 길을 따라가면 521.1봉을 경유하여 다시 서쪽 방면으로 가게 되어 갈림길이 나온다. 갈림길에서 오른쪽 성곽을 따라 1시간 가면 북문이 나온다. 북문에서 계속 성곽을 따라가면 암문 서문 남문으로 이어지고, 고골 방면은 북문을 빠져나와 북쪽 방면으로 내려서면 갈림길이 나오는데, 어느 길로 내려가도 고골로 가게 되며, 50분을 내려가면 고골 버스 종점이다.

이성산성 – 금암산 – 수어장대 – 남문 – 검단산 – 이배재 코스 총 6시간 30분 소요

토방카페 → 25분 → 이성산성 → 25분 → 향교고개 → 50분 → 금암산 → 34분 → 표말삼거리 → 46분 → 수어장대 → 30분 → 남문 → 50분 → 검단산 → 70분 → 이배재

춘궁동 토방카페가 있는 이성산성 입구에서 송내을식당 오른쪽으로 난 소형차로를 따라 25분을 올라가면 왼쪽으로 2번 작은 저수지를 지나고 이성산성터를 지나 산불초소에 닿는다.

산불초소에서 남쪽으로 능선을 따라 25분을 내려가면 향교고개 남단에 닿는다. 고개 남단에서 오른쪽으로 내려가서 도로를 건너서면 등산로가 이어진다. 이 등산로를 따라 올라서면 다시 능선으로 이어진다. 능선에서부터 남쪽으로 이어지는 뚜렷한 능선길을 따라 50분 거리에 이르면 금암산에 닿는다.

금암산에서 계속 능선을 따라 34분을 가면 표말삼거리가 나온다.

푯말삼거리에서 오른쪽 능선을 따라 30분을 오르면 성벽이 나온다. 성벽 외곽길을 따라 5분 거리에 이르면 데크를 지나서 서문에 닿는다.

서문을 통과 오른쪽 성내 길을 따라 11분 거리에 이르면 수어장대에 닿는다. 수어장대에서 성내 도로를 따라 30분을 가면 남문에 닿는다.

남문에서 검단산 방면은 도로건너 남쪽 능선길을 따라 50분을 올라서면 검단산 정상에 닿는다. 정상은 시설이 있어 우회 길로 간다. 좌우 어느 쪽으로 우회하여도 506봉에 닿는다.

검단산에서 하산은 남쪽 능선을 따라 30분을 내려가면 왕기봉에 닿고, 왕기봉에서 40분을 더 내려가면 이배재에 닿는다.

여행 정보 Tourist Information

남한산성역

할매손두부(두부전문)
중원구 은행2동 591
☎ 031-743-7556

조선한우생고기(암소)
중원구 성남동 4168
☎ 031-747-3011

산성쌈밥
중원구 은행동 978
☎ 031-733-6054

산성마을

은행나무집(산채정식 야생고기전문)
광주시 중부면 산성리 582-4
☎ 031-743-6549

개미촌(한방백숙닭도리탕)
중부면 검복리 94-1
☎ 031-745-5717

몽골촌(참나무생바베큐)
중부면 불당리 27-2
☎ 031-749-3307

명소

남한산성

조선시대뿐만 아니라 삼국시대 때부터 천연의 요새로 중요한 역할을 하였던 곳으로 성곽으로 둘러싸여 있고 사방 성문과 암문이 있고 정상에는 수어장대가 자리하고 있다. 성곽에서 바라보면 남산을 중심으로 서울시가 내려다보이고 북한산 도봉산이 가까이 바라보인다.

남한산성 서문

수리산(修理山) 489.2m　　수암봉(秀岩峰) 398m

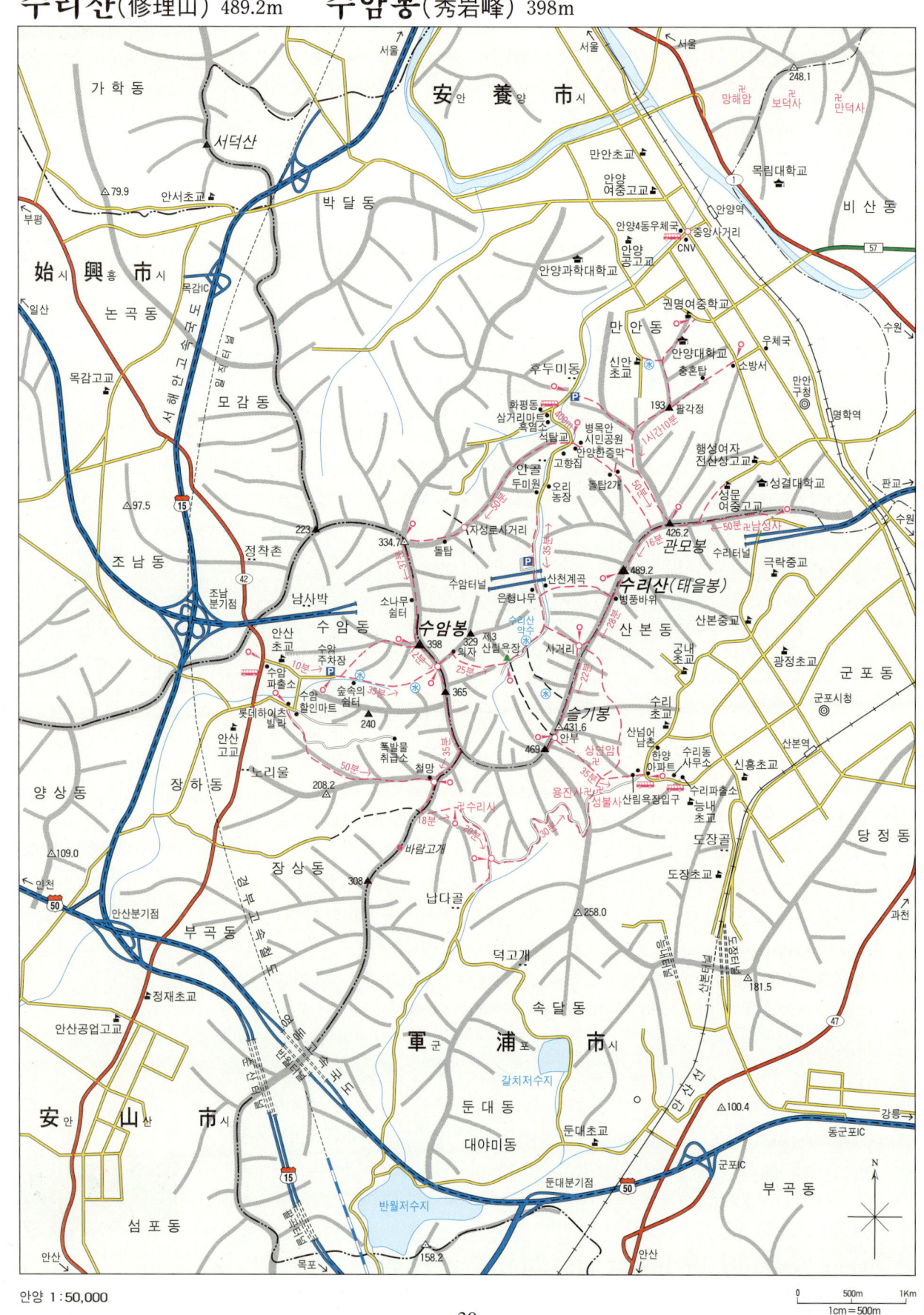

수리산 창박골 등산로 입구에 있는 쌍둥이 돌탑

수리산·수암봉
경기도 안양시, 군포시, 안산시

수리산(修理山. 489.2m)은 안양시 서쪽에 위치한 산이다. 관모봉에서 태을봉을 거쳐 슬기봉까지 이어지는 주능선 길은 아기자기한 바윗길이다.

수암봉(秀岩峰. 398m)은 창박골을 사이에 두고 수리산과 동서로 마주하고 있는 산이다. 대부분은 육산이나 정상은 암봉으로 이루어져 있다.

등산로 Mountain path

수리산 총 3시간 31분 소요
석탑교 → 50분 → 관모봉 → 16분 →
태을봉 → 28분 → 사거리 → 22분 →
슬기봉 → 35분 → 수리동

창박골삼거리에서 창박골 쪽으로 500m 가면 왼쪽에 석탑교가 나온다. 석탑교를 건너면 병목안시민공원을 지나면서 계곡 왼쪽으로 이어지는 등산로를 따라 13분을 올라가면 탑 2개가 있는 삼거리가 나온다. 여기서 직진 골을 따라 30분을 오르면 주능선안부가 나온다. 또는 탑 2개에서 왼쪽 비탈길로 5분을 가면 충혼탑 쪽에서 올라오는 삼거리가 나온다. 삼거리에서 우측 능선을 따라 32분을 오르면 관모봉에 닿는다.

관모봉에서 남쪽 능선을 따라 4분 내려가면 석탑교에서 오르는 안부삼거리가 나온다. 안부에서 남릉을 타고 13분을 가면 헬기장 수리산(태을봉) 정상이다.

하산은 남쪽 능선을 타고 3분을 내려가면 병풍바위가 나온다. 병풍바위 우측으로 밧줄을 잡고 내려서면 10m 거리에 갈림길이 나온다. 갈림길에서 오른쪽으로 내려가면 창박골로 하산길이다(40분소요). 왼쪽 길은 능선으로 이어져 슬기봉으로 가는 길이다. 왼쪽 비탈길을 따라 2분을 가면 능선길로 이어진다. 아기자기한 능선 바윗길을 타고 23분을 가면 안부사거리가 나온다. 사거리에서 오른쪽은 창박골, 왼쪽은 산본동 방면으로 하산길이다. 계속 남쪽 능선을 따라 22분을 가면 슬기봉을 지나서 이정표가 있는 사거리안부에 닿는다.

안부에서 왼쪽으로 내려가면 급경사 계단길로 이어져 11분을 내려가면 만남의 광장을 지나서 갈림길이 나온다. 갈림길에서 왼쪽 길로 3분을 가면 성불사 입구 임도에 닿는다. 임도를 가로 질러 20분을 내려가면 약수터 통제소를 지나 한양아파트 뒤 버스정류장이다.

수암봉 총 3시간 39분 소요
석탑교 → 50분 → 334.7봉 → 37분 →
수암봉 → 12분 → 사거리 → 25분 →
제3산림욕장장 → 35분 → 석탑교

창박골 입구 석탑교에서 오른편 서쪽 지능선으로 오르면 완만한 능선길로 이어져 30분을 가면 자성로사거리가 나온다. 여기서 직진 능선을 타고 10분을 가면 돌탑을 지나고 10분을 더 가면 334.7봉에 닿는다.

여기서 남쪽 능선을 타고 9분을 가면 갈림길 순환지점이 나오고, 계속 남쪽 능선을 따라 10분을 가면 갈림길을 지나 소나무쉼터가 나온다. 소나무쉼터를 지나 10분을 가면 삼거리가 또 나오고 8분 더 오르면 바위봉 수암봉이다.

하산은 남쪽 능선으로 12분을 내려가면 헬기장을 지나서 고개 사거리가 나온다. 사거리에서 왼쪽으로 간다 왼쪽 3분 거리 갈림길에서 오른쪽 계곡길을 따라 22분을 내려가면 주차장이다. 여기서부터 소형차로를 따라 35분 거리에 이르면 등산기점 석탑교에 닿는다.

※ 헬기장을 지난 고개사거리에서 서쪽으로 30분을 내려가면 수암동 주차장에 닿는다.

여행 정보 Tourist Information

대중교통

수리산, 수암봉
1호선 안양역에서 서쪽 중앙사거리로 이동하여 중앙사거리 서쪽 안양 4동우체국 앞에서 창박골행 버스(10번, 11-3번, 15번, 15-2번)를 타고 창박골삼거리 하차.

슬기봉
4호선 금정역에서 15번, 마을버스 2번. 산본역에서 마을버스 3-1번 버스를 타고 모두 수리동 덕유아파트 8단지 하차.

수암봉 서쪽
여의도-개봉-광명역에서 수암동 방면 301번, 302번 버스 이용, 수암동 하차. 안양역에서 수암동 방면 350번 버스 이용 수암동 하차.

식당

창박골

화명동(일반식)
만안구 안양 9동 1055-5
☎ 031-469-9293

수리산흑염소
만안구 안양 9동 병목안삼거리
☎ 031-442-7701

수리동

산넘어남촌(보쌈전문)
군포시 산본동 설악아파트 설악상가 2층
☎ 031-391-1399

바라산 428m   백운산(白雲山) 562.6m   광교산(光敎山) 582m

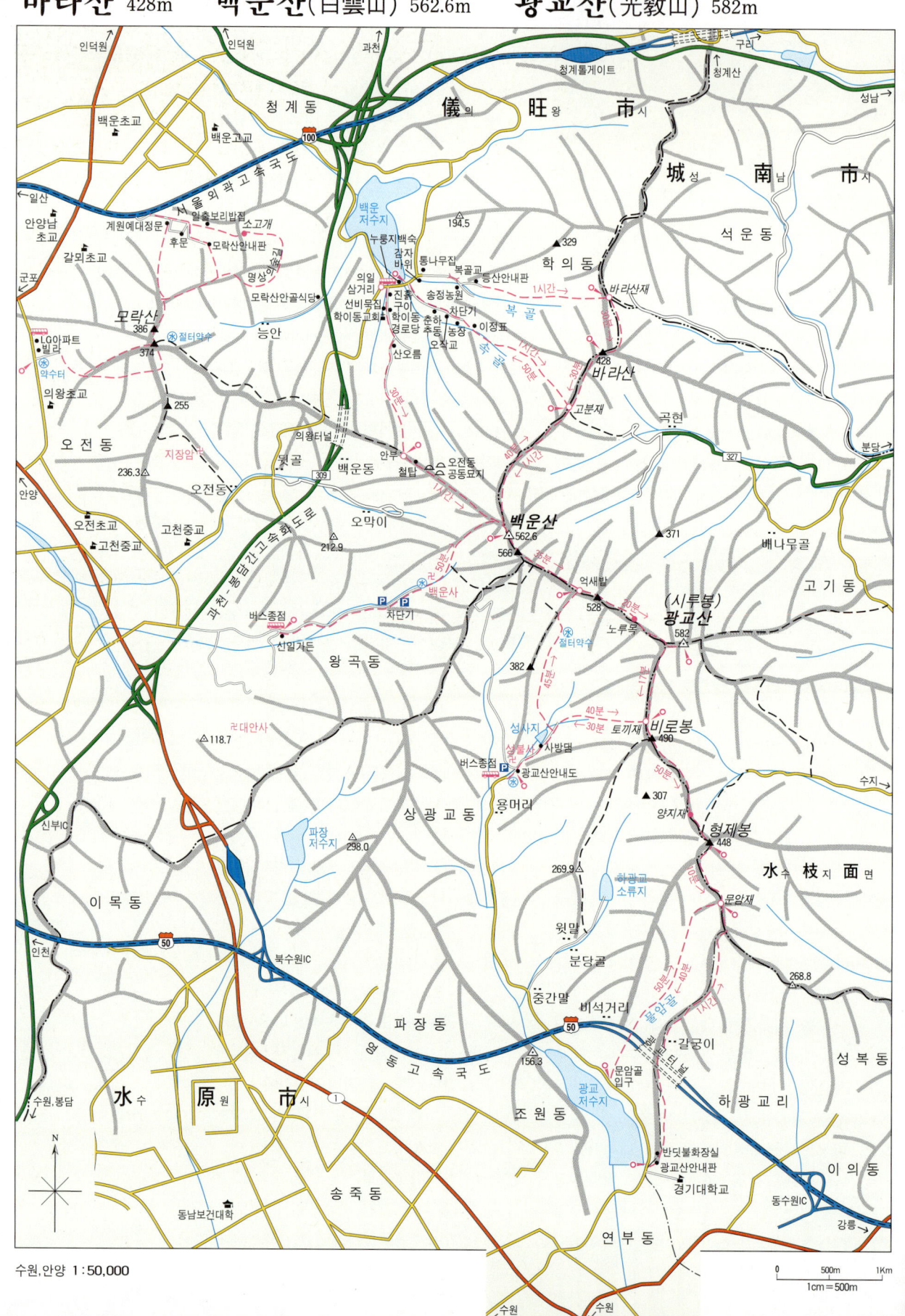

수원,안양 1:50,000

깊은 여름 광교산

바라산 · 백운산 · 광교산

경기도 의왕시, 수원시, 용인시

바라산(428m) · **백운산**(白雲山, 562.6m) · **광교산**(光敎山, 582m)은 청계산 남쪽 국사봉에서 남쪽으로 뻗어 내려가는 능선이 바라산-백운산-광교산으로 이어진다. 완만하고 부드러운 공원 같은 산이다.

등산로 Mountain path

바라산 총 3시간 50분 소요

의일삼거리 → 60분 → 바라산재 → 30분 → 바라산 → 30분 → 고분재 → 50분 → 의일삼거리

백운저수지 상류 의일삼거리에서 북쪽 200m 가면 다리 건너기 전 오른쪽으로 소형차로가 있다. 이 소형차로를 따라가면 송정농원이 있고 송정농원에서 계곡길을 따라 가면 등산안내판 삼거리가 나온다. 여기서 계곡을 따라 30분을 올라가면 바라산재 사거리에 닿는다.

바라산재에서 오른편 경사진 길을 따라 30분을 오르면 바라산 정상이다.

정상에서 남쪽으로 30분을 내려가면 고분재 사거리가 나온다. 고분재에서 오른편으로 내려가면 계곡길로 이어져 30분을 내려가면 중앙농원 입구이고, 20분 더 내려가면 의일삼거리다.

백운산 총 4시간 소요

의일삼거리 → 30분 → 사거리 → 60분 → 백운산 → 40분 → 고분재 → 50분 → 의일삼거리

의일삼거리에서 도로 건너 진흙구이집 우측 소형차로를 따라 10분 거리에 이르면 삼거리가 나온다. 삼거리에서 오른쪽으로 가면 산오름(식당)을 좌측으로 끼고 소형차로를 따라가다 갈림길에서 왼쪽으로 간다. 왼쪽 길로 가면 또 갈림길이 나오는데 우측길을 따라가면 안부사거리가 나온다. 안부에서 왼쪽 능선으로 올라가면 묘를 지나고 철탑을 지나면 공원묘지가 나온다. 계속 능선길을 따라 1시간을 오르면 주능선 삼거리가 나오고 우측으로 200m 더 오르면 백운산 정상이다.

하산은 동쪽 바라산 쪽으로 주능선을 따라서 40분을 내려가면 고분재사거리가 나온다.

고분재에서 왼쪽 길을 따라 50분을 내려가면 중앙농원을 지나 의일삼거리에 닿는다.

광교산 총 2시간 52분 소요

버스종점 → 45분 → 억새밭 → 20분 → 광교산 → 17분 → 토끼재 → 30분 → 버스종점

상광교동 버스종점에서 오른쪽 길을 따라 10분을 가면 저수지 상류 삼거리가 나온다. 삼거리에서 왼쪽은 억새밭 오른쪽은 토끼재이다. 왼쪽으로 10분을 가면 약수터 갈림길이 나온다. 갈림길에서 우측으로 15분을 가면 절터 약수가 나오고, 10분을 더 오르면 억새밭 사거리에 닿는다.

억새밭에서 동쪽으로 18분을 가면 광교산 전 삼거리다. 삼거리에서 왼쪽으로 2분을 더 가면 표지석이 있는 광교산(시루봉) 정상이다. 정상에서 수지 방면은 동쪽으로 내려가고, 상광교동 방면은 다시 서쪽 삼거리봉까지 되돌아와서 남쪽 능선으로 간다. 남쪽 능선을 따라 17분을 내려가면 토끼재삼거리에 닿는다. 토끼재에서 서쪽 계단길을 따라 30분을 내려가면 저수지를 거쳐 상광교동 버스종점에 닿는다.

* 토끼재에서 문암재, 광교저수지 쪽은 계속 남쪽능선을 따라 가다가 이정표대로 따라가면 된다.

여행 정보 Tourist Information

🚌 대중교통

백운산-바라산
4호선 인덕원역 하차. 2번 출구에서 5번, 6번 마을버스 이용, 의일삼거리 하차.

광교산
1호선 수원역 하차. 5번 출구 도로 북쪽에서 13번, 13-3번 버스 이용, 상광교동 종점 하차.

🍴 식당

백운저수지 상류

진흙구이(오리구이전문)
의왕시 학의동 641-3
☎ 031-426-9293

감자바위(해물탕전문)
의왕시 학의동 549-1
☎ 031-426-3019

광교산 버스종점

폭포가든(보리밥전문)
수원시 장안구 상광교동 67-3
☎ 031-256-9774

광교현(일반식)
장안구 상광교동 47-2
☎ 031-242-3903

경기대 입구

토성(바베큐전문)
장안구 하광교동 403-16
☎ 031-245-3400

울창한 숲과 돌탑에 쌓인 백운산 정상

예봉산(禮峰山) 683.2m   갑산(甲山) 547m   운길산(雲吉山) 606.4m

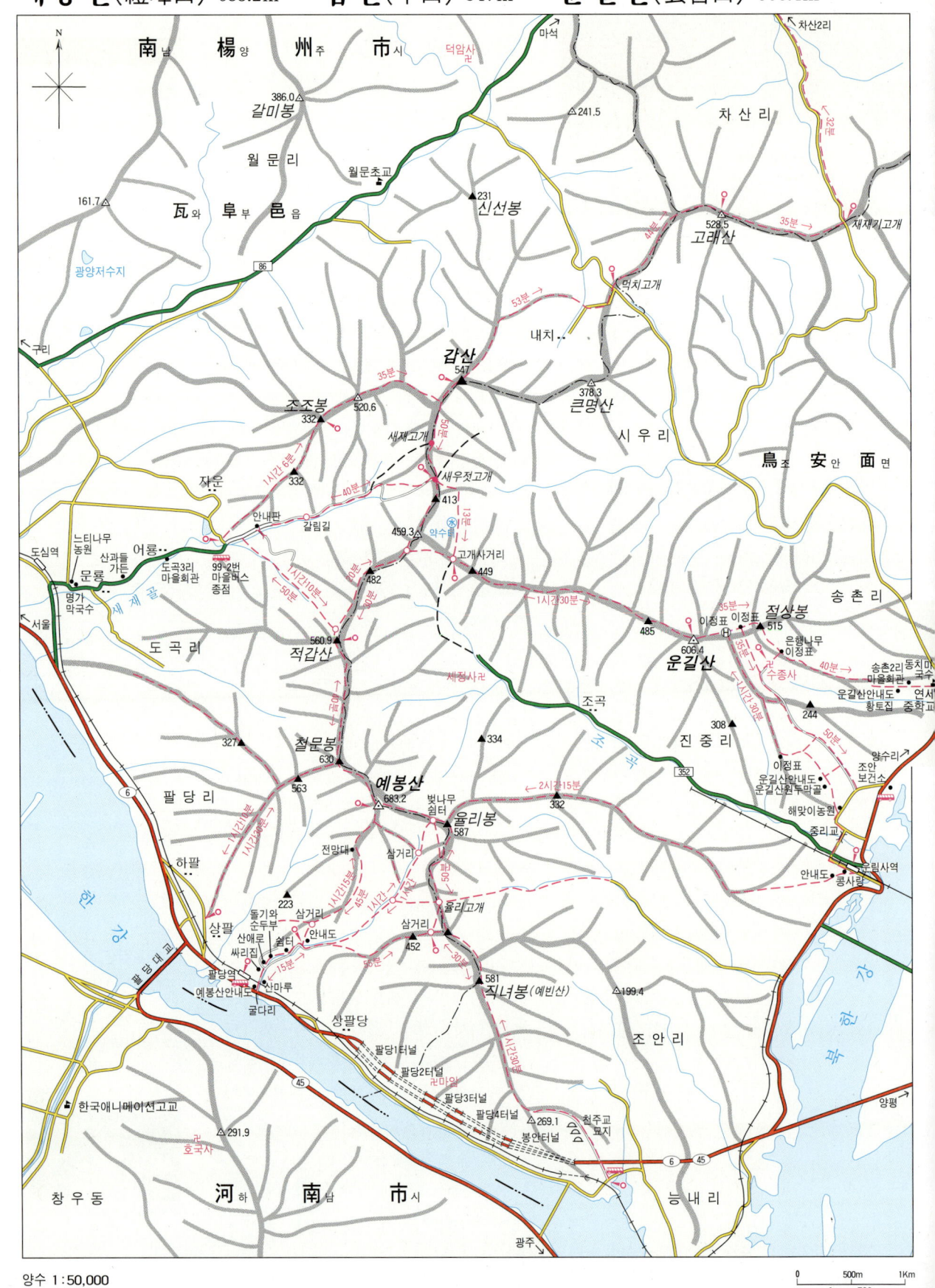

표지석이 새워진 협소한 운길산 정상

예봉산·갑산·운길산
경기도 남양주시 와부읍, 조안면

99-2번종점

중앙선 덕소역에서 자운동행 99-2번 마을버스를 타고 자운동 종점 하차, 종점 삼거리에서 왼편 지능선으로 오른다. 지능선 솔밭길을 따라 15분을 올라가면 송전탑이 나온다. 송전탑에서 동쪽 능선을 따라 51분을 올라가면 조조봉 삼거리가 나온다.

조조봉에서 21분을 가면 안부가 나오고, 10분을 오르면 530봉 삼거리가 나온다. 삼거리에서 왼쪽으로 2분 거리에 안테나가 있는 갑산 정상이다.

하산은 삼거리로 되돌아온 다음, 남쪽 능선을 따라 15분을 내려가면 고개삼거리가 나온다. 고개에서 왼쪽 능선으로 가면 459봉에 닿고, 남쪽 능선을 따라 내려가면 5거리 새우젓고개에 닿는다. 갑산에서 50분 거리다.

새우젓고개에서 오른쪽으로 12분을 내려가면 삼거리가 나온다. 여기서부터는 소형차로를 따라 28분을 내려가면 99-2번 등산기점이다.

운길산 총 3시간 55분 소요

운길산역 → 90분 → 운길산 → 35분 → 수종사 → 50분 → 운길산역

중앙선 운길산역 앞에서 서쪽으로 2분을 가서 철다리 밑을 통과하여 1분 거리 진중교를 건너 왼쪽으로 3분을 가면 해맞이농원이다. 농원 왼쪽으로 8분을 가면 안내도 갈림길이 나온다. 여기서 왼쪽 골을 따라 22분을 가면 왼쪽 능선에 올라선다. 여기서부터 능선길로 이어져 40분을 오르면 갈림길이 나온다. 여기서 왼쪽 헬기장을 지나 15분을 오르면 운길산이다.

하산은 헬기장 삼거리로 되돌아온 다음, 동쪽 능선으로 8분을 내려가면 갈림길이 나온다. 갈림길에서 오른쪽으로 12분 내려가면 수종사에 닿는다. 수종사에서 차도로 내려가다가 오른편 운길산역 이정표를 따라 1시간을 내려가면 운길산역이다.

예봉산(禮峰山, 683.2m)·갑산(甲山, 547m)·운길산(雲吉山, 606.4m)은 한강, 팔당호, 북쪽 북한강 서쪽에 위치하고 있는 산들이다.

동산로 Mountain path

예봉산 3시간 35분 소요

굴다리 → 10분 → 삼거리 → 75분 → 예봉산 → 15분 → 안부 → 55분 → 굴다리

중앙선 팔당역에서 동쪽으로 4분을 가면 예봉산 안내도가 있고 왼편에 전철 굴다리가 나온다. 여기서 굴다리를 통과하여 11분 거리에 이르면 안내도가 있는 삼거리가 나온다.

삼거리에서 왼쪽은 능선길 오른쪽은 완만한 계곡길이다. 오른쪽 길을 따라 가면 좌우로 갈림길이 수차례 나온다. 갈림길마다 언제나 주계곡 벚나무쉼터 이정표를 따라 간다. 삼거리에서 오른편 계곡길을 따라 조금 가면 사슴목장이 나온다. 목장 왼쪽 계곡길을 따라 45분을 오르면 벚나무쉼터 삼거리 이정표가 나온다. 이정표에서 오른쪽으로 15분을 더 오르면 주능선 벚나무쉼터가 나온다. 여기서 왼쪽 능선을 따라 15분을 오르면 정상이다.

하산은 남쪽 팔당역 방면 주능선을 타고 40분을 내려가면 전망대를 지나 안부 삼거리가 나온다. 삼거리에서 왼쪽으로 10분 내려가면 삼거리에 닿고 15분 거리에 팔당역이다.

갑산 총 4시간 11분 소요

99-2번 종점 → 66분 → 조조봉 → 35분 → 갑산 → 50분 → 새우젓고개 → 40분 →

여행 정보 Tourist Information

대중교통

예봉산
중앙선 전철 이용, 팔당역 하차.

운길산
중앙선 전철 이용, 운길산역 하차.

갑산
중앙선 전철 이용, 덕소역 하차. 덕소역에서 매시 10분 40분에 출발하는 99-2번 도곡리행 마을버스 이용, 자운동 종점 하차

식당

예봉산

싸리나무집(토종닭, 닭매운탕전문)
와부읍 팔당 2리 317
☎ 031-576-1183

운길산

운길산콩마을(국산콩으로 직접 만드는 두부집)
조안면 진중리 261-4
☎ 031-576-7687

청우수산(참숯불장어구이, 민물매운탕)
운길산역 앞
☎ 031-576-8647

동치미국수
조안면 송촌 1리 754-2
☎ 031-576-4070

갑산

명가막국수
와부읍 도곡리 602-6
☎ 031-576-4608

문안산(文安山) 533.1m   금남산(琴南山) 412m

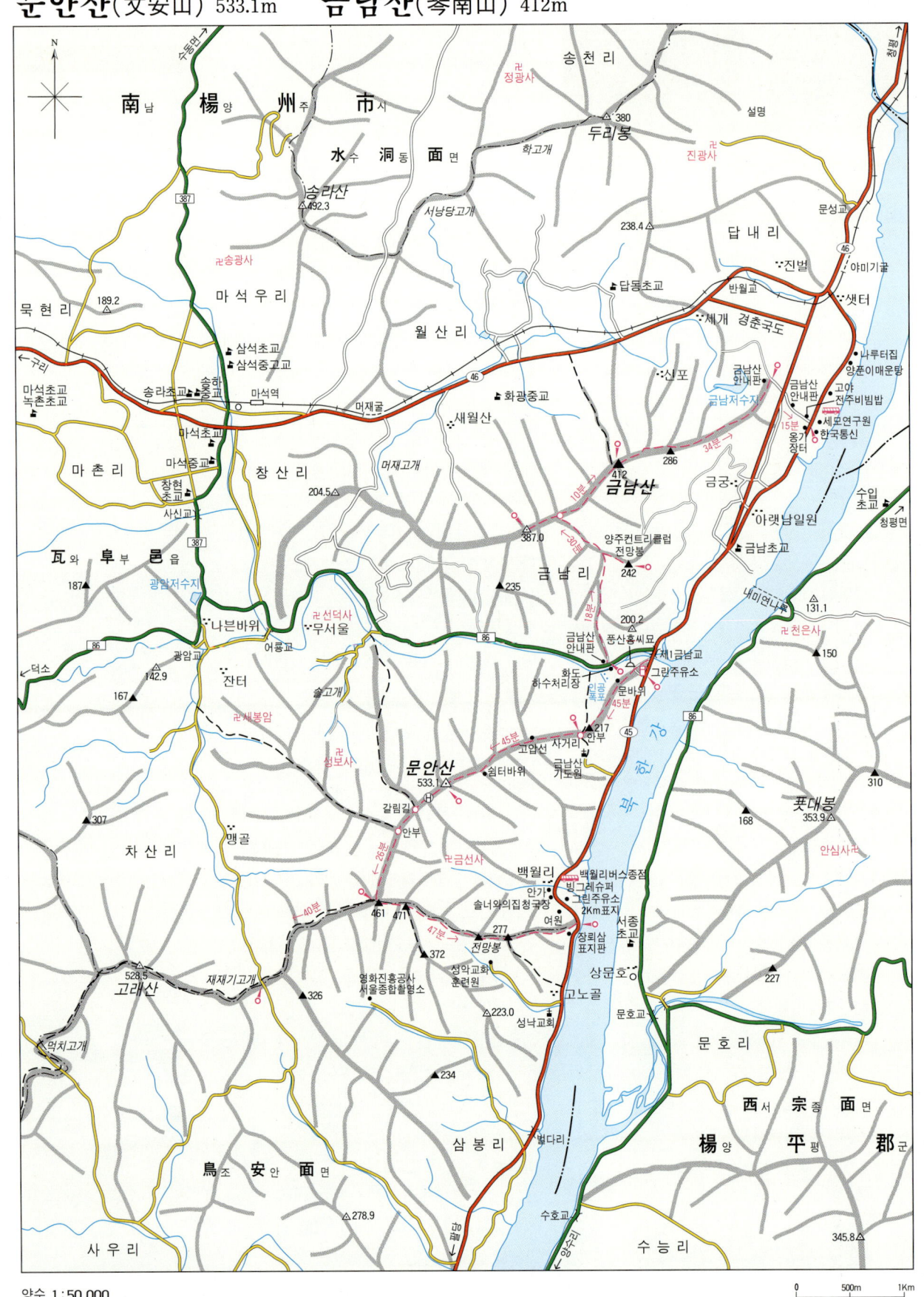

문안산 · 금남산
경기도 남양주시 화도읍

금남리에서 바라본 문안산

문안산(文案山, 533.1m)은 북한강변 운길산 북쪽에 위치한 산이다. 아기자기한 바윗길 등산로이나 무난한 편이며 주말 가족 산행지로 좋은 산이다.

금남산(琴南山, 412m)은 마석 동쪽 북한강변 서쪽에 위치한 나지막한 산이다. 문안산과 86번 군도를 사이에 두고 남쪽은 문안산 북쪽은 금남산이다.

등산로 Mountain path

문안산 총 3시간 43분 소요

SK주유소 → 45분 → 사거리 → 45분 →
문안산 → 26분 → 461봉 → 47분 → 백월리

SK주유소 남쪽 문안산 이정표에서 2분을 올라가면 지능선에 닿고, 4분을 오르면 큰 바위가 앞을 가로막는다. 여기서 왼쪽으로 10m 내려가서 오른쪽 바위로 올라서면 다시 왼쪽 비탈길로 이어지며 10분을 가면 안부에 닿는다.(북쪽은 인공폭포) 계속 서쪽 능선을 따라 16분을 가면 바위봉이 나오고, 바위봉을 왼쪽으로 돌아 13분을 가면 안부사거리다.

안부에서 서능을 타고 17분을 가면 봉우리를 지나서 고압선이 나오고, 17분을 더 가면 쉼터바위가 나온다. 여기서 11분 거리에 이르면 공터에 삼각점이 있는 문안산 정상이다.

하산은 서남쪽 능선을 따라 8분을 가면 헬기장을 지나 삼거리가 나온다. 삼거리에서 왼쪽으로 6분을 가면 안부가 나오고, 다시 12분을 올라가면 461봉 삼거리가 나온다.

461봉 삼거리에서 왼편 동쪽으로 지능선을 타고 왼쪽 백월리 쪽으로 5분을 가면 477봉 삼거리가 나온다. 삼거리에서 왼쪽으로 14분을 가면 갈림길이 나오고, 직진하면 바로 전망바위가 나온다. 전망바위에서 계속 지능선을 따라 7분을 내려가면 안부가 나오고, 안부에서 13분을 더 가면 봉우리에 갈림길이 나온다. 갈림길에서 왼쪽으로 8분을 내려가면 북한강변차도에 닿고 북쪽 200m 거리에 운길산~대성리역을 왕래하는 버스정류장이다.

금남산 총 32시간 37분 소요

하수처리장 → 18분 → 전망봉 → 30분 →
금남산 → 34분 → 안내판 → 15분 →
한국통신

SK주유소에서 100m 북쪽 제1금남교 북단에서 좌회전 500m 거리에 금남산 등산로안내판이 있다. 안내판에서 북쪽으로 난 완만한 등산로를 따라 16분을 오르면 삼거리 이정표가 있다. 오른편으로 3분 오르면 삼각점이 있는 전망대봉이다. 북한강이 길게 멀리 아름답게 펼쳐 보인다.

다시 금남산을 향해 올라왔던 삼거리까지 다시 내려가서 북쪽으로 이어진 능선을 따라 조금 내려서면 오른쪽 골프장으로 내려가는 샛길이 있고, 직진으로 5분을 가면 사거리가 나오며 직진 능선으로 15분 오르면 주능선삼거리에 닿는다. 삼거리에서 북쪽 완만한 길을 따라 10분을 가면 삼거리 금남산 정상이다.

정상에 서면 북한강 마석 시가지 일대가 시원스럽게 펼쳐지고, 화야산, 천마산, 운길산, 문안산 등이 조망된다.

하산은 북동쪽으로 8분을 가서 밧줄이 있는 경사길을 내려가면 고개사거리가 나오고, 직진하여 15분을 내려서면 우측에 골프장이며, 직진하여 10분 내려가면 다시 사거리가 나오는데 오른쪽으로 1분을 가면 소형차로 삼거리이다.

여기서 오른쪽 소형차로를 따라가 마을 앞 삼거리에서 왼쪽 도로 밑을 지나 금남 3리 회관을 지나 한국통신 버스정류장이다.

여행 정보 Tourist Information

대중교통

문안산 · 금남산 : 중앙선 전철 이용, 운길산역 하차. 운길산역에서~대성리역을 40분 간격으로 운행하는 56번 버스 이용, SK그린주유소 하차.

자가운전

문안산은 양수리 방면 6번 국도를 타고 양수대교 전에 우회전⇨45번 국도를 타고 (구)양수교삼거리에서 좌회전⇨춘천 방면 15km 거리 금남1교 전 SK그린주유소 부근 주차.

금남산은 그린주유소에서 100m 금남제1교에서 좌회전⇨400m 거리 등산안내판 주차.

식당

문안산

동치미국수
조안면 송촌1리 754-2
☎ 031-567-4070

빛촌(쌈밥전문)
화도읍 금남리 576-2
☎ 031-591-4613

금남산

양푼이매운탕(민물매운탕)
화도읍 금남리 158-5
☎ 031-592-8383

나루터집(민물매운탕)
화도읍 금남리 155-5
☎ 031-592-0835

북한강 양수철교 전경

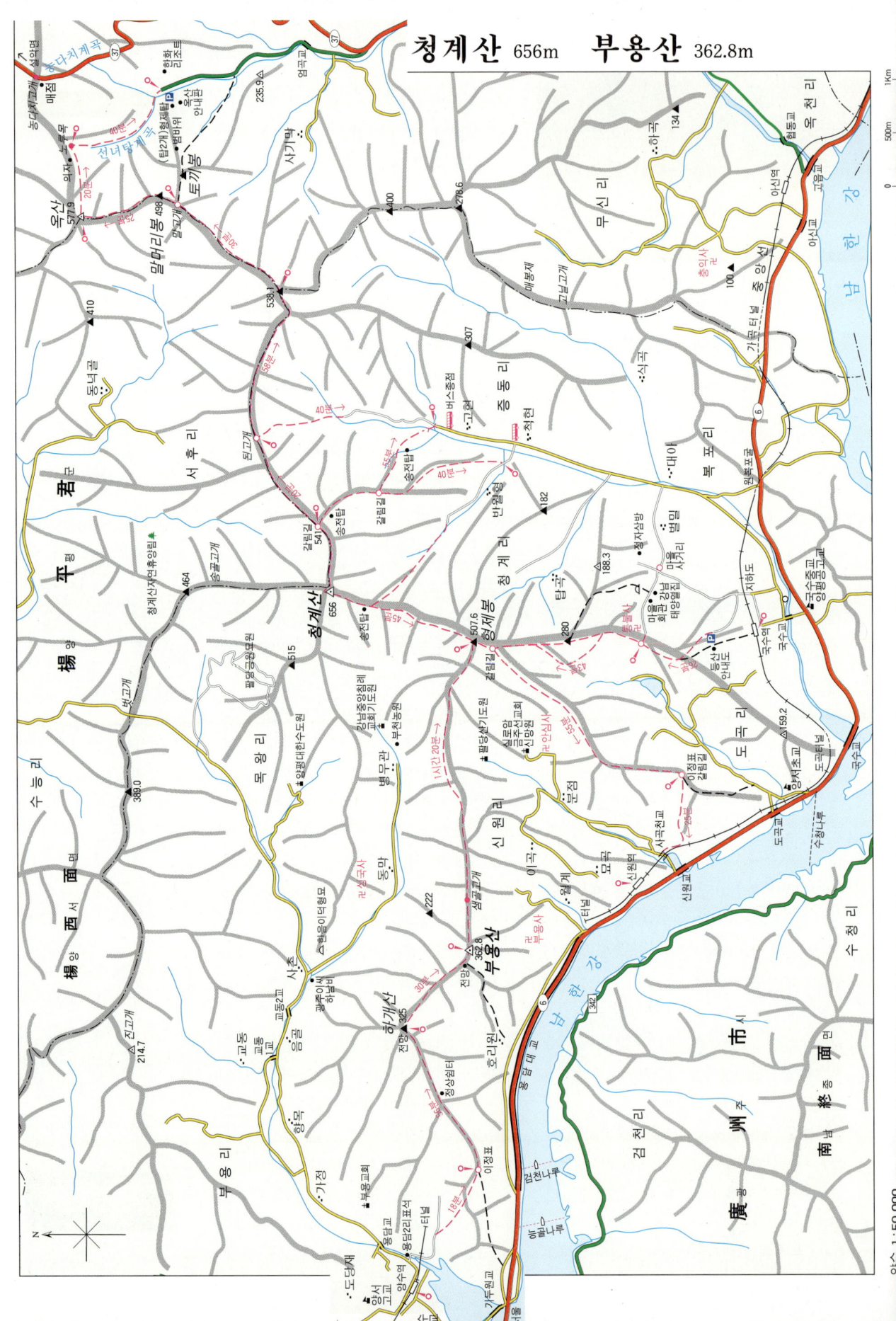

청계산 · 부용산
경기도 양평군 양서면, 서종면, 옥천면

국수리에서 바라본 청계산 전경

청계산(淸溪山. 656m)은 중앙선 국수역 북쪽에 위치한 육산이다. 산행은 국수역에서 시작하여 정상에 오른 후, 하산은 된고개를 경유하여 고현리로 하산. 또는 옥산까지 종주산행이다.
부용산(芙蓉山 362.8m)은 양수리에서 국수리로 이어지는 팔당호 북쪽에 위치한 산이다. 산행은 양수역에서 긴 능선을 타고 형제봉을 경유하여 아신역 또는 국수역으로 하산한다.

등산로 Mountain path

청계산 총 4시간 10분 소요
국수역 → 70분 → 형제봉 → 43분 →
청계산 → 17분 → 송전탑 → 20분 →
된고개 → 40분 → 고현마을

국수역에서 오른편으로 소형차로를 따라 5분을 가면 왼편 철로 밑을 통과하여 바로 갈림길이 나온다. 갈림길에서 왼쪽 소형차로를 따라 7분을 가면 청계산안내도가 있는 주차장이다.

주차장을 출발하여 13분을 오르면 우측으로 갈림길이 나오고, 바로 두 번째 갈림길 나온다. 갈림길에서 비탈길을 따라 20분을 가면 오른편 주능선 삼거리에 닿고, 4분 거리 갈림길을 지나 14분을 더 가면 도곡리 갈림길이 나온다. 갈림길에서 계속 북쪽 주능선을 타고 7분을 오르면 삼거리 형제봉이다.

형제봉에서 직진 주능선을 타고 20분을 가면 갈림길이 나온다. 갈림길을 지나면 바로 송전탑을 통과하고 급경사로 이어지고, 23분을 오르면 청계산 정상이다.

하산은 동쪽 능선 따라 17분을 내려가면 송전탑삼거리가 나온다. 삼거리에서 오른쪽은 반월형으로 하산길이고, 왼쪽은 된고개로 하산길이다.

반월형은 남쪽으로 5분 내려가면 갈림길이 나온다. 갈림길에서 왼쪽으로 30분을 내려가면 고현 버스종점이다.

* 갈림길에서 오른쪽으로 40분 내려가면 반월형 버스정류장에 닿는다.
* 철탑삼거리에서 왼편 동쪽으로 20분 거리에 이르면 된고개 삼거리다.

된고개에서는 오른쪽으로 40분을 내려가면, 고현마을 중동1리 경로당 앞 버스종점이다.

부용산 총 5시간 24분 소요
양수역 → 74분 → 하개산 → 30분 →
부용산 → 80분 → 형제봉 → 55분 →
갈림길 → 25분 → 신원역

양수역에서 오른쪽 부용산 안내도를 따라 4분 정도 가면 왼쪽으로 용담 2리 표석이 나온다. 표석에서 다리를 건너 오른쪽으로 4분 정도 가면 용담약수가 있고 갈림길이 나온다. 갈림길에서 오른쪽 산길로 오른다. 희미한 등산로를 따라 10분을 오르면 능선이 나온다.

능선에서 동쪽으로 이어지는 능선을 따라 23분을 가면 평상쉼터가 나오고, 계속 33분을 더 가면 데크가 있는 하개산이다.

하개산에서 계속 동쪽능선을 따라 30분 거리에 이르면 표지석이 있는 부용산 정상이다.

부용산에서 계속 동쪽 주능선을 따라 12분을 가면 사거리 색골고개가 나온다. 여기서 직진 오르막길로 이어져 1시간 8분 거리에 이르면 형제봉 삼거리가 나온다.

형제봉에서 남쪽으로 5분 내려서면 갈림길이 나온다. 갈림길에서 오른쪽으로 가면 지능선으로 이어져 55분 거리에 이르면 갈림길이 나온다. 갈림길에서 오른쪽으로 12분을 내려가면 철길이 나온다. 여기서 오른쪽으로 가서 다리를 건너 다시 왼쪽 굴다리를 통과 6번 국도에서 오른쪽으로 가면 신원역이다. 철길에서 13분 거리다.

여행 정보 Tourist Information

대중교통

청계산
중앙선 전철 이용, 국수역 하차. 하산지점 고현마을에서 양평행 버스 1일 3회 있고, 국수역까지는 약 5km이다.

부용산
중앙선 전철 이용, 양수역 하차. 하산지점 신원역 또는 국수역 이용.

식당

청계산

윤가네(뼈다귀해장국)
양서면 국수2리 273-14
☎ 031-774-3452

연칼국수(연꽃으로 만든 칼국수)
양서면 국수리 329
☎ 031-774-2938

촌두부밥상(두부요리)
양서면 국수리 338-13
☎ 031-774-4034

부용산

중미산막국수(잘 알려진 막국수 전문집)
옥천면 신복리 835-1
☎ 031-773-1834

고읍냉면(맛있는 냉면집)
옥천면 옥천 3리 604
☎ 031-772-5302

부용산 정상 헬기장

백운봉(白雲峰) 941m

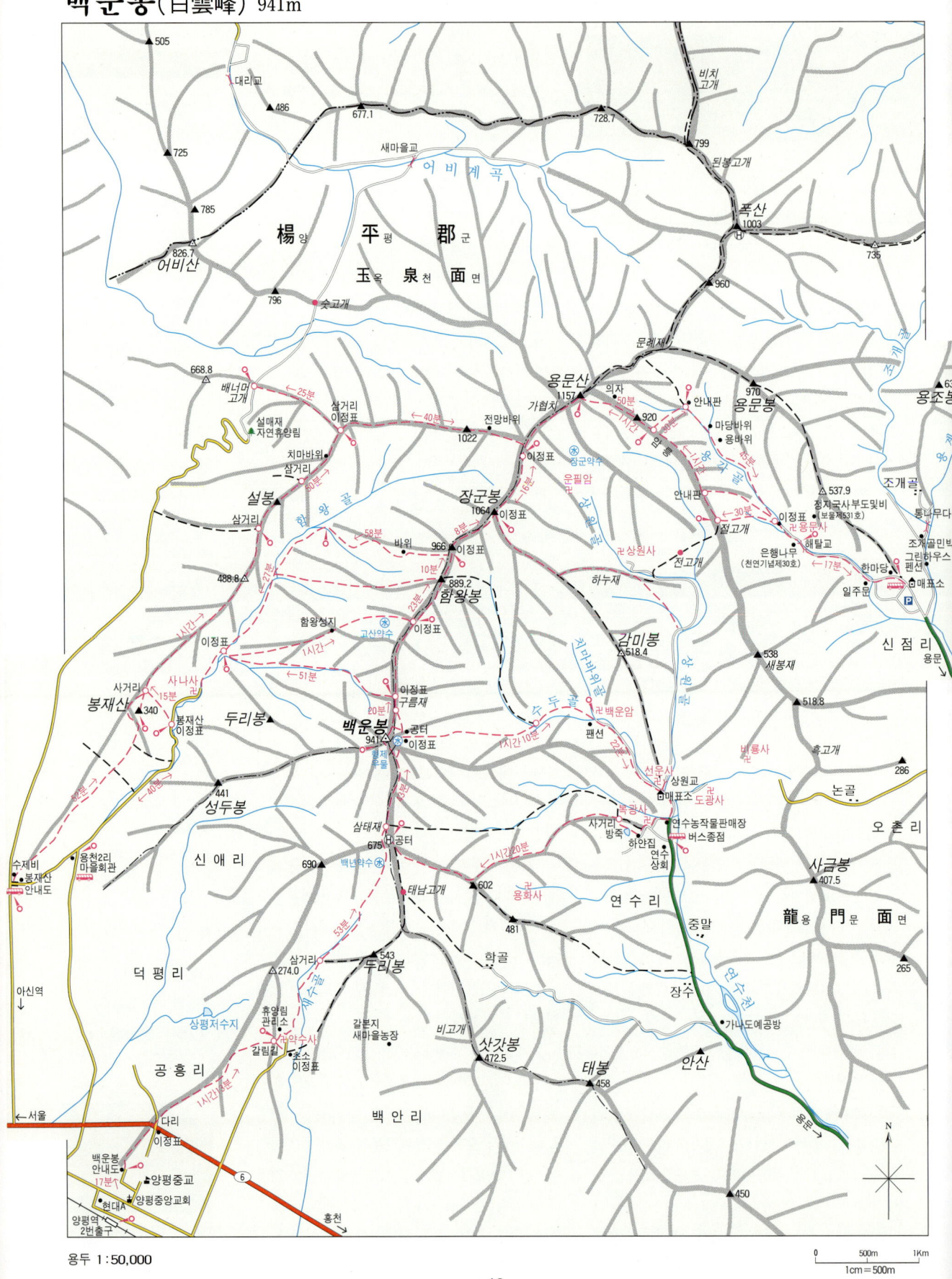

백운봉 서쪽 깊은계곡 함왕골

백운봉(白雲峰, 941m)은 용문산에서 남쪽능선으로 이어져 약 6km 지점에 위치하고 있으며

양평읍 북쪽에 삿갓처럼 뾰쪽하게 높이 솟은 산이다. 정상부근은 급경사에 바위로 이루어져 있고, 함왕골, 새수골, 수두골을 간직하고 있으며 특히 함왕골은 물이 많고 자연스럽다. 함왕골 하류에는 사나사가 있고, 두수골 하류에는 백운암이 자리하고 있다. 산행은 양평역에서 4km 거리 야산 산책로를 따라 휴양림에 이른 다음, 새수골을 타고 백운봉에 오른 후, 하산은 사나사 또는 연수리로 내려간다.

등산로 Mountain path

백운봉 총 5시간 47분 소요

양평역 → 17분 → 등산로 입구 → 73분 →
새수골삼거리 → 53분 → 주능선삼거리 →
43분 → 백운봉 → 20분 → 구름재 →
51분 → 사나사 → 30분 → 용천2리회관

양평역 2번 출구 북쪽 백운봉안내판에서 왼쪽 도로를 따라 5분 거리에 이르면 현대아파트 서북쪽 도로 삼거리가 나온다. 전신주에 백운봉 등산로 표시가 연속 붙어있다. 삼거리에서 오른쪽으로 5분가면 사거리가 나온다. 사거리에서 좌회전 양평중앙교회 오른편 차도를 따라 가면 양평중학교 닿기 전에 왼쪽으로 백운봉 등산로 표시가 이어지면서 7분 거리에 이르면 차도가 끝나는 지점에 백운봉 등산안내도가 나온다.

여기서부터 등산로를 따라 20분을 가면 4차선 도로 위 다리를 통과하고, 바로 오른쪽 산길로 접어들어 조금 오르면 평지와 같은 등산로가 이어지면서 27분 거리에 이르면 갈림길이 나온다. 갈림길에서 왼쪽으로 가면 원편으로 샛길이 나오는데 오른쪽으로만 8분을 가면 새수골 삼거리가 나온다.

새수골삼거리에서 왼쪽으로 3분을 가면 휴양림관리소를 통과하고 새수골로 이어지는 등산로를 따라 20분을 올라가면 안내도를 지나 합수곡 삼거리가 나온다. 삼거리에서 왼쪽 계곡을 따라 25분을 오르면 약수터가 나오고, 약수터에서 5분을 더 오르면 삼거리가 나온다.

삼거리에서 왼쪽으로 17분 거리 안부를 지나서 급경사를 올라가면 형제우물 갈림길이 나온다. 갈림길에서 직진 계단길을 따라 26분을 올라가면 데크가 있는 백운봉 정상에 닿는다.

하산은 사나사 방면과, 연수리 방면 두 곳이 있다. 정상에서 북쪽능선 바윗길 계단을 따라 12분을 내려가면 삼거리가 나온다. 삼거리에서 왼쪽은 사나사, 오른쪽은 연수리이다. 왼쪽으로 5분을 내려가면 형제우물 갈림길을 지나고, 3분을 더 내려가면 구름재가 나온다.

구름재에서 왼쪽 세능선을 따라 8분을 내려가면 계곡에 닿고, 돌이 많은 계곡길을 따라 24분을 내려가면 다시 오솔길로 변하면서 11분을 내려가면 계곡을 건너고, 오른편으로 두 번 이정표 갈림길을 지나서 왼쪽 계곡을 따라 11분을 더 내려가면 사나사이다.

사나사에서 차도를 따라 15분을 내려가면 매점이 나오고, 15분을 더 내려가면 용천2리 마을회관 버스정류장에 닿는다.

• 연수리 방면은 백운봉에서 북쪽능선 12분 거리 삼거리에서 오른쪽으로 간다. 급경사 밧줄 하산길을 따라 7분을 내려가면 공터에 형제우물이 있고 삼거리가 나온다. 삼거리에서 연수리 이정표대로 하산길을 따라 내려간다. 급경사 돌계단으로 이어지는 길을 따라 20분을 내려가면 계곡에 닿는다. 계곡을 따라 20분을 내려가면 삼거리가 나오고, 13분 더 내려가면 백운암을 통과 소형차로를 따라 22분을 내려가면 연수리 버스 종점이다.

백운봉 경기도 양평군 용문면, 옥천면

여행 정보 Tourist Information

대중교통

중앙선 용문행 전철 이용, 양평역 하차.

하산 후, 사나사 쪽은 용천2리 마을회관에서 아신역 앞, 또는 양평행 버스 이용.

연수리 쪽은 연수리에서 용문행 버스 이용.

식당

옥천면

훼미리파크(일반식)
옥천면 용천2리 310
☎ 031-771-1866

수운(한정식, 일반식)
옥천면 용천2리 319-30
☎ 031-774-2261

중미산막국수
옥천면 신복리 835-1
☎ 031-773-1834

고읍냉면
옥천면 옥천 3리 604
☎ 031-772-5302

용문면

계경목장(생고기전문)
용문면 하나로마트 옆
☎ 031-774-0507

한우생고기(생고기전문)
용문면 다문리 739-7
031-773-3204

용문산이 바라보이는 백운봉 정상

추읍산(趨揖山) 582.6m

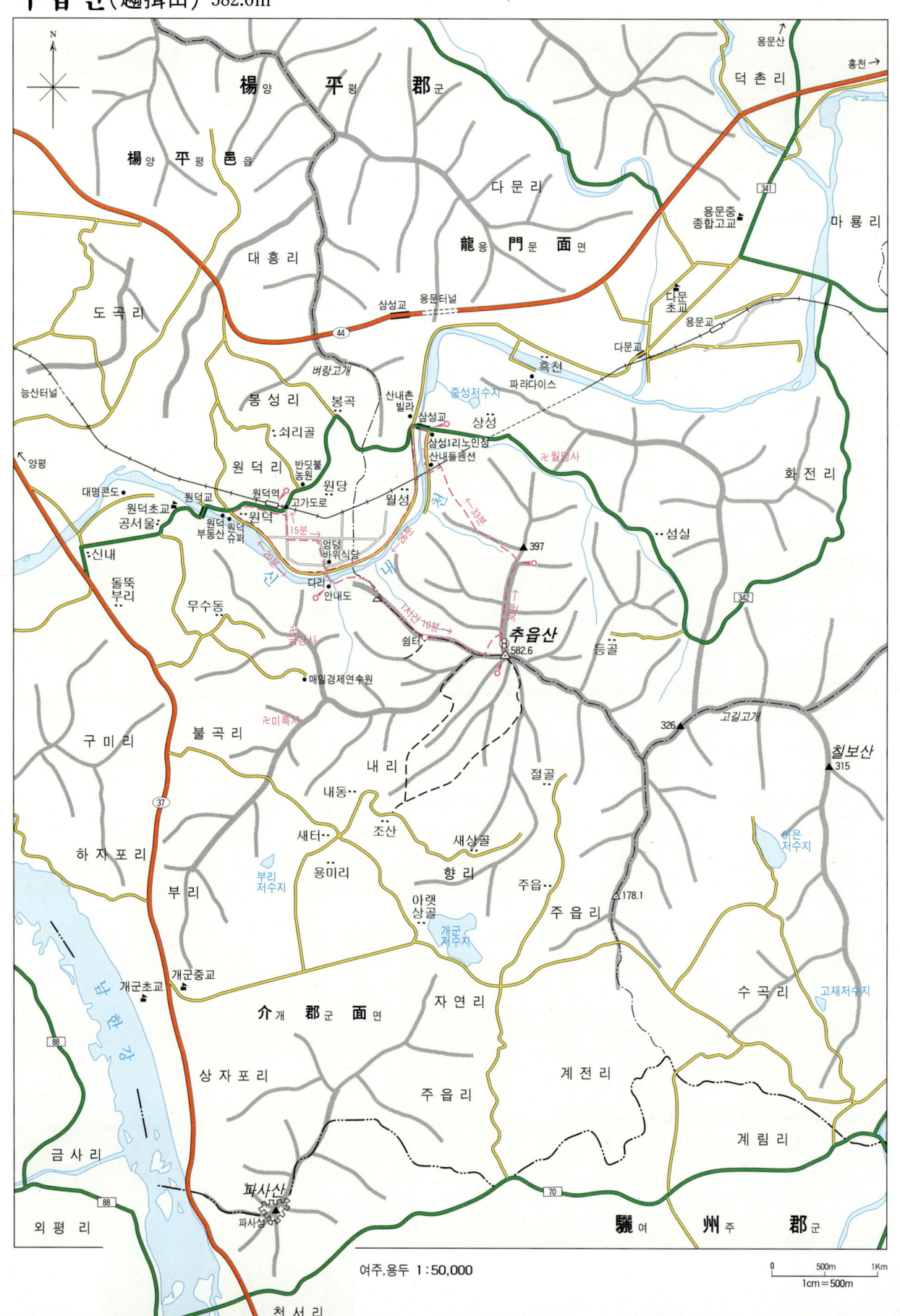

5월 초봄의 추읍산 서쪽 숲. 마치 대나무처럼 싱그럽다.

추읍산 양평군 용문면, 개군면

추읍산(趨揖山, 582.6m)은 양평에서 용문으로 가는 중간 원덕역 동쪽에 위치한 산이다. 지제면, 용문면, 개군면에 속해 있으며 용문산을 바라보고 읍(揖)하고 있는 산이라 하여 추읍산이라 한다.

정상에서 보면 양근, 지평, 여주, 이천, 양주, 광주, 장호원의 칠읍이 보인다 하여 칠읍산이라고도 한다. 등산로는 오를 때 급경사이나 험로가 없으며 누구나 오를 수 있는 산이다.

정상에는 삼각점, 표지석, 안내도, 안테나, 목제 평상이 있고 북쪽으로 헬기장이 있다.

평상에서 바라보면 동서남쪽으로 시원하게 내려다보이고, 북쪽 용문면이 바로 내려다보이며 양평 일대가 바라보인다. 서쪽 아래 내리와 주위 일대는 400~500년 수령 산수유나무 약 15,000주가 자생하고 있는 산수유마을이 있다.

원덕역에서 등하산길이 강변차도를 따라 가는 지루함이 있으나 전철산행지로 좋은 산이다.

산행은 원덕역에서 오른편 강변도 따라 다리 건너 왼쪽 지능선을 타고 정상에 오른다.

하산은 북쪽 능선, 약수터를 경유하여 산성1리 마을회관 앞 다리건너 남쪽 강변차도를 따라 다시 원덕역으로 원점회귀 산행이다.

등산로 Mountain path

추읍산 총 4시간 19분 소요

원덕역 → 20분 → 다리 → 70분 →
추읍산 → 30분 → 약수터 → 33분 →
삼성마을 경로당 → 46분 → 원덕역

원덕역 남쪽 편에서 오른쪽 차도를 따라 2분 거리에 이르면 원덕1리 마을삼거리가 나온다.

삼거리에서 왼쪽으로 강변도로를 따라 18분을 가면 다리가 나온다. 다리를 건너면 갈림길에 이정표 안내도가 나온다.

안내도에서 마을길을 벗어나 왼쪽 강변 샛길을 따라 2분을 가면 오른편 산으로 등산로가 이어진다. 능선으로 이어지는 등산로를 따라 12분을 오르면 묘를 통과하고, 다시 19분을 오르면 두 번째 묘가 나온다. 묘를 지나서 14분을 오르면 의자가 있고 전망이 좋은 쉼터가 나온다. 쉼터 오른쪽 갈림길은 삼림욕장으로 가는 길이고, 조금 더 오르면 왼쪽 갈림길이 나온다. 계속 지능선을 따라 쉼터에서 6분 거리에 이르면 급경사 밧줄을 타고 오른 후에 왼쪽 비탈길로 이어지면서 14분 거리에 이르면 주능선 삼거리가 나온다. 삼거리에서 오른쪽으로 5분 거리에 이르면 헬기장을 지나서 추읍산 정상에 닿는다.

정상은 표지석, 삼각점, 안내도, 안테나가 있고 쉼터 평상이 있다.

정상에 서면 사방이 막힘이 없고 특히 동서남쪽은 멀리까지 시원하게 내려다보인다.

하산은 북쪽능선을 타고 간다. 북쪽으로 5분 거리 삼거리에서 직진 21분 거리에 이르면 갈림길이 나온다. 갈림길에서 오른쪽 약수터 방향 이정표를 따라 4분을 내려가면 약수터가 나온다.

약수터에서 계속 이어지는 뚜렷한 하산길을 따라 13분을 내려가면 갈림길이 나온다. 갈림길에서 오른쪽으로 내려서면 계곡으로 이어지면서 6분을 내려가면 철길 고가 밑을 통과하고 왼쪽으로 100m 정도 가면 삼거리가 나온다. 삼거리에서 오른쪽으로 12분을 가면 삼성1리 경로당이다.

경로당에서 왼쪽 다리를 건너면 신내골빌라가 나온다. 여기서 왼쪽 강변 시골길을 따라 46분 거리에 이르면 원덕역에 닿는다.

여행 정보 Tourist Information

대중교통
중앙선 전철을 타고 양평 지나서 원덕역 하차(30분 간격운행).

자가운전
수도권에서 양평-횡성 방면 6번 국도를 타고 용문IC에서 빠져나와 (구)6번 국도에서 우회전 ⇒ 양평 방향 5km 거리 원덕리에서 좌회전 ⇒ 원덕역 주차.

식당
반딧불이농원(비닐하우스에서 일반식)
양평읍 원덕리
☎ 010-8967-1174

엉덩바위(하우스 먹을거리 집)
양평읍 원덕리 250-88
☎ 031-774-1650

명소
용문산관광지
용문사와 1,100년 된 은행나무.
용문면 신점리
문의 ☎ 031-770-2592

추읍산 정상

용문산 (龍門山) 1157m

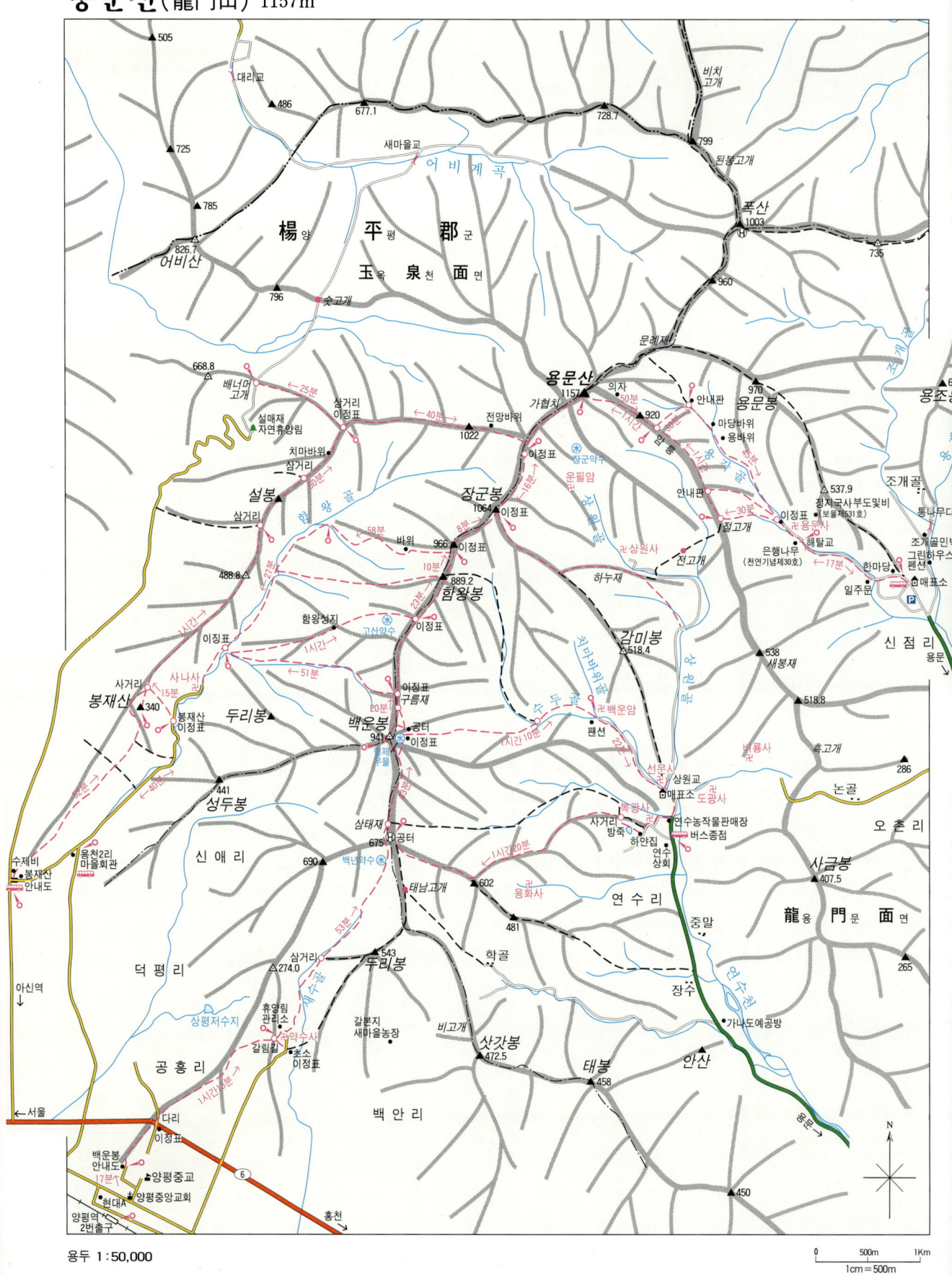

용문산 정상부에서 바라본 능선

용문산

경기도 양평군 용문면, 옥천면

산행은 매표소에서 용문사 절고개를 경유하여 북릉을 타고 삼거리를 지나 정상에 오른 다음, 다시 삼거리로 되돌아와서 왼쪽 협곡을 따라 용문사 매표소로 하산한다.

등산로 Mountain path

용문산 총 6시간 10분 소요

매표소 → 47분 → 절고개 → 60분 →
삼거리 → 60분 → 용문산 → 50분 →
삼거리 → 30분 → 합수곡 → 63분 → 매표소

용문산(龍門山, 1157m)은 경기도에서 화악산 명지산에 이어 세 번째로 높은 산이다. 남쪽 산록에는 천년고찰 용문사가 있고, 1,100년 된 은행나무가 있으며 용문사와 더불어 국민관광지로 지정되었다. 용문사는 신라 선덕여왕 2년(913년) 대경대사가 창건 하였다고 전하며 일설에는 경순왕(927~935년 재위)이 친히 행차하여 창사하였다고 한다.

천년 넘은 은행나무가 사천왕상을 대신해 사찰을 지키고 있으며, 경내에 보물 제531호인 정지국사 부도 및 비가 위치하고 있다.

용문사 은행나무(천연기념물 제30호)는 신라 마지막 왕인 경순왕의 세자 마의태자가 망국의 한을 품고 금강산으로 가던 길에 심은 것이라고도 하고, 신라의 고승 의상대사가 짚고 다니던 지팡이를 꽂아놓은 것이 뿌리가 내려 이처럼 성장한 것이라고도 한다. 거듭되는 병화와 전란 속에서도 불타지 않고 살아남았던 나무라하여 천왕목이라고도 불렀고, 조선 세종 때에는 정3품 이상의 벼슬인 당상직첩을 하사받기도 한 명목이다. 수령이 약 1,100여 년으로 추정되며, 높이 41m 줄기의 둘레가 11m를 넘어 동양에서 유실수로는 가장 큰 은행나무이다.

고종이 승하 하셨을 때는 큰 가지가 부러지는 등 나라의 변고가 있을 때마다 미리 알려주는 영험함이 있는 것으로 알려져 있다. 일제 때에는 일본군이 은행나무를 자르려고 했던 도끼자국이 아직까지 남아 있다.

큰삼거리에서 정상까지는 암릉길이며 눈이 오거나 비가 올 때는 산행을 삼가야 한다. 하산길 계곡은 협곡으로 구름이 낄 때는 음침하다.

용문사 버스종점에서 북쪽 상가지역을 지나 매표소를 통과하고, 용문사 이정표를 따라가면 일주문을 통과하여 17분을 가면 용문사 입구에 1,100년 된 은행나무가 있고 바로 용문사이다. 용문사에서 왼쪽으로 난 등산로를 따라 8분을 가면 계곡을 건너서 삼거리가 나온다.

삼거리에서 왼쪽으로 22분을 올라가면 절고개 사거리가 나온다.

절고개에서 오른쪽 능선을 따라 20분을 가면 갈림길이 나온다. 갈림길에서 왼쪽 능선을 따라 올라가면 바윗길이 나오기 시작하고, 40분을 올라가면 이정표 큰삼거리가 나온다.

큰삼거리에서 오른쪽은 하산길이며 왼쪽 능선을 따라 올라가면 바윗길이 연속 이어지다가 50분을 올라가면 의자가 있는 쉼터가 나오고, 이어서 급경사를 타고 10분을 올라서면 용문산 정상이다. 정상은 정상표지판이 있고, 시설물이 있으며 사방이 막힘이 없다.

하산은 올라왔던 암릉길을 따라 50분을 내려가면 이정표가 있는 큰삼거리에 닿는다.

큰삼거리에서 왼편 계곡 쪽을 향해 30분을 내려가면 나무다리가 있는 합수곡에 닿는다.

여기서부터는 협곡을 따라 내려간다. 협곡을 따라 10분 내려가면 마당바위가 나오고, 10분 더 내려가면 다리를 지나서 용바위가 나온다. 계속 협곡을 따라 25분 거리에 이르면 용문사에 닿으며, 용문사에서 17분을 더 내려가면 주차장에 닿는다.

여행 정보 Tourist Information

대중교통

중앙선 전철을 타고 용문역 하차 후, 용문버스터미널에서 30분 간격으로 운행하는 용문사행 버스를 타고 용문사 종점 하차.

자가운전

수도권에서 홍천 방면 6번 국도를 타고 용문새IC에서 빠져나와 좌회전⇨331번 지방도를 타고 용문사 주차장.

식당

서정(맛있는 냉면집)
용문면 조현리 497-4
☎ 031-775-1444

마당(곤드레밥 대나무통밥 전문)
용문면 덕촌리 112-6
☎ 031-775-0311

한마당(일반식)
용문면 신점리 396-64
☎ 031-773-5678

명소

용문사

신라 선덕여왕(913년) 대경대사가 창건하였다고 전하며, 1,100년 된 은행나무가 있다.

1,100년 된 용문사 은행나무

중원산(中元山) 800.4m 용조봉(龍鳥峰) 635m

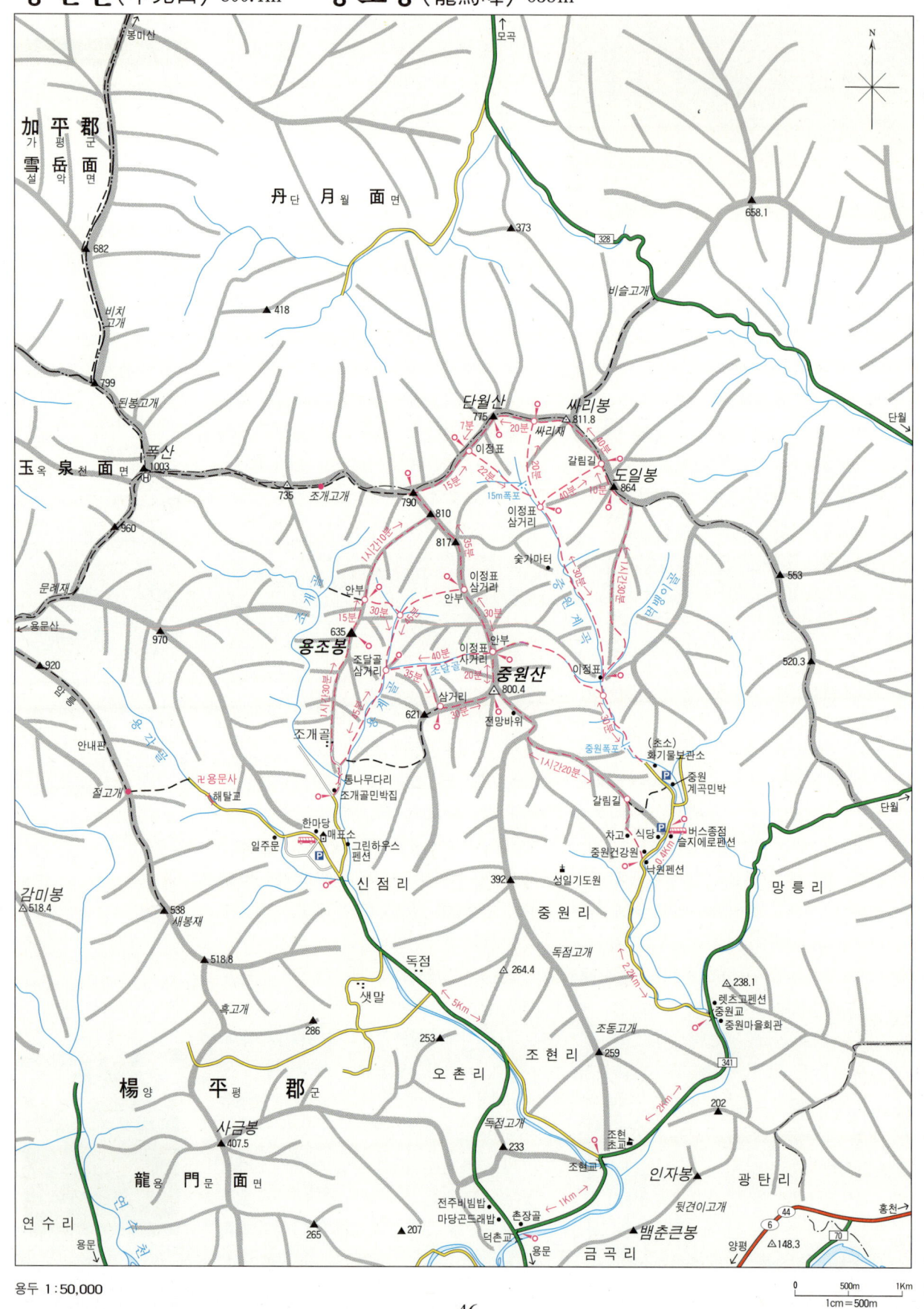

표지석이 새워진 중원산 정상

중원산 · 용조봉 경기도 양평군 용문면

중원산(中元山. 800.4m)은 중원계곡을 사이에 두고 도일봉과 마주하고 있고, 용조봉을 사이에 두고 용문산과 마주하고 있다. 정상 북쪽 주능선은 바윗길이며 눈비가 올 때는 주의를 해야 한다.

용조봉(龍鳥峰. 635m)은 용문산과 중원산 사이에 암릉으로 이루어진 산이다. 봄가을 산행은 매우 스릴이 있는 코스이나 눈비가 올 때는 산행을 삼가야 한다.

등산로 Mountain path

중원산 총 4시간 소요

버스종점 → 80분 → 중원산 → 20분 → 사거리 → 50분 → 중원계곡 → 30분 → 버스종점

중원리 버스종점에서 용문면 쪽으로 300m 되돌아가면 건강원 왼쪽으로 중원산입구 팻말이 나온다. 이 팻말을 따라가면 마을길로 이어져 6분을 가면 산길이 시작된다. 여기서부터 산길을 따라 7분을 오르면 능선삼거리가 나온다. 삼거리에서 왼쪽 능선을 따라 42분을 오르면 안부가 나오고, 안부에서부터 급경사 능선을 따라 25분을 오르면 중원산 정상에 닿는다.

하산은 북릉을 탄다. 북쪽 암릉 길을 따라 20분을 오르면 안부사거리가 나온다. 사거리에서 오른쪽으로 간다. 중원계곡을 향해 50분을 내려가면 중원계곡 삼거리에 닿는다. 삼거리에서 오른편으로 30분을 내려가면 중원폭포를 지나 버스종점이다.

용문사 쪽 코스 용문사 주차장 전 우측 소형차로를 따라 700m 거리에 이르면 조개골 삼거리가 나온다. 삼거리에서 오른쪽으로 가서 통나무 다리를 건너 용계골을 따라 45분 거리에 이르면 조달골 삼거리가 나온다. 삼거리에서 오른쪽 계곡을 건너 조금 오르면 갈림길이 나온다. 갈림길에서 오른쪽 세능선을 따라 가면 주능선에 닿는다. 조달골 삼거리에서 35분 거리다. 주능선에서 왼쪽능선을 따라 30분을 오르면 중원산 정상에 닿는다.

하산은 북쪽 주능선 암릉을 타고 20분을 가면 안부 사거리가 나온다. 사거리에서 왼쪽으로 간다. 서쪽 계곡길 따라 40분을 내려가면 조달골 삼거리가 나온다. 삼거리에서 왼쪽 계곡을 따라 45분을 내려가면 통나무 다리를 건너고, 10분을 더 내려가면 용문사 버스종점이다.

용조봉 총 4시간 30분 소요

용문산주차장 → 15분 → 삼거리 → 90분 → 용조봉 → 15분 → 안부 → 30분 → 조달골 삼거리 → 1시간 → 용문사주차장

용문사 주차매표소 전 우측 소형차로를 따라 700m 거리에 이르면 조개골 삼거리가 나온다. 삼거리에서 오른쪽 골목길로 조금 가면 통나무 다리를 건너간 다음, 비탈길로 100m 가면 갈림길이 나온다. 갈림길에서 왼쪽 능선으로 간다. 왼쪽 능선을 따라 오르면 바윗길이 시작되어 정상까지 이어진다. 아기자기한 바윗길을 좌우로 우회하면서 오르게 된다. 날씨가 좋을 때는 크게 위험하지는 않으며 아기자기한 스릴 있는 코스이나, 눈비가 올 때는 매우 위험한 코스이다. 능선 초입에서 용조봉 정상까지 1시간 30분 소요된다.

정상에서 하산은 일단 북쪽 능선을 타고 15분을 가면 550m봉 안부사거리가 나온다. 안부에서는 오른쪽으로 30분을 내려가면 조달골 삼거리가 나온다.

조달골 삼거리에서 오른쪽으로 용계골 따라 1시간을 내려가면 용문사 버스종점에 닿는다.

여행 정보 Tourist Information

대중교통

중앙선 전철 이용, 용문역 하차. 용문버스터미널에서 **중원산**은 7-5번 버스(30분 간격) 이용, 중원리 종점 하차.

용조봉은 터미널에서 7-4번 용문사행 버스 이용, 용문사 종점 하차.

자가운전

중원산은 수도권에서 홍천 방면 6번 국도를 타고 용문사IC에서 빠져나와 좌회전⇒331번 지방도를 타고 덕촌교삼거리에서 우회전⇒중원리 버스종점 주차장.

용조봉은 용문사 IC에서 빠져나와 좌회전⇒331번 지방도를 타고 용문사 주차장.

식당

서정(맛있는냉면집)
용문면 조현리 497-4
☎ 031-775-1444

마당(곤드레밥 대나무통밥 전문)
용문면 덕촌리 112-6
☎ 031-775-0311

명소

용문사 은행나무

수령 1100년으로 추정되며, 동양에서 유실수로는 가장 큰 은행나무.

용문산 은행나무

도일봉(道一峰) 864m 단월산 775m

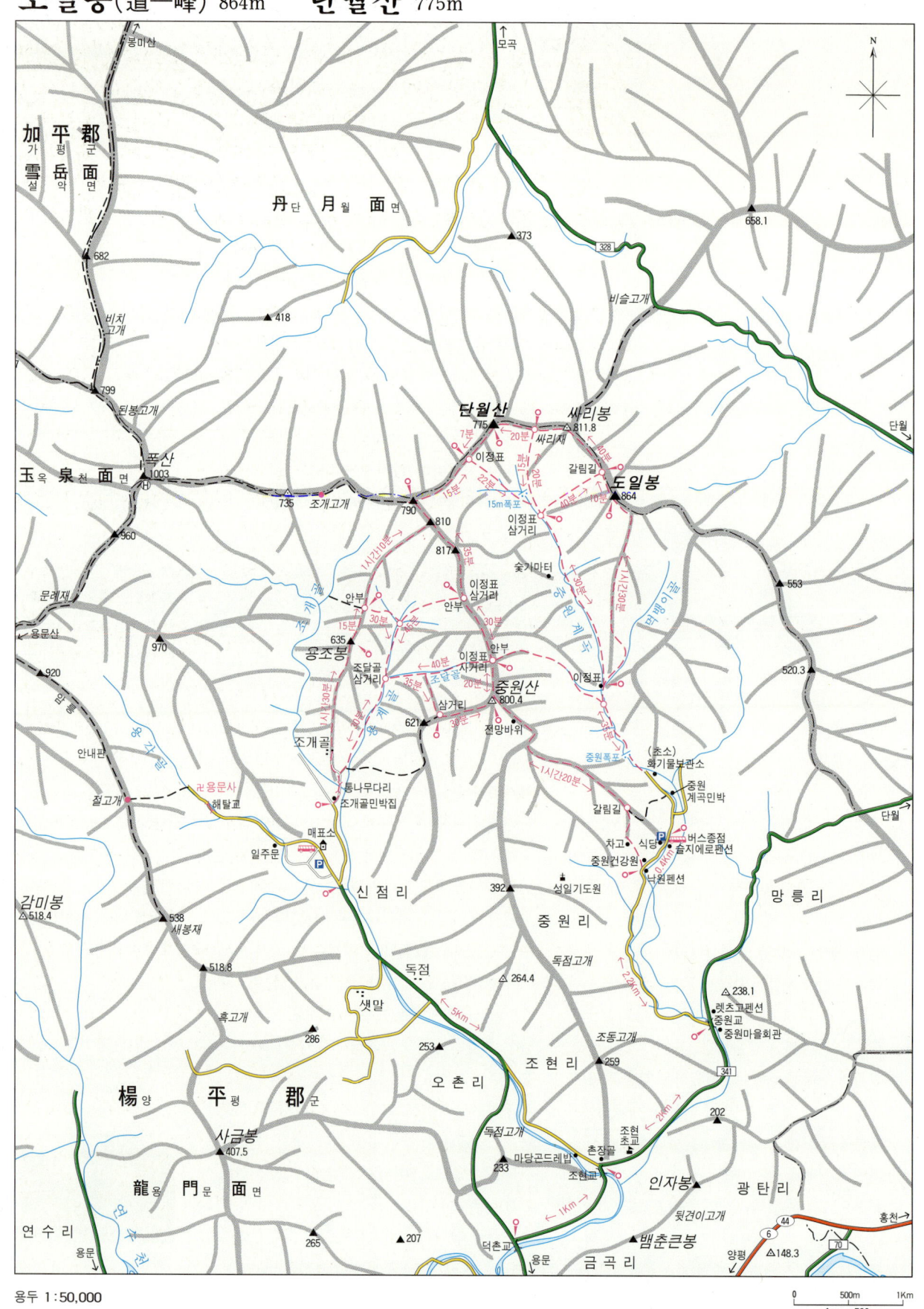

단월면에서 바라본 단월산

도일봉 · 단월산
경기도 양평군 용문면, 단월면

도일봉(道一峰, 864m)과 단월산(丹月山, 775m)은 모산인 용문산에서 북쪽 능선으로 이어지다가 폭산에서 동쪽으로 갈라져 790봉에서 남쪽은 중원산, 동쪽은 단월산, 도일봉으로 이어지면서 ㄷ자형으로 산 형태를 이루고, 그 사이로 흐르는 계곡이 유명한 중원계곡이다.

등산로 Mountain path

도일봉 총 5시간 5분 소요
버스종점 → 35분 → 합수점 → 90분 → 도일봉 → 40분 → 싸리재 → 80분 → 버스종점

중원리 버스종점에서 북쪽 소형차로를 따라 7분 거리에 이르면(초소)가 나온다. 초소 왼편으로 난 등산로를 따라 3분을 가면 예쁜 나무다리를 건너고, 넓은 길을 따라 5분 거리에 이르면 중원폭포를 지나면서 계곡으로 이어지는 길을 따라 20분을 올라가면 삼거리가 나온다.

삼거리에서 오른쪽으로 간다. 오른쪽으로 조금 들어가면 등산로는 계곡을 벗어나 왼쪽으로 오른다. 가파른 능선길을 따라 1시간을 오르면 쉬어가기에 좋은 전망바위 능선에 닿는다. 여기서부터는 바윗길이 이어지는 길이므로 다소 주의를 해서 가야한다. 바윗길을 따라 30분을 오르면 도일봉 정상에 닿는다. 정상은 공터이며 막힘이 없이 양평일대가 조망된다.

하산은 북릉을 따라 10분을 내려가면 삼거리가 나온다. 왼쪽 중원계곡으로 쉽게 하산하는 길이다. 삼거리에서 오른쪽으로 주능선을 따라 25분을 가면 싸리봉 삼거리다. 싸리봉 삼거리에서 왼편 서쪽 주능선으로 15분을 내려가면 싸리재 삼거리에 닿는다.

싸리재에서 남쪽 왼편 길을 따라 15분을 내려가면 합수곡 삼거리에 닿는다. 삼거리에서 30분을 더 내려가면 합수곡 큰 삼거리에 닿고, 여기서부터 올라왔던 코스 그대로 35분을 내려가면 중원폭포를 지나 버스종점이다.

단월산 총 4시간 19분 소요
버스종점 → 85분 → 싸리재 → 20분 → 단월산 → 7분 → 안부삼거리 → 22분 → 삼거리 → 65분 → 버스종점

중원리 버스종점에서 소형차로를 따라 7분 거리에 이르면 화기물보관소(초소)가 나온다. 초소를 지나서 8분을 가면 중원폭포가 나온다. 폭포를 지나서 넓은 중원계곡을 따라 20분을 가면 이정표 삼거리가 나온다.

삼거리에서 왼쪽 중원계곡을 따라 30분을 올라가면 삼거리가 나온다. 왼쪽은 하산길이다. 오른편 길을 따라 20분을 올라가면 싸리재에 닿는다.

싸리재에서 왼쪽 능선을 타고 20분을 오르면 단월산 정상이다. 정상은 표시도 없고 특징도 없다. 왕소나무가 많은 가장 높은 곳을 정상으로 본다. 정상 10m 서쪽에 북쪽으로 전망이 있는 쉼터가 있다.

하산은 서쪽 능선을 타고 7분을 내려가면 이정표가 있는 안부 삼거리가 나온다.

삼거리에서 왼편 남쪽 길로 간다. 희미한 길을 따라 10분을 내려가면 물이 있는 계곡을 건너간다. 계곡을 건너 12분을 내려가면 싸리재에서 내려오는 삼거리가 나온다.

삼거리에서 오른쪽 넓은 길을 따라 30분을 내려가면 도일봉삼거리가 나오고, 30분 더 내려가면 초소에 닿으며 7분을 지나면 버스종점이다.

여행 정보 Tourist Information

대중교통
중앙선 전철 이용, 용문역 하차.
용문버스터미널에서 7-5번 중원리행(07:15 09:10 11:00 12:00 14:10 17:00 18:30) 버스 이용, 중원리 종점 하차.

자가운전
수도권에서 홍천 방면 6번 국도를 타고 용문산IC에서 빠져나와 좌회전⇨ 1.6km 덕촌교에서 우회전⇨ 3km에서 좌회전⇨ 2.6km 주차장.

식당
서정(냉면전문)
용문면 조현리 497-4
☎ 031-775-1444

마당(곤드레밥전문)
용문면 덕촌리 112-6
☎ 031-775-0311

도일봉먹거리(일반식)
용문면 중원리 버스종점 뒤
☎ 031-773-3998

명소
중원폭포
중원계곡 곳곳에 기암괴석과 옥류를 빚어내고 있는데 그중에서도 중원폭포가 대표적이다.

병풍을 두른 듯한 중가암 절벽에 에워싸인 중원폭포

화야산(禾也山) 754.2m 뾰루봉 709.7m 고동산 602m

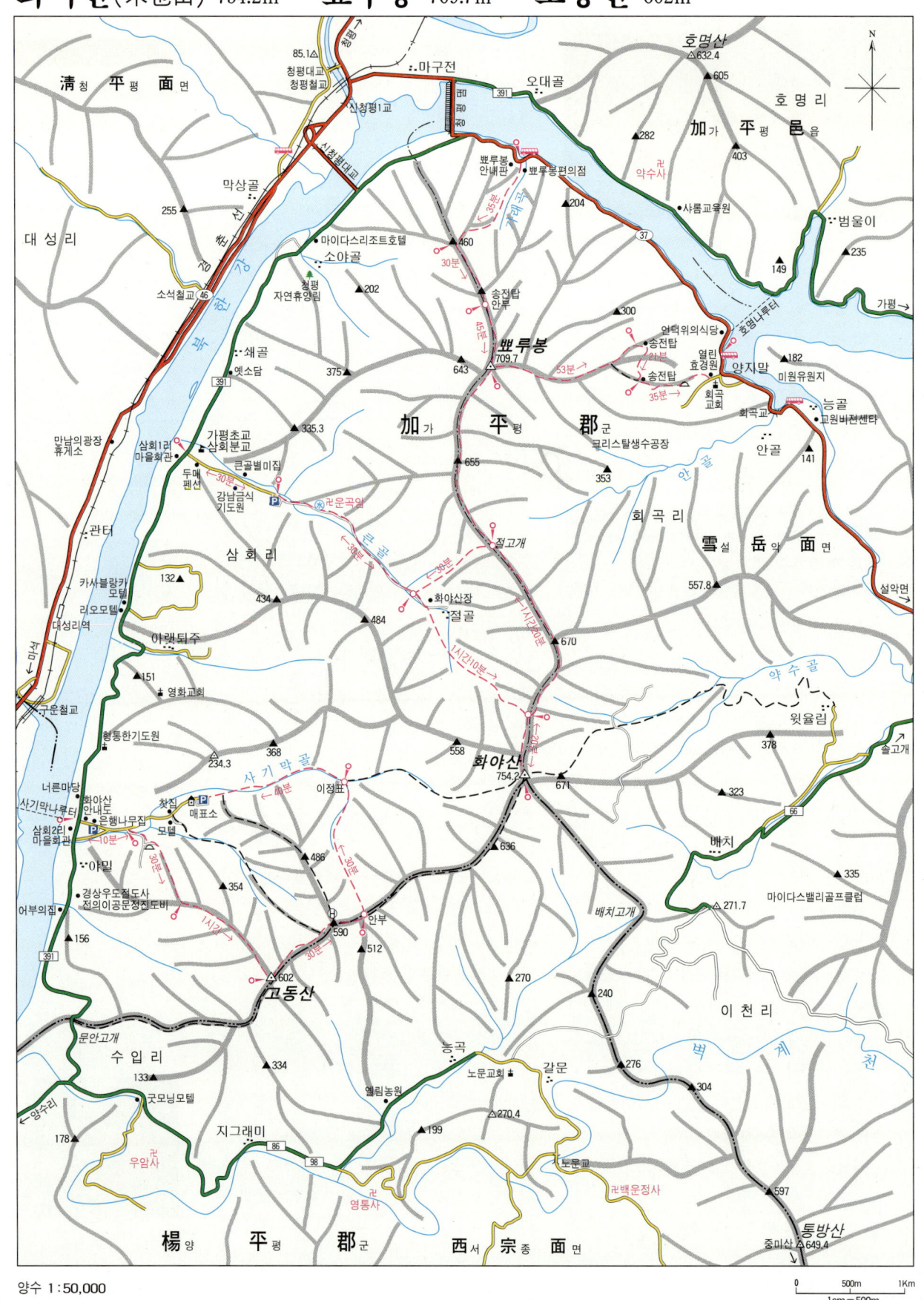

양수 1:50,000

사기막에서 바라본 고동산 전경

화야산 · 뽀루봉 · 고동산
경기도 가평군 청평면, 설악면

화야산(禾也山,754.2m) · **뽀루봉**(709.7m) · **고동산**(602m)은 대성리 동쪽 북한강변의 산이다.

등산로 Mountain path

화야산 총 5시간 40분 소요
주차장 → 30분 → 화야산장 → 90분 →
화야산 → 100분 → 안골고개 → 60분 →
주차장

삼회1리 마을회관에서 동쪽 소형차로를 따라 2km 들어가면 주차장이 나온다. 주차장에서 직진 소형차로를 따라 가면 운곡암을 거쳐 30분만에 화야산장 삼거리에 닿는다. 삼거리에서 오른쪽으로 들어서면 계류를 건너 묵밭을 지나고 계곡길로 이어지다가 30분을 올라가면 갈림길이 나온다. 갈림길에서 왼쪽 뚜렷한 길을 따라 40분을 오르면 주능선 삼거리에 닿는다. 여기서 오른쪽으로 20분을 더 가면 사거리 화야산 정상이다.

하산은 올라왔던 20분 거리 북쪽 삼거리로 되내려간 다음, 직진 주능선을 따라 1시간 20분을 가면 안골고개 삼거리가 나온다.

안골고개에서는 왼쪽 계곡 따라 30분을 내려가면 화야산장 삼거리에 닿는다. 여기서 소형차로를 따라 30분을 내려가면 주차장에 닿는다.

뽀루봉 총 4시간 39분 소요
뽀루편의점 → 35분 → 주능선 → 30분 →
송전탑 → 45분 → 뽀루봉 → 53분 →
갈림능선 → 21분 → 2송전탑 → 35분 →
양지말

뽀루편의점에서 등산로를 따라 35분을 가면 주능선에 닿는다. 주능선에서 30분을 오르면 첫 봉을 지나 송전탑 안부에 닿는다.

송전탑에서 바위능선길 따라 12분을 가면 갈림길이 나온다. 갈림길에서 왼쪽 능선을 따라 33분을 오르면 삼거리 지나 뽀루봉 정상이다.

하산은 10m 거리 삼거리에서 동릉을 탄다. 동릉을 따라 53분을 내려가면 갈림능선이 나온다.

갈림능선에서 오른편 세능선으로 6분을 간 갈림길에서 오른쪽으로 2분을 더 가면 1송전탑 삼거리가 나온다. 여기서 우측 비탈길로 13분을 가면 2송전탑 위 삼거리가 나온다.

삼거리에서 왼편 송전탑 쪽 능선 따라 7분을 가면 안부삼거리에 닿는다. 삼거리에서 오른쪽 비탈길을 따라 가면 다시 능선길로 이어져 22분을 더 내려가면 소형차로가 나온다. 여기서 왼쪽으로 6분을 내려가면 양지말 버스정류장이다.

고동산 총 4시간 30분 소요
마을회관 → 100분 → 고동산 → 30분 →
안부 → 30분 → 합수곡삼거리 → 50분 →
마을회관

삼회2리 마을회관에서 도로 건너 마을길을 150m 가면 삼거리가 나온다. 삼거리에서 오른쪽으로 100m 가면 길이 끝난다. 여기서 오른쪽 계곡을 건너서 10m 쯤 가면 다리 건너기 전에 왼쪽으로 등산로가 있다. 이 등산로를 따라 가면 묘지를 지나서 오른쪽 능선으로 이어진다. 이 능선을 따라 30분을 올라가면 삼거리에 닿는다. 여기서 왼쪽 능선을 따라 1시간을 올라가면 고동산 정상이다.

하산은 동쪽 주능선으로 20분을 가면 안부삼거리에 닿고, 직진으로 5분을 더 오르면 590봉 헬기장 삼거리이다. 헬기장에서 오른쪽으로 5분을 내려가면 안부삼거리가 나온다.

삼거리에서 왼쪽으로 가면 계곡으로 이어져 30분을 내려가면 합수곡 삼거리가 나온다. 합수곡에서 50분을 더 가면 삼회2리 마을회관이다.

여행 정보 Tourist Information

대중교통

경춘선 상봉역에서 춘천행 전철을 타고 청평역 하차. 청평버스터미널에서 삼회리행 버스(1일 6회) 이용, **화야산**은 삼회1리회관 하차, **고동산**은 삼회2리회관 하차. **뽀루봉**은 설악행 버스 이용, 청평댐 지나 500m 뽀루매점 하차.

자가운전

양평 방면 6번 국도를 타고 양수대교 통과하자마자 우회전 ⇨ 좌회전 ⇨ 양수리 삼거리에서 우회전 ⇨ 363번 강변도로를 타고 **고동산**은 삼회2리회관 주차.
화야산은 삼회2리회관에서 직진 4km 삼회1리회관에서 우회전 ⇨ 소형차로 2km 주차장.
뽀루봉은 삼회1리회관에서 계속 직진 청평댐을 지나서 500m 우측 뽀루매점 입구 주차.

식당

고동산
어부의집(민물매운탕)
청평면 삼회2리 600-5
031-584-3011

화야산
큰골별미집(일반식)
청평면 삼회리 161
031-584-2032

뽀루봉
언덕위에식당(토종닭)
설악면 회곡리 473-24
031-584-3364

깃대봉 645m   운두산 678.4m

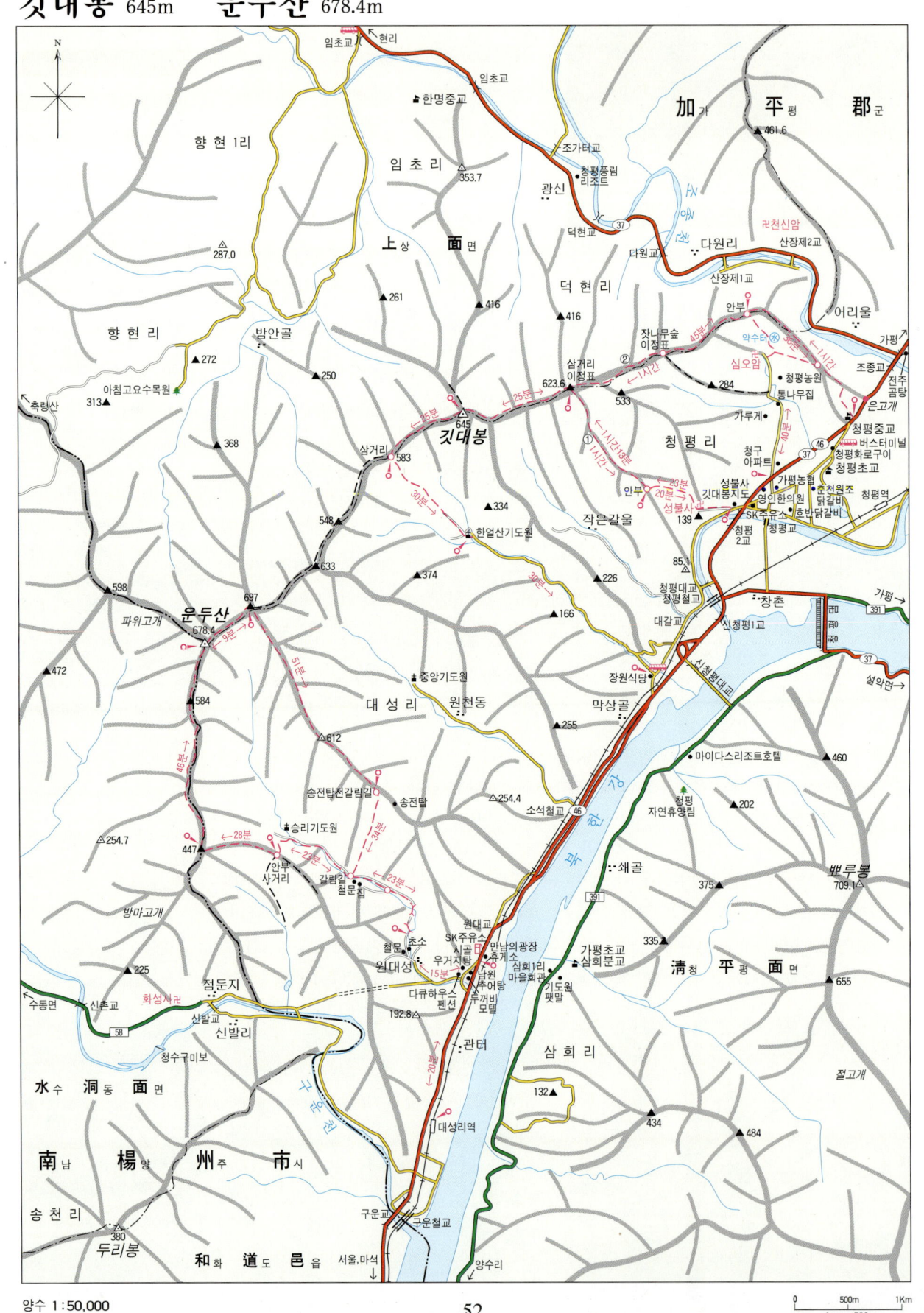

깃대봉 정상에서 마라톤산악회 회원들

깃대봉 · 운두산
경기도 가평군 청평면

깃대봉(645m)과 운두산(678.4m)은 대성리에서 청평 사이 46번 북한강 서쪽에 길게 이어진 산이다. 북쪽은 깃대봉 남쪽은 운두산으로 이어져 있으며 험로가 없는 무난한 산세이다.

등산로 Mountain path

깃대봉 총 4시간 47분 소요
안내도 → 23분 → 지능선 → 73분 →
안테나 → 25분 → 깃대봉 → 25분 →
안테나 → 45분 → 사거리 → 36분 →
청평중

청평역에서 서쪽 강변도로를 따라 1.3km 가면 경춘 국도 상하행선 북쪽에 깃대봉 안내도가 있다. 안내도에서 7분을 올라가면 성불사가 나온다. 성불사 입구에서 직진 30m에서 오른쪽집 터 갓길로 30m 가면 비탈길로 시작하여 16분을 올라가면 지능선에 닿는다.

지능선에서 오른쪽 지능선을 따라 18분을 오르면 벌목지대를 지나고, 다시 30분을 올라가면 급경사가 시작되며 25분을 더 올라가면 안테나가 있는 주능선에 닿는다. 여기서 왼쪽 주능선을 따라 25분을 가면 삼거리 깃대봉 정상에 닿는다.

하산은 다시 안테나 삼거리로 되돌아온 다음, 동쪽 능선을 탄다. 안테나 삼거리에서 동쪽능선을 따라 13분을 내려가면 삼거리가 나온다. 삼거리에서 왼쪽으로 27분을 내려가면 임도 삼거리가 나온다. 임도삼거리에서 계속 능선으로 5분 내려가면 이정표 사거리가 나온다. 여기서 오른쪽은 약수터를 경유하여 농로로 이어지는 하산길이고, 왼쪽은 능선을 타고 청평중학교로 이어

진다. 왼쪽길을 따라 8분을 올라가면 전망대를 지나서 능선을 따라 12분을 내려가면 약수터 갈림길이 나오고, 12분을 더 내려간 갈림길에서 오른쪽으로 4분을 내려가면 청평중학교에 닿고 청평역까지는 15분 거리다.

운두산 총 4시간 57분 소요
초소 → 46분 → 안부사거리 → 28분 →
447봉 → 46분 → 운두산 → 60분 →
송전탑 안부 → 57분 → 초소

대성리역에서 청평방면 인도를 따라 20분을 걸으면 원대성리 삼거리가 나온다.

원대성 삼거리에서 왼쪽으로 100m 가서 오른쪽 소형차로를 따라 12분을 가면 초소가 나온다.

초소를 통과 소형차로를 따라 13분 거리 갈림길에서 오른쪽으로 5분을 가면 민가를 지나 철문을 통과하고 5분을 더 가면 오른쪽에 하산길이 나온다. 여기서 계속 직진 9분을 가면 승리기도원 갈림길이 나온다. 갈림길에서 왼쪽으로 계곡을 건너 4분 거리 갈림길에서 왼쪽으로 10분을 오르면 안부사거리가 나온다.

안부에서 오른쪽 무난한 능선을 따라 28분을 오르면 447봉 주능선에 닿는다.

447봉에서 오른쪽 능선을 따라 46분을 오르면 삼거리 헬기장 운두산 정상에 닿는다.

정상에서 오른쪽으로 10분을 가면 697봉 갈림길이 나온다. 갈림길에서 오른쪽으로 6분을 내려가면 갈림길이 나오는데 오른쪽으로 23분을 가면 612 헬기장이 나온다. 612봉에서 21분을 가면 송전탑 닿기 전에 안부 갈림길이 나온다.

갈림길에서 오른쪽으로 뚜렷한 길을 따라 12분을 내려가면 계곡길이 폐허가 되어 없어진다. 하지만 계곡만 따라 14분을 내려가면 다시 뚜렷한 길로 이어져 8분을 더 내려가면 올라왔던 소형차로가 나온다. 여기서부터 올라왔던 길을 따라 23분을 내려가면 초소가 나온다.

여행 정보 Tourist Information

대중교통
경춘선 상봉역에서 춘천행 전철 이용, **깃대봉**은 청평역 하차.
운두산은 대성리역 하차 후, 청평 방면 시내버스 이용, 1구간 원대성 하차.

자가운전
가평 방면 46번 국도를 타고 **운두산**은 대성리 지나 원대성리 만남휴게소 주차. **깃대봉**은 46번 국도를 타고 청평 시내 주차.

식당
깃대봉
호반닭갈비(닭다리 전문)
청평면 청평리 80-7
031-585-5921

춘천원조닭갈비
청평면 청평2리 79-7
☎ 031-584-9861

운두산
시골우거지탕
가평군 청평면 원대성리
☎ 031-584-1808

작은터식당(백반전문)
청평면 대성리 92-3
☎ 031-5858-660

명소
청평호
청평면 고성리에서 춘천시 남면 고성리까지 32km에 달한다.

거대한 청평댐

호명산(虎鳴山) 632.4m   주발봉(周鉢峰) 489.2m

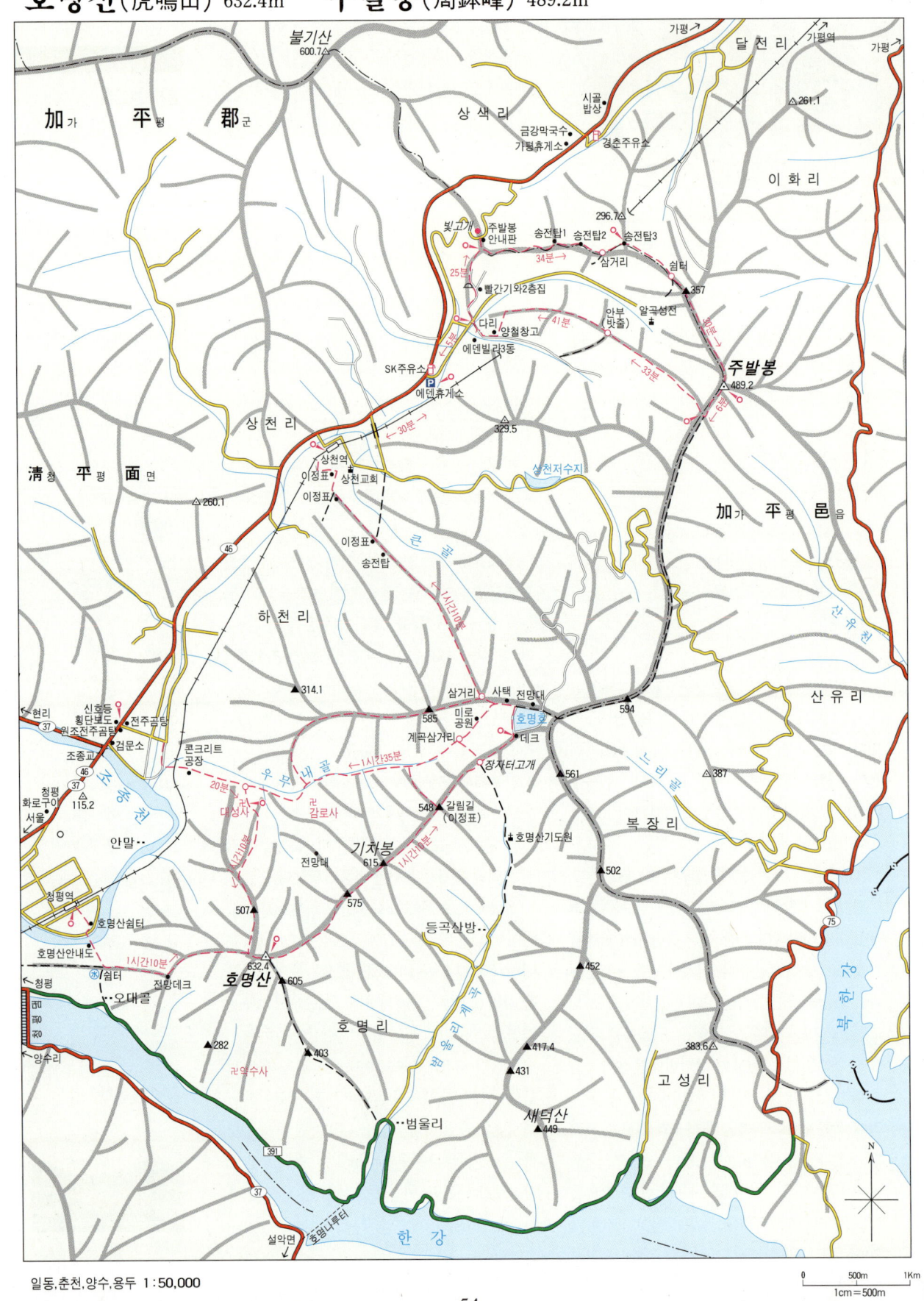

대형표지석이 새워진 호명산 정상

호명산 · 주발봉
경기도 가평군 청평면

왼쪽 갈림길에서 왼편으로 하산하면 된다.
호명호에서 상천역은 호명호 서쪽 둑을 따라 7분 거리 삼거리에서 왼쪽으로 가면 사택을 지나서 직진 봉우리에 오르면 삼거리가 나온다. 삼거리에서 오른쪽 지능선을 따라 52분을 내려가면 상천역에 닿는다.

호명산(虎鳴山. 632.4m)은 청평호 북쪽에 위치한 산이다. 정상에 서면 청평호가 발 아래로 내려다보이고 북동쪽 산 정상에 유일한 호명호가 있다.

산행은 청평역에서 강을 건너 능선을 타고 정상에 오른 뒤, 북동릉을 타고 호명호를 경유하여 상천역으로 하산한다.

주발봉(周鉢峰. 489.2m)은 에덴휴게소 동쪽에 위치한 산이다.

산행은 에덴휴게소에서 빛고개에 올라 동릉을 타고 주발봉에 오른 뒤, 남쪽 능선 6분 거리에서 서쪽 지능선을 타고 다시 에덴휴게소로 원점회귀 산행이다.

등산로 Mountain path

호명산 총 4시간 30분 소요
청평역 → 70분 → 호명산 → 70분 → 호명호수 → 70분 → 상천역

청평역 남쪽 왼편에서 강 쪽으로 소로를 따라 5분을 가면 호명산쉼터가 나온다. 쉼터 동쪽 60m에서 돌다리를 건너면 호명산 안내도가 있다. 여기서부터 산행을 시작하여 9분을 오르면 능선 쉼터가 나온다. 쉼터에서 24분을 오르면 데크가 나오고 30분을 더 오르면 호명산 정상에 닿는다.

정상에서 하산은 호명호를 향해 완만한 능선을 따라 30분을 가면 기차봉을 지나고, 23분 거리 갈림길에서 직진 8분을 내려가면 장자터고개가 나온다. 여기서 9분을 더 오르면 호명호 데크가 나온다. 대성사 방면 하산은 호명호 닿기 전

주발봉 총 3시간 43분 소요
에덴휴게소 → 25분 → 빛고개 → 34분 → 3번째 송전탑 → 30분 → 주발봉 → 33분 → 갈림길 → 41분 → 에덴휴게소

에덴휴게소와 SK주유소 사이 도로를 따라 3분을 가면 구철도 밑을 통과하고, 2분 거리에 이르면 왼쪽 마을길이 나온다. 여기서 왼쪽 마을길을 따라 100m 가량 들어가면 빨간 기와 2층집이 있고 왼쪽에 농가가 나온다. 여기서 농가 왼쪽으로 가면 밭이 나온다. 밭 초입에서 왼쪽 농기구 쪽으로 가서 능선을 타고 간다. 왼쪽에 철망으로 난 능선길을 따라 오르면 길이 뚜렷해지면서 15분을 오르면 빛고개에서 오르는 삼거리가 나온다.

삼거리에서 오른쪽 능선을 따라 17분을 가면 송전탑이 나온다. 여기서부터 임도 같은 길로 이어져 18분 거리에 이르면 3번째 송전탑이 나온다.

여기서부터 산길로 이어지면서 10분을 가면 쉼터가 나오고 계속 능선을 따라 20분을 더 오르면 안테나가 있는 주발봉 정상에 닿는다.

하산은 남쪽으로 난 능선을 따라 6분을 내려가면 삼거리 이정표가 나온다. 여기서 오른편 서쪽 능선을 탄다. 뚜렷한 서쪽 능선을 따라 25분을 내려가면 안부가 나오고 다시 급경사 에 밧줄을 잡고 2분을 오르면 갈림길이 나온다.

갈림길에서 오른쪽 능선길을 따라 11분을 가면 또 갈림길이 나온다. 여기서는 왼쪽으로 간다. 7분을 가면 송전탑을 통과하고 18분을 더 내려가면 에덴빌라 3동을 지나 다리가 나온다. 여기서부터 올라왔던 그대로 5분을 가면 에덴휴게소이다.

여행 정보 Tourist Information

대중교통
호명산은 경춘선 상봉역에서 춘천행 전동열차 이용, 청평역 하차. **주발봉**은 상천역 하차. 에덴휴게소까지는 30분 소요.

자가운전
호명산은 수도권에서 46번 경춘가도를 타고 대성리 지나 청평역 주차.
주발봉은 46번 경춘 국도 타고 청평 조종교 통과 에덴휴게소 주차.

식당
호반닭갈비(닭다리 전문)
청평면 청평리 80-7
☎ 031-585-5921

춘천원조닭갈비
청평면 청평2리 79-7
☎ 031-584-9861

전주장작불곰탕
청평면 하천리 484-1
☎ 031-585-5854

명소
호명호수
국내 최초로 건설된 양수식 발전소의 상부식 저수지. 상천역에서 1시간 30분 소요.

※ 가평역에서 호명호까지 버스도 있다.

호명산 북쪽 산 정상에 위치한 아름다운 호명호수

불기산(佛岐山) 600.7m

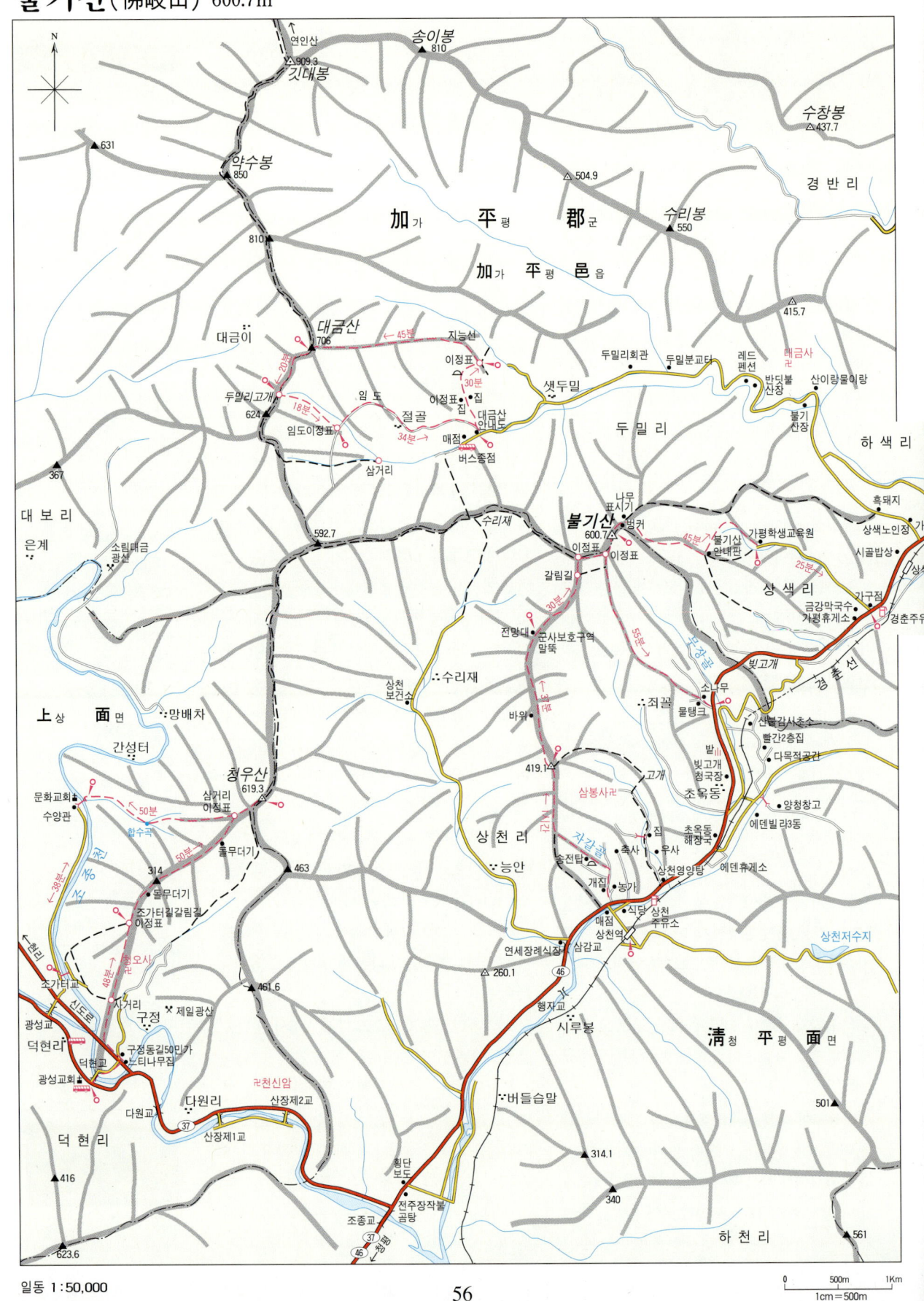

표지석이 새워진 불기산 정상

불기산 경기도 가평군 창평면, 상면

불기산(佛岐山, 600.7m)은 경춘 국도 빛고개 서북쪽에 솟은 산이다. 산행은 상천역에서 북쪽 46번 국도를 건너 농로, 송전탑, 삼각점봉, 전망봉을 경유하여 정상에 오른 뒤, 가평 학생수련원을 경유하여 46번 경춘 국도 가평휴게소로 하산한다. 또는 정상에서 남쪽 지능선을 타고 빛고개로 하산한다.

🚶 등산로 Mountain path

불기산 총 4시간 17분 소요

상천역 → 60분 → 삼각점봉 → 37분 → 전망봉 → 30분 → 불기산 → 70분 → 가평휴게소

상천역에서 북쪽으로 도로를 따라 250m 거리에 이르면 46번 경춘 국도에 닿는다. 여기서 횡단보도를 건너 우측으로 100m 거리 농로입구에서 왼쪽 농로를 따라 80m 정도 가면 왼쪽에 개집 오른쪽은 농가로 가는 갈림길이 나온다. 갈림길에서 왼쪽 농로를 따라 6분 거리에 이르면 농로 갈림길이 나온다. 갈림길에서 오른쪽 농로를 따라 3분을 올라가면 왼쪽 능선으로 가는 갈림길이 나온다. 여기서 농로를 벗어나 왼쪽 산길을 따라 10분을 올라가면 묘4기를 지나서 송전탑이 나온다. 송전탑을 뒤로 하고 계속 지능선을 따라 오르면 경사가 급해지면서 14분을 지나면 오른쪽 지능선과 만나는 지점이 나온다. 여기서 14분을 더 오르면 왼편에서 오르는 주능선 삼거리가 나온다. 여기서부터는 양편 계곡을 시원하게 내려다보면서 8분을 오르면 삼각점이 있는 419.1봉에 닿는다.

협소한 삼각점봉을 뒤로하고 북쪽으로 조금 내려서면 오른쪽으로 갈림길이 나오는데 왼쪽으로 간다. 왼쪽 주능선을 따라 내려가면 헬기장을 지나면서 16분 거리에 이르면 큰 바위가 나온다. 큰 바위를 지나 5분 정도 급경사를 내려서면 안부가 나오고, 다시 16분을 오르면 평지와 같은 능선으로 이어지면서 5분을 더 가면 군사보호구역 팻말이 있고 서쪽으로 전망이 좋은 봉이 나온다.

여기서 7분 정도 내려가다가 6분을 가면 갈림길이 나온다. 갈림길에서 왼쪽으로 7분을 오르면 이정표 삼거리가 나온다. 삼거리에서 오른쪽으로 5분을 가면 빛고개 하산길 삼거리를 통과하고 4분을 더 오르면 표지석이 있고 삼각점이 있는 불기산 정상에 닿는다.

하산은 가평학생수련원 가평휴게소 쪽이 있고, 또 하나는 빛고개 에덴휴게소 쪽이다.

본원(가평학생수련원) 방면은 정상에서 북쪽으로 100m 거리에 이르면 벙커를 지나서 표지목이 있는 갈림길이 나온다. 갈림길에서 오른쪽으로 23분 내려가면 갈림길이 나온다. 갈림길에서 왼쪽으로 5분을 가면 또 갈림길이 나오는데 왼쪽으로 간다. 다시 5분 지나면 안부사거리가 나온다. 여기서 왼쪽으로 15분 내려가면 가평학생수련원에 닿고, 수련원에서부터 차도를 따라 25분 거리에 이르면 경춘가도에 닿는다.

* 빛고개 쪽은 정상에서 4분 거리 남쪽 삼거리로 되 내려간 다음, 왼편 급경사를 따라 25분을 내려가면 묘가 있고 이정표가 나온다. 평지와 같은 능선길을 따라 20분을 더 내려가면 취수탱크가 있는 농로가 나온다. 농로에서 6분 거리에 이르면 빛고개 경춘 국도에 닿는다.

여기서 에덴휴게소 버스정류장까지 1km 걸어가야 하는데 도로 갓길은 위험하므로 도로철망 오른쪽 골을 따라 내려가는 것이 안전하고 20분 정도 소요된다. 에덴휴게소에서 상천역까지는 샛길을 이용하면 편리하고 30분 소요된다.

여행 정보 Tourist Information

🚆 대중교통

경춘선 상봉역에서 춘천행 전철 이용, 상천역 하차.

🚗 자가운전

가평 방면 46번 경춘 국도를 타고 상천역 부근 주차.

🍴 식당

함지박(순두부 전문)
청평면 상천리 1262-2
☎ 031-584-9767

상천리봉녀수제비
청평면 상천리 253-8
☎ 031-581-3373

금강막국수
가평읍 상색리 314-2
☎ 031-582-1886

전주장작불곰탕
청평면 하천리 484-1
☎ 031-585-5854

호반닭갈비(닭다리 전문)
청평면 청평리 80-7
☎ 031-585-5921

📍 명소

아침고요수목원

약 300여 종의 백두산 자생식물을 포함한 4,500여 종의 식물을 보유.
가평군 상면 행현리
문의 ☎ 1544-6703

수양버들 같은 불기산 동쪽 하산길에서 자란 소나무

대금산(大金山) 706m   청우산(靑雨山) 619.3m

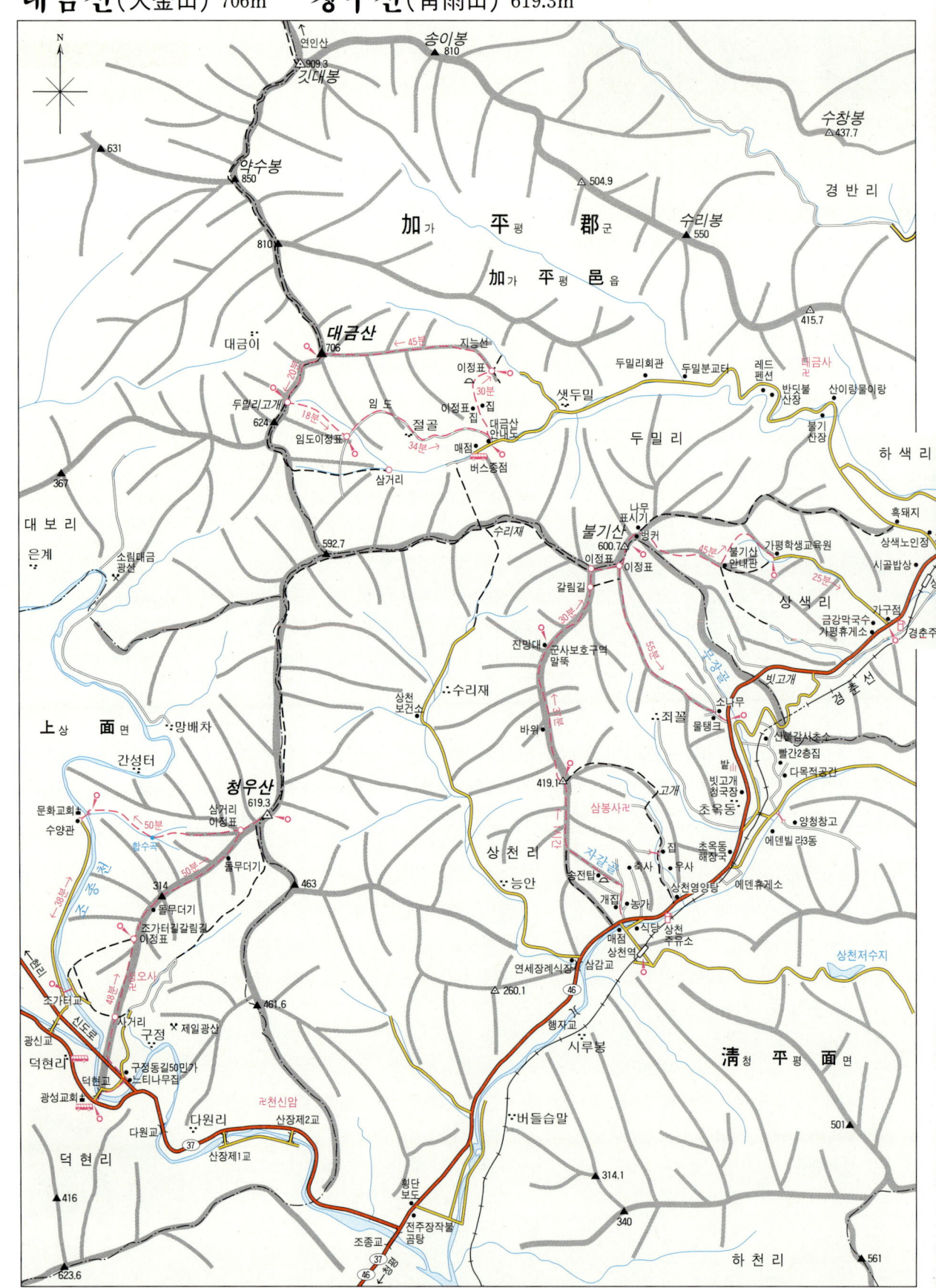

억새밭에 표지석이 새워진 대금산 정상

대금산 · 청우산
경기도 가평군 가평읍, 창평면, 상면

대금산(大金山, 706m)은 명지산에서 남쪽으로 뻗어 내려오는 산맥이 연인산, 매봉, 깃대봉, 약수산을 지나서 솟은 산이다.

산행은 두밀리 버스종점에서 시작하여 북서쪽 능선을 타고 정상에 오른다. 하산은 남쪽 두밀리고개를 경유하여 동쪽 버스종점으로 원점회귀 산행이다.

청우산(靑牛山, 619.3m)은 대금산에서 남쪽으로 뻗어 내려온 능선으로 약 5km 지점에 위치한 순수한 육산이다.

산행은 청평에서 현리로 가는 37번국도 덕현리 덕현교에서 314봉을 경유하여 청우산에 오른 다음, 서쪽 문화교회 수양관으로 하산 한다.

등산로 Mountain path

대금산 총 3시간 27분 소요
두밀리 종점 → 30분 → 지능선 → 45분 →
대금산 → 20분 → 고개 → 18분 → 임도 →
34분 → 두밀리 종점

두밀리 버스종점에서 오른편 소형차로를 따라 6분을 올라가면 안내표시가 있는 갈림길이 나온다. 갈림길에서 오른편 농로를 따라 6분을 가면 양편 집 사이에 계곡으로 등산로가 있다. 이 등산로를 따라 7분을 가면 움막집이 있고 갈림길이 있다. 갈림길에서 오른편 길을 따라 8분을 가면 안부 사거리가 나온다.

사거리에서 왼편 서쪽 능선을 따라 27분을 가면 왼편은 절벽인 바위봉이 나온다. 바위봉에서 계속 이어지는 능선길을 따라 14분을 더 오르면 표지석이 있는 대금산 정상이다.

하산은 남서쪽 주능선을 따라 20분을 내려가면 두밀리고개 사거리가 나온다.

두밀리고개에서 왼편 동쪽으로 난 하산길을 따라 18분을 내려가면 임도가 나온다.

임도에서 왼쪽 임도를 따라 34분을 내려가면 버스종점이다.

청우산 총 4시간 6분 소요
덕현교 → 48분 → 조가터갈림길 →
50분 → 청우산 → 50분 → 문화교회 →
38분 → 덕현리 버스정류장

덕현리 광성교회에서 덕현교를 건너 소형차로를 따라 5분 거리에 이르면 고가 밑을 지나 곧바로 구정동길 50 민가가 나온다. 민가에서 도로를 벗어나 왼쪽 밭과 대로 사이로 30m 가면 산길이 나온다. 여기서부터 능선길을 따라 20분을 올라가면 사거리 안부가 나온다. 사거리에서 직진 능선을 따라 21분을 오르면 조가터 갈림길 이정표가 나온다.

갈림길에서 직진 능선길을 따라 오르면 완만한 능선길로 이어지면서 46분 거리에 이르면 돌무더기가 있는 2번째 삼거리가 나온다. 삼거리에서 왼쪽은 하산길이고, 직진하여 4분을 더 가면 오른편 갈림길을 지나 헬기장 청우산 정상이다.

하산은 200m 거리 돌무더기 삼거리에 이른 다음, 서편 오른쪽으로 간다. 처음부터 급경사 하산길을 따라 26분을 내려가면 합수곡이 나온다. 합수곡에서 계곡길을 따라 내려가면 산사태로 길이 없어지는 구간이 있으나, 곧바로 길이 나타나면서 24분을 내려가면 조종천을 건너 문화교회가 나온다.

여기서부터 소형차로를 따라 33분을 가면 광신교에 닿고, 광신교에서 왼쪽으로 5분 거리에 이르면 덕현리 버스정류장이다.

여행 정보 Tourist Information

대중교통
대금산
경춘선 상봉역에서 춘천행 전철 이용, 가평역 하차 후, 가평터미널에서 두밀리(06:20 09:00(장날) 10:30 14:00(장날) 18:50) 이용 종점 하차.

청우산
청량리역에서 상봉역 – 망우역 – 도농역 – 청평역 경유 현리행 1330-4번을 타고 광성교회 하차.

자가운전
46번 경춘 국도 타고 조종교 삼거리에서 **청우산**은 좌회전 ⇨ 37번 국도 4km 덕현리 주차.
대금산은 에덴휴게소 지나 상생리 삼거리에서 좌회전 ⇨ 두밀리 종점 주차.

식당
대금산
시골밥상(보리쌈밥전문)
가평읍 상색리 254-3
031-582-9802

청우산
동수정(갈비전문)
가평군 상면 덕현리 363-4
☎ 031-584-9850

호반닭갈비
청평면 청평리 80-7
☎ 031-585-5921

명소
조종천 일대
청평댐

깃대봉 909.3m   송이봉 810m   수리봉 550m

일동 1:50,000

깃대봉 · 송이봉 남쪽 등산로 입구

깃대봉 · 송이봉 · 수리봉 경기도 가평군 가평읍

깃대봉(909.3m) · **송이봉**(810m) · **수리봉**(550m)은 가평읍 두밀리 서쪽에 위치한 산들이다.

등산로 Mountain path

깃대봉-송이봉 종주 코스 총 6시간 소요
새밀회차장 → 90분 → 810봉 → 40분 →
약수봉 → 50분 → 깃대봉 → 50분 →
송이봉 → 70분 → 새밀회차장

새밀 버스회차장에서 서쪽으로 200m 거리 삼거리에서 직진하여 7분을 가면 언덕 밑에 다리가 나온다. 다리 건너기 전에 왼쪽 계곡 10m에서 오른쪽 지능선으로 산길이 이어진다. 지능선길은 잡목을 베어낸 상태이며 10분을 오르면 숲길로 변한다. 뚜렷한 길을 따라 40분을 오르면 길이 없어지는 지점이 나온다. 여기서부터 능선이 왼쪽 능선과 합치는 지역으로 뚜렷한 능선이 없어지고 번번해진다. 이 지점에서 직진 100m 정도 올라가서 오른편으로 50m 정도 길이 없는 능선으로 치고 오르면 능선은 왼쪽으로 휘어져 왼쪽 지능선과 합치면서 없어진다. 여기서 완만하게 보이는 왼쪽 능선으로 13분을 치고 오르면 뚜렷한 능선길을 만난다. 능선에서 오른쪽 능선을 따라 10분을 오르면 주능선 삼거리가 나온다.

삼거리에서 오른쪽 주능선을 따라 40분을 오르면 표시가 없는 약수봉이다.

약수봉에서 북서쪽 주능선을 따라 50분을 가면 삼거리 깃대봉에 닿는다.

하산은 동쪽으로 50m 거리 삼거리에서 오른쪽 지능선을 타고 내려가면 김할머니집으로 하산길이고, 왼쪽은 송이봉으로 가는 길이다. 왼쪽 송이봉을 향해 내려가면 바윗길을 몇 번 우회하면서 50분을 내려가면 나무 표지판만 걸려 있는 송이봉이다.

하산은 정상에서 동쪽으로 100m 내려간 삼거리에서 오른편 길을 따라 30분을 내려가면 벌목지대 초지가 나오고 산판길이 나온다. 산판길에서 왼쪽으로 30m 내려서 오른쪽 산판길을 따라 내려가면 능선으로 이어지다가 왼쪽 계곡으로 꼬부라지면서 다시 계곡으로 하산길이 이어져 30분을 내려가면 하얀집이 나온다. 여기서 10분 내려가면 새밀 버스회차장이다.

수리봉 총 3시간 36분 소요
두밀교 → 40분 → 415.7봉 → 45분 →
수리봉 → 41분 → 안부 → 30분 →
새밀회차장

두밀교에서 오른편 절길을 따라 8분을 들어가면 대금사가 나온다. 요사채 오른쪽 계곡으로 4분 거리 갈림길에서 왼쪽으로 4분을 오르면 지능선에 묘 4기가 나온다. 묘를 지나서 7분을 가면 작은 물통을 통과하고, 10m 지나서 오른쪽 비탈길로 이어져 6분을 가면 왼쪽으로 산길이 이어진다. 왼쪽으로 올라가면 습지를 지나 11분을 오르면 주능선에 닿는다.

주능선에서 왼쪽으로 6분 거리 갈림길에서 오른쪽 능선을 따라 3분을 가면 갈림길이 또 나온다. 갈림길에서 왼쪽으로 9분을 가면 안부가 나오고, 안부에서 22분을 오르면 삼거리가 나온다. 여기서 왼쪽으로 1분을 더 가면 수리봉이다.

하산은 올라왔던 삼거리로 다시 내려가서 왼편 북쪽으로 50m 가면 갈림길이 나온다. 갈림길에서 왼쪽 능선 따라 16분을 가면 TV안테나 2개가 있고, 3분 더 가면 갈림길이 나온다. 계속 오른쪽 주능선 따라 14분을 가면 억새봉을 지나고, 4분을 더 가면 사거리가 나온다. 사거리에서 왼쪽 길 따라 4분을 내려가면 묘를 지나고, 남쪽 골 따라 12분 거리 묵밭을 가로질러 6분을 내려가면 농가를 지나고 4분 거리에 새밀회차장이다.

여행 정보 Tourist Information

대중교통
상봉역에서 경춘선 춘천행 전철 이용, 가평역 하차. 가평터미널에서-두밀리행(06:20 09:00 10:30 14:00(장날) 16:20 18:50)
깃대봉과 **송이봉**은 새밀버스회차장. **수리봉**은 두밀교 하차.

자가운전
가평 방면 46번 국도를 타고 상생1리에서 좌회전
⇨ **수리봉**은 2km 두밀교 주차.
깃대봉-송이봉은 두밀초교(폐)삼거리에서 우회전
⇨ 2km 새밀 버스회차장.

식당
불기산장(토종닭전문)
가평읍 하색리 779-1
☎ 031-581-3721
시골밥상(보리쌈밥전문)
가평읍 상색리 254-3
☎ 031-582-9809

명소
남이섬
가랑잎처럼 청평호수 위에 떠 있는 남이섬.
가평읍 달전리
안내 ☎ 031-582-8092

매봉 남쪽에 위치한 깃대봉 정상

보납산(寶納山) 330m 월두봉(月頭峰) 466m

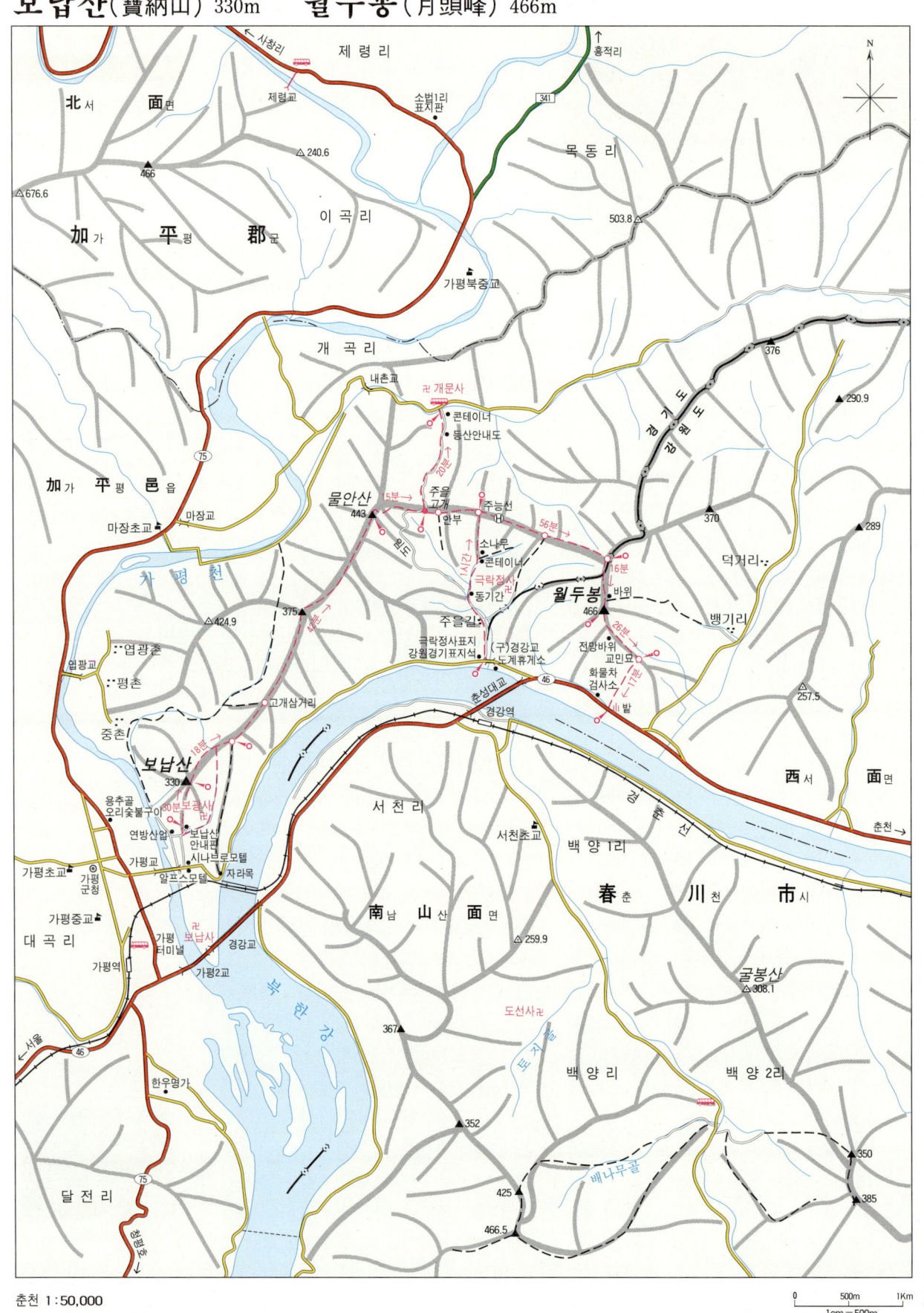

보납산 · 월두봉

경기도 가평읍 · 강원도 춘천시 서면

보납산 북쪽에 위치한 물안산 정상

보납산(寶納山, 330m)은 가평읍 동북쪽에 솟은 나지막한 산이다. 조선 초기 가평군수 한석봉이 아끼던 벼룻돌과 보물을 묻어 두었다는 산이라 하여 보납산 이라는 설과 가평읍 앞에 있는 산이라 하여 보납산 이라는 설이 있다.

월두봉(月頭峰, 466m)은 46번 국도 춘성대교 북쪽에 뾰쪽하게 솟은 산이다.

보납산 월두봉 산행은 함께 하는 것이 바람직하다. 가평교 건너 보광사 입구에서 보납산을 먼저 오른 후에, 간단한 산행은 보광사 또는 자라목으로 하산을 하거나, 물안산을 경유하여 임도에서 북쪽 개곡리로 하산한다.

월두봉은 임도에서 계속 주능선을 타고 월두봉에 이른 후 과적차량검문소로 하산한다.

등산로 Mountain path

보납산-월두봉 총 5시간 14분 소요
보광사 입구 → 30분 → 보납산 → 60분 →
삼거리 → 30분 → 물안산 → 20분 →
임도 → 71분 → 월두봉 → 43분 →
과적검문소

가평읍에서 (구)춘천 가는 길가평교를 건너 북쪽 둑길을 따라 약 300m 가면 (주)연방목재 삼거리가 나온다. 삼거리에서 오른쪽으로 70m 가서 왼쪽으로 100m 가면 보납산 등산안내판이 나오고 30m 거리에 갈림길이 있다. 갈림길에서 왼쪽으로 오른다. 처음부터 급경사인 등산로를 따라 30분 오르면 보납산 정상에 닿는다.

하산은 북동쪽으로 3분을 가면 갈림길이 나온다. 갈림길에서 오른쪽으로 급경사 길을 따라 12분을 내려가면 삼거리가 나온다. 삼거리에서 간단한 산행은 오른쪽 보광사 방면으로 하산하면 된다. 삼거리에서 직진으로 3분 거리에 이르면 다시 삼거리가 나온다. 이 삼거리에서 간단한 산행은 오른쪽으로 30분 정도 내려가면 자라목이다. 삼거리에서 물안산·월두봉 방면은 왼편 북동쪽으로 간다. 평지와 같은 오솔길을 따라 13분을 가면 고개 사거리가 나온다. 고개에서 직진 5분을 오르면 이정표가 나온다. 이정표에서 오른쪽으로 완만한 능선을 따라 24분을 오르면 돌밭길을 지나서 이정표 삼거리가 나온다.

삼거리에서 오른편 주능선을 따라 18분 거리에 이르면 벙커가 나오고, 12분을 더 가면 아기자기한 소나무가 있는 물안산 정상이다.

물안산에서 직진으로 5분을 가면 쉼터를 지나서 이정표 갈림길이 나온다. 갈림길에서 오른쪽으로 15분을 내려가면 임도가 나온다.

임도에서 왼쪽으로 20분을 내려가면 개곡리 도로에 닿는다.

* 월두봉은 임도에서 오른쪽 10m에서 왼쪽 주능선을 탄다. 처음에는 길이 다소 희미하지만 점차 뚜렷하게 이어진다. 임도에서 3분을 가면 고개 갈림길이 나온다. 갈림길에서 직진 주능선을 타고 18분을 오르면 헬기장이 나온다. 헬기장을 지나 15분을 가면 안부를 지나고, 급경사 길을 따라 20분을 오르면 큰 능선 갈림길이 나온다. 큰 능선에서 오른쪽으로 12분을 가면 안부를 지나서 바위가 나온다. 바위를 왼쪽으로 돌아서 오르면 왼쪽으로 갈림길이 나온다. 갈림길에서 직진 4분 거리에 이르면 나무표지판이 있는 월두봉 정상이다.

하산은 계속 직진 급경사 돌길을 따라 16분을 내려가면 교민묘 통나무 쉼터가 나온다.

통나무 쉼터에서 오른편 교민묘 중간으로 내려간다. 뚜렷한 하산길을 따라 17분을 내려가면 과적단속표시가 있는 46번 구도에 닿는다.

여행 정보 Tourist Information

대중교통
경춘선 상봉역에서 춘천행 전동열차 이용, 가평역 하차. **보납산**은 가평역에서 택시 이용 (주)보광사 입구 하차.

월두봉은 가평에서 택시 이용, 주흘길리 마을 하차. 가평택시
031-581-0012, 2141

자가운전
보납산은 수도권에서 46번 경춘 국도를 타고 가평읍내 사거리에서 우회전 ⇒ (구)가평교를 건너 바로 좌회전 ⇒ (주)연방목재 삼거리 주차.

월두봉은 가평읍내 사거리에서 춘천 방면 (구)도로를 따라 주흘길리 입구 구경강교 우측 주차.

식당
송원막국수
가평읍 읍내7리 363-1
☎ 031-582-1408

한우명가
가평읍 달전리 382-1
☎ 031-581-1592

용추골숯불오리구이
가평읍 읍내리 737
☎ 031-581-5282

명소
남이섬
평상시에는 육지였다가 홍수 땐 섬이 되던 동화나라 노래의 섬.

청평백암천
청평면 청평리 650-5
☎ 031-585-4411

칼봉산 900m   매봉 929.2m

칼봉산으로 가는 경반분교터 갈림길

칼봉산 · 매봉
경기도 가평군 가평읍

매봉(929.2m)은 연인산에서 남쪽으로 이어진 산맥 약 6km 거리에 위치한 산이며, 칼봉산(900m)은 매봉에서 동쪽 능선 약 2km 지점에 위치한 산이다. 매봉-칼봉산 북쪽은 용추계곡이며 남쪽은 경반계곡이다. 산세는 육산이며 다소 급경사가 있으나 험로는 없다.

산행은 매봉과 칼봉산을 따로 할 수도 있고 함께 종주산행도 할 수 있으나 가능한 함께 종주산행이 바람직하다. 칼봉산은 경반분교 터 갈림길에서 우측 계곡을 따라 목넘어고개를 경유 칼봉산에 오른 다음, 회목고개에서 경반사를 경유 다시 경반분교터로 하산 한다.

등산로 Mountain path

칼봉산 총 6시간 40분 소요

천나들이교 → 60분 → 경반분교 → 30분 → 공터 → 50분 → 능선삼거리 → 50분 → 칼봉산 → 35분 → 회목고개 → 35분 → 경반사 → 20분 → 경반분교 터 → 60분 → 천나들이교

경반리 천나들이교에서 서쪽으로 임도를 따라 약 4km 1시간 들어가면 우측에 경반분교(폐)가 있고, 매봉 칼봉산 등산안내판이 있는 삼거리가 나온다.

삼거리에서 우측으로 들어가면 바로 계곡 따라 등산로가 시작된다. 계곡길을 따라 30분을 올라가면 공터가 있는 삼거리가 나온다.

삼거리에서 왼편 서쪽으로 임도를 따라 약 5분 산 능선을 돌아가면 건곡으로 갈림길이 나온다. 여기서 북쪽 건곡으로 난 산길을 따라 올라가면 큰 굴바위를 지나고 급경사로 이어져 50분을 오르면 주능선 삼거리에 닿는다.

주능선에서 왼쪽 능선을 따라 30분을 가면 삼거리가 또 나온다. 이 삼거리에서 왼쪽 능선길로 20분을 더 오르면 삼거리 칼봉산 정상에 닿는다.

하산은 서쪽 능선을 따라 35분을 내려가면 회목고개에 닿는다.

회목고개에서 남쪽 임도를 가로질러 하산길을 따라 15분을 내려가면 이정표가 있는 삼거리에 나온다. 왼쪽 계곡길은 폐쇄된 길이므로 오른쪽으로 간다. 지능선길을 따라 20분을 내려가면 경반사와 임도가 나온다.

경반사에서 임도 따라 20분을 내려가면 경반분교 터이고, 천나들이교까지는 1시간 거리다.

매봉 총 7시간 소요

천나들이교 → 80분 → 경반사 → 60분 → 회목고개 → 50분 → 매봉 → 25분 → 852봉 → 65분 → 경반사 → 80분 → 천나들이교

천나들이교에서 4륜구동 차량만 겨우 들어갈 수 있는 임도를 따라 가면 휴양림, 경반분교 터를 통과 하면서 5.8km 거리에 이르면 경반사 입구 이정표가 나온다. 경반사 입구에서 오른편 경반사 경내를 통과하여 능선을 따라 1시간을 오르면 회목고개에 닿는다.

회목고개에서 서쪽 언덕으로 올라 뚜렷한 산길을 따라 50분을 오르면 매봉 정상에 닿는다.

하산은 남쪽 주능선을 따라 25분을 내려가면 이정표가 있는 852봉에 닿는다.

여기서 주능선을 벗어나 왼편 동쪽 지능선으로 내려간다. 다소 희미한 지능선길을 따라 10분을 내려가면 두 아름 쯤 되는 참나무를 지나서 14분 더 내려가면 능선이 끝나고 합수곡이 나온다. 여기서부터 계곡길을 따라 6분 내려가면 임도가 나온다. 오른편 임도를 따라 25분 내려가면 수락폭포 입구가 나오고 10분 거리에 경반사다. 천나들이교까지는 5.8km이다.

여행 정보 Tourist Information

대중교통
경춘선 상봉역에서 춘천행 전철을 타고 가평역 하차. 가평역에서 휴양림 또는 경반분교 터까지는 택시 이용해야 한다.

자가운전
가평 방명 46번 국도를 타고 가평읍에서 좌회전 ⇨ 가평군청 북쪽 천주교 가평성당길을따라 2.4km 천나들이교 삼거리에서 직진 ⇨ 2.3km 칼봉산휴양림.
여기서부터 4륜구동 소형차량만 통행 가능한 임도를 따라 2.8km 거리 경반분교 터이고 700m 더 가면 경반사이다.

식당
송원막국수
가평읍 읍내7리 363-1
031-582-1408

한우명가(축협한우전문)
가평읍 달전리 320-1
☎ 031-581-1592]

용추골오리숯불구이
가평읍 읍내리 737
☎ 031-581-5282

명소
수락폭포
경반사에서 왕복 20분 거리다.

경반계곡 상류 수락폭포

노적봉 858.8m   옥녀봉(玉女峰) 510m

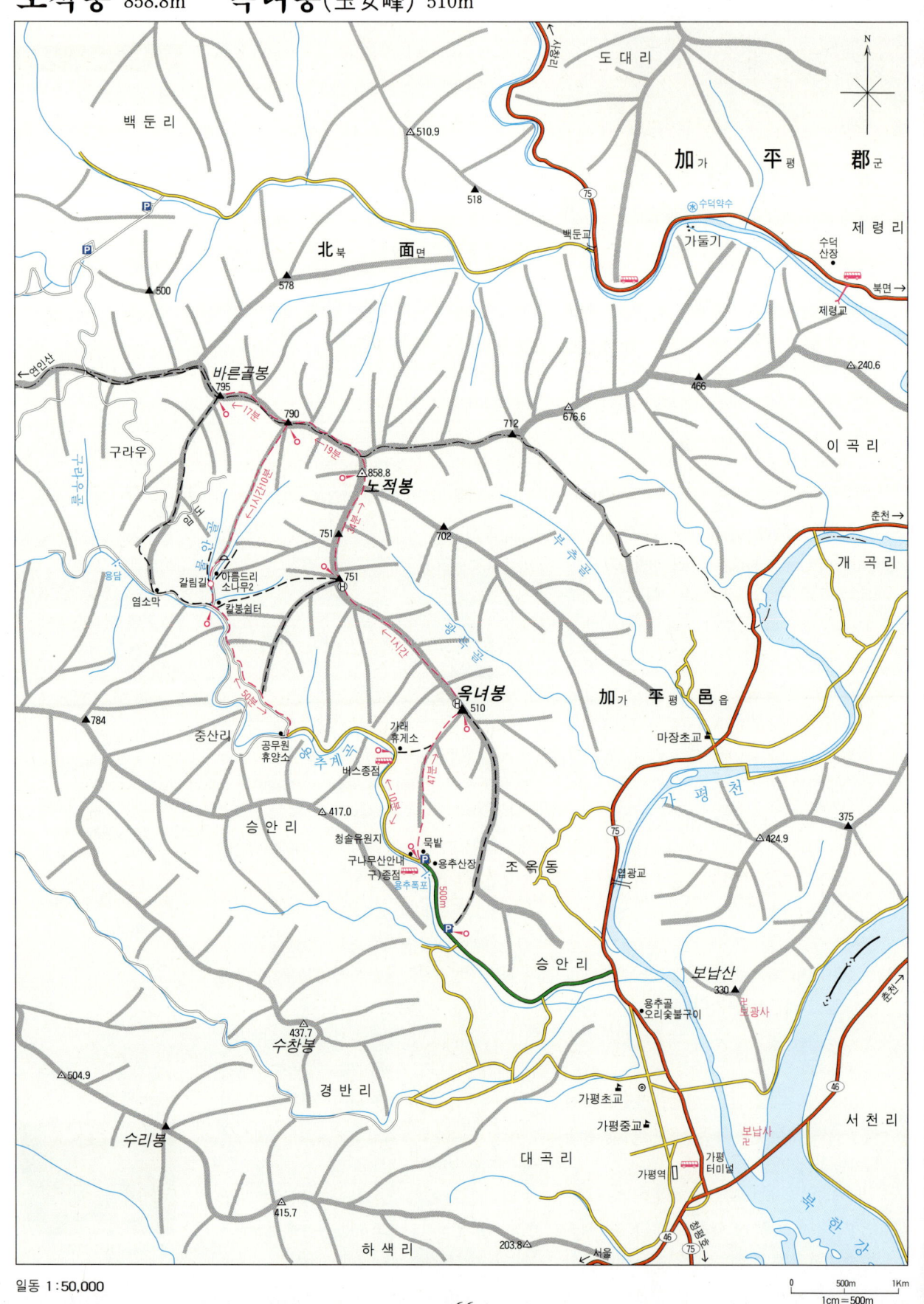

노적봉 · 옥녀봉

경기도 가평군 가평읍, 북면

용추계곡이 내려다보이는 헬기장 옥녀봉 정상

노적봉(858.8m)과 **옥녀봉**(510m)은 연인산에서부터 동쪽으로 뻗어 내려온 능선이 장수봉-송악산-바른골봉-노적봉-옥녀봉을 끝으로 가평읍으로 가라앉는다. 용추계곡을 사이에 두고 칼봉산, 매봉과 마주하고 있다.

용추계곡은 칼봉산-매봉-연인산-송악산-바른골봉-노적봉-옥녀봉에서 흘러내려오는 물이 모여 용추계곡을 이루어 무려 8km이상 되는 긴 계곡을 이룬다. 물이 많고 깨끗한 계곡으로 널리 알려진 유명한 계곡이다.

노적봉 북쪽으로는 화악산 명지산 등에서 흘러내려오는 가평천이 흐르며 주변이 모두 웅장한 산과 계곡으로 둘러싸여 있는 지형이다. 산행은 용추계곡 (구)버스종점 용추산장에서 시작하여 옥녀봉에 오른 다음, 북릉을 타고 노적봉에 오른다. 하산은 북쪽 능선을 타고 790봉 삼거리로 내려와서 칼봉쉼터로 하산한다. 또는 노적봉 정상에서 34분 거리 헬기장 삼거리로 다시 내려가서 용추계곡으로 하산한다.

옥녀봉과 노적봉만을 따로 산행도 가능하다. 하지만 종주산행이 바람직하다(바른골봉은 하산길이 정비되지 않아 790봉에서 바른골봉에 오른 후, 다시 790봉으로 내려온다.).

등산로 Mountain path

옥녀봉-노적봉 총 5시간 50분 소요

용추산장 → 47분 → 옥녀봉 → 60분 →
751봉 → 34분 → 노적봉 → 19분 →
790봉 삼거리 → 70분 → 칼봉쉼터 →
60분 → 용추산장

가평역(가평버스터미널)에서 용추계곡 버스편을 이용, (구)버스종점 용추산장에서 하차하여 산행을 시작한다.

등산안내판이 있는 주차장에서 오른쪽으로 올라가면 묵밭 사이로 등산로가 이어진다. 등산로는 묵밭을 지나서 산길로 이어지면서 18분을 오르면 지능선에 닿는다. 지능선에서 왼쪽 지능선을 따라 6분을 오르면 왼쪽에서 올라오는 갈림길이 나온다. 갈림길에서 계속 직진 능선을 따라 가면 오른쪽은 산불로 나무가 죽은 능선을 지나가게 되면서 14분을 오르면 갈림길이 나온다. 갈림길에서 오른쪽으로 9분을 더 오르면 넓은 헬기장 옥녀봉 정상이다.

옥녀봉에서 바라보는 조망은 용추계곡이 굽이굽이 내려다보이고 용추계곡 건너 편 칼봉산 매봉이 가까이 보이고 북쪽으로는 노적봉에서 바른골봉 송악산 연인산으로 이어지는 주능선이 바라보인다.

옥녀봉에서 노적봉을 향해 간다. 북쪽 주능선을 따라 가면 완만하게 이어지면서 1시간을 올라가면 751봉 삼거리 헬기장이 나온다.

751봉 삼거리에서 오른쪽 능선을 따라 34분을 가면 표지석이 있는 노적봉에 닿는다.

노적봉에서 오른쪽으로 3분을 가면 노적봉과 같은 높이인 이정표가 있는 삼거리 봉우리다.

삼거리에서 왼편 서쪽 능선을 타고 19분을 내려가면 790봉 삼거리가 나온다(삼거리에서 바른골봉까지는 직진으로 왕복 30분 거리다.).

이정표가 있는 790봉 삼거리에서 남쪽 지능선을 따라 내려가면 무난한 하산길로 이어지면서 1시간을 내려가면 묘를 두 번 지나고 큰 소나무 두 개 사이를 통과하면 계곡에 닿는다. 여기서 폐허된 계곡을 따라 5분 내려가서 넓은 길을 따라 5분 내려가면 칼봉산쉼터에 닿는다.

여기서부터 왼편 용추계곡 소형차로를 따라 1시간을 내려가면 용추산장 버스정류장이다

여행 정보 Tourist Information

🚌 대중교통

경춘선 상봉역에서 춘천행 전철 이용, 가평역 하차. 가평(역) 터미널(터)에서 (06:50(터) 09:15(역) 11:50(터) 14:15(역) 15:05(역) 16:30(터) 18:00(터) 20:10(터) 1일 8회 운행하는 승안리 용추계곡행 버스 이용, (구)버스종점 용추산장 하차.

🚗 자가운전

가평 방면 46번 경춘 국도를 타고 가평읍에서 좌회전 ⇨ 가평읍 북쪽 계량교 건너 삼거리에서 좌회전 ⇨ 5km 거리 승안리 용추산장 (구)종점 주차.

🍴 식당

송원막국수
가평읍 읍내7리 363-1
☎ 031-582-1408

용추골오리숯불구이
가평읍 읍내리 737
☎ 031-851-5282

한우명가(축협한우전문)
가평읍 달전리 382-1
☎ 031-581-1592

🏠 명소

용추계곡

용이 하늘로 날아오르며 아홉구비의 그림 같은 경치를 수놓았다는 계곡.
가평읍 승안리

용추계곡

연인산(戀人山) 1068.2m

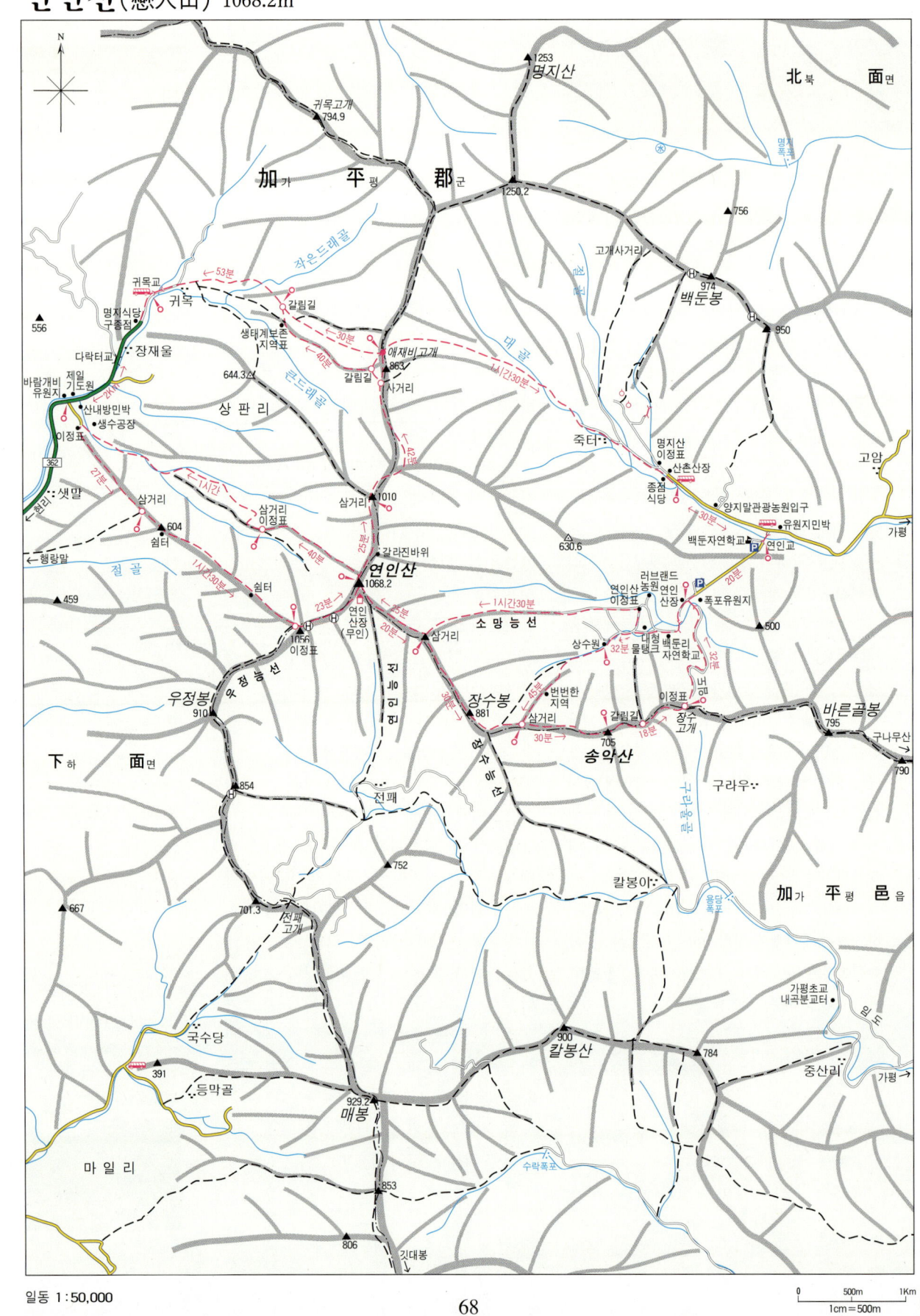

예쁜 표지석이 세워진 연인산 정상

연인산
경기도 가평군 북면, 하면

연인산(戀人山. 1068.2m)은 모산인 명지산(1253m)에서 남쪽으로 뻗어내려 애재비고개를 지나면서 약 8km 지점에 위치한 산이다. 정상 동쪽은 가평천 동남쪽은 용추계곡 서쪽은 상판리 계곡이며 산세가 아름다워 명산으로 도립공원으로 지정되었다.

정상은 큰 나무를 베어내어 전망이 트이게 하였고 대형 표지석을 새워 운치를 더하게 하였다. 연인산 산행은 다양하다. (1)은 서쪽 상판리 생수공장에서 연인산을 바라보고 오른쪽 능선을 타고 연인산에 오른 뒤, 정상에서 바로 뻗은 서쪽 능선을 따라 생수공장으로 원점회귀 산행을 한다. (2)는 정상에서 북릉을 타고 애재비고개를 경유하여 상판리 귀목으로 하산 한다. (3)은 동쪽 북면 백둔리 쪽에서는 소망능선을 타고 정상에 오른 뒤, 하산은 동쪽 장수능선을 타고 내려가다가 오른쪽 용추계곡 방면으로 하산하거나, 계속 능선을 타고 송악산 장수고개를 경유하여 폭포유원지로 하산한다.

등산로 Mountain path

연인산 총 6시간 소요

생수공장 → 27분 → 삼거리 → 90분 → 1057봉 → 23분 → 연인산 → 25분 → 1010봉 → 42분 → 애재비고개 → 40분 → 계곡합길 → 53분 → 귀목종점

현리에서 362번 상판리 지방도를 따라 12km 거리에 이르면 제일기도원 전 청산유원지 우측으로 생수공장 소형차로가 나온다. 여기서 우측 소형차로를 따라 6분을 가면 생수공장 주차장 전에 이정표가 있는 갈림길이 나온다. 갈림길에서 우측 계곡을 건너 세능선으로 오른다. 계곡을 건너 7분을 오르면 지능선에 닿는다. 지능선에서 왼쪽 능선을 따라 14분을 오르면 오른쪽에서 오르는 삼거리가 나온다.

삼거리에서 왼쪽 지능선을 따라 1시간을 올라가면 쉼터가 나온다. 쉼터에서부터 급경사로 이어져 30분을 오르면 1057봉 주능선 삼거리에 닿는다.

삼거리에서 왼편 주능선을 따라 23분을 오르면 표지석이 있는 연인산 정상이다.

하산은 정상에서 북쪽으로 25m 거리 갈림길에서 왼쪽 지능선을 타고 간다. 급경사 지능선을 따라 40분을 내려가면 이정표삼거리가 나온다. 여기서 30m 내려간 갈림길에서 오른쪽으로 30m 더 내려가면 임도 갈림길이 또 나오는데, 오른편 길로 간다. 이 후부터는 계곡길로 이어져 50분을 내려가면 외딴집을 통과하고, 계속 내려가면 생수공장 지나 도로에 닿는다.

* 애재비고개 코스는 정상에서 북쪽 주능선을 따라 25분을 가면 1010봉 삼거리가 나온다.

삼거리에서 직진 계속 북쪽 주능선을 타고 10분 정도 가면 오른쪽으로 돌아서 다시 왼쪽 주능선으로 이어지며 22분을 내려가면 사거리 안부가 나온다. 여기서 능선을 타고 10분을 더 가면 안테나와 이정표가 있는 애재비고개 사거리에 닿는다.

애재비고개에서 왼쪽은 상판리 귀목, 오른쪽은 백둔리다. 귀목 쪽은 왼쪽으로 5m 거리 갈림길에서 오른쪽은 계곡길이고, 왼쪽은 능선길이다. 어느 쪽으로 가도 40분 후에는 계곡에서 만나게 된다. 왼쪽 비탈길을 따라 4분을 가면 작은 능선을 넘어 갈림길이 나온다. 갈림길에서 오른쪽 지능선을 타고 30분을 내려가면 생태계보존지역 팻말이 나온다.

여기서 오른쪽 계곡을 향해 10분 내려가면 계곡 길과 합해진다. 여기서 조금 내려가면 계곡 길은 오른편 비탈길로 이어져 53분을 내려가면 귀목 버스종점에 닿는다.

여행 정보 Tourist Information

대중교통

1호선 청량리역 앞에서 상봉역 경유 30분 간격으로 운행하는 현리행 1330-4번 버스 이용, 현리 하차. 현리에서 상판리행 버스(1일 9회)를 갈아타고 청산유원지 하차.

가평 쪽은 경춘선 상봉역에서 춘천행 전철을 타고 가평역 하차. 가평역(역) 터미널(터)에서 백둔리행 06:20(터) 10:10(터) 14:15(역) 16:55(역) 09:30(터) 을 타고 연인교 하차.

자가운전

가평 방면 46번 국도를 타고 조종교 삼거리에서 좌회전⇒현리삼거리에서 우회전⇒362번 지방도를 타고 12km 상판리 청산유원지 부근 주차.

식당

현리

명지식당(토종닭전문)
가평군 하면 상판리
☎ 031-585-0358

가평

송원막국수
가평읍 읍내7리 363-1
☎ 031-582-1408

명소

아침고요수목원

총 4,500여 종의 실물을 보유.

가평군 상면 행현리
문의 ☎ 1544-6703

명지산(明智山) 1253m　　백둔봉(栢屯峰) 974m

명지산 정상부에서 바라본 익근리 계곡 쪽 능선

명지산 · 백둔봉
경기도 가평군 북면

백둔봉 총 4시간 45분 소요
관광농원 → 80분 → 호랑이바위 → 23분 → 950봉 → 35분 → 백둔봉 → 5분 → 삼거리 → 82분 → 버스종점

여행 정보 Tourist Information

대중교통
경춘선 상봉역에서 춘천행 전철 이용, 가평역 하차. **명지산**은 가평역(역)터미널(터)에서 용수동행 군내버스(06:20(터) 09:30(터) 10:15(역) 이용, 명지산 입구 하차. **백둔봉**은 가평역(역) 터미널(터)에서 백둔리행 06:20(터) 10:10(터)에서 백둔리행 군내버스 이용, 백둔리 종점 하차.

자가운전
가평 방면 46번 경춘 국도를 타고 가평읍에서 좌회전⇨75번 국도를 타고 약 12km 목동삼거리에서 좌회전⇨8km 거리 백둔교에서 **백둔봉**은 좌회전⇨종점 주차.
명지산은 직진⇨4km 거리 익근리 명지산 입구 주차장.

식당
송원막국수
가평군 가평읍 읍내7리
☎ 031-582-1408

한우명가
가평읍 달전리 382-1
☎ 031-581-1592-5

명소
승천사

명지산(明智山, 1253m)은 경기도에서 화악산 다음으로 두 번째 높은 산이다. 동쪽 명지계곡에는 삼단폭포인 명지폭포가 있고, 승천사가 있으며 가을단풍이 아름답다.

백둔봉(974m)은 명지산 남봉 1250.2봉에서 동쪽 지능선으로 2km 지점에 위치하고 있다.

등산로 Mountain path

명지산 총 7시간 30분 소요
주차장 → 60분 → 갈림 길 → 60분 → 1,079봉 → 30분 → 명지산 → 52분 → 1250.2봉 → 60분 → 고개사거리 → 40분 → 계곡삼거리 → 60분 → 주차장

주차장 서쪽 초소를 통과하여 15분을 가면 승천사를 지나고, 25분을 가면 명지폭포를 지나며, 10분을 더 가면 삼거리가 나온다. 삼거리에서 직진하여 10분을 더 가면 샘이 있는 두 번째 삼거리가 나온다.

삼거리에서 오른쪽으로 접어들면 가파른 길로 이어져 1시간을 오르면 1079봉에 닿는다.

여기서 왼쪽 주능선을 따라 15분을 오르면 1130봉이며 15분을 더 오르면 명지산 정상이다.

하산은 남쪽 주능선을 따라 52분 거리에 이르면 1250.2봉 삼거리가 나온다.

삼거리에서 왼편 동쪽 지능선을 따라 1시간을 내려가면 안부사거리가 나온다.

안부사거리에서 왼편 북쪽 길을 따라 40분을 내려가면 익근리계곡 삼거리에 닿는다.

여기서부터 계곡을 따라 60분을 내려가면 승천사를 지나 버스정류장에 닿는다.

백둔리 버스종점 500m 전 양지말관광농원 입구에서 농원길을 따라 약 300m 들어가면 건물 운동장을 지나 갈림길이 나온다. 갈림길에서 오른쪽으로 20m 가면 산 아래에 집이 있다. 집 닿기 전 왼쪽 산자락으로 가서 희미한 산길을 따라 15m 가면 길 왼편에 119표지판이 나온다. 119표지판에서 계곡으로 가는 길을 벗어나 길이 없는 오른쪽 능선을 향해 50m 올라가면 묘 왼쪽으로 희미한 산길을 따라 오르면 첫 봉이다. 집 아래에서 9분 거리다. 첫 봉에서부터 산길이 뚜렷하게 능선으로 이어진다. 10분을 오르면 2번째 봉우리가 나온다. 2번째 봉에서부터 급경사 능선으로 이어져 10분을 오르면 작은 바위 위에 선다. 계속 급경사로 이어져 38분을 오르면 호랑이바위 아래 쉼터에 선다.

여기서부터 초 급경사 능선을 따라 23분을 더 오르면 950봉주능선 삼거리에 닿는다.

주능선에서 왼쪽으로 10분을 가면 헬기장을 지나고 10분을 더 가면 바윗길을 통과하며 12분을 가면 전망봉을 지나고, 6분을 더 오르면 생태계표지목이 있는 백둔봉 정상이다.

하산은 서쪽 주능선으로 4분을 가면 헬기장이 나오고, 헬기장에서 60m 거리에 이르면 갈림길이 나온다.

갈림길에서 왼쪽 지능선으로 간다. 지능선을 따라 20분을 내려가면 갈림길이 나온다. 갈림길에서 왼쪽 급경사 능선을 따라 18분을 내려가면 바위 위 갈림능선이 나온다. 여기서 오른쪽 숯가마 쪽으로 내려가다가 다시 왼쪽 본 능선으로 이어져 10분을 내려가면 잡목지대를 지나 왼쪽으로 내려서면 묵밭이다. 묵밭 왼쪽 잣나무 지역으로 5분을 내려가면 계곡에 닿고, 계곡길을 따라 23분을 더 내려가면 백둔리 버스종점이다.

명지계곡에 위치한 승천사

견치봉(犬齒峰) 1110m   민드기봉 1009m

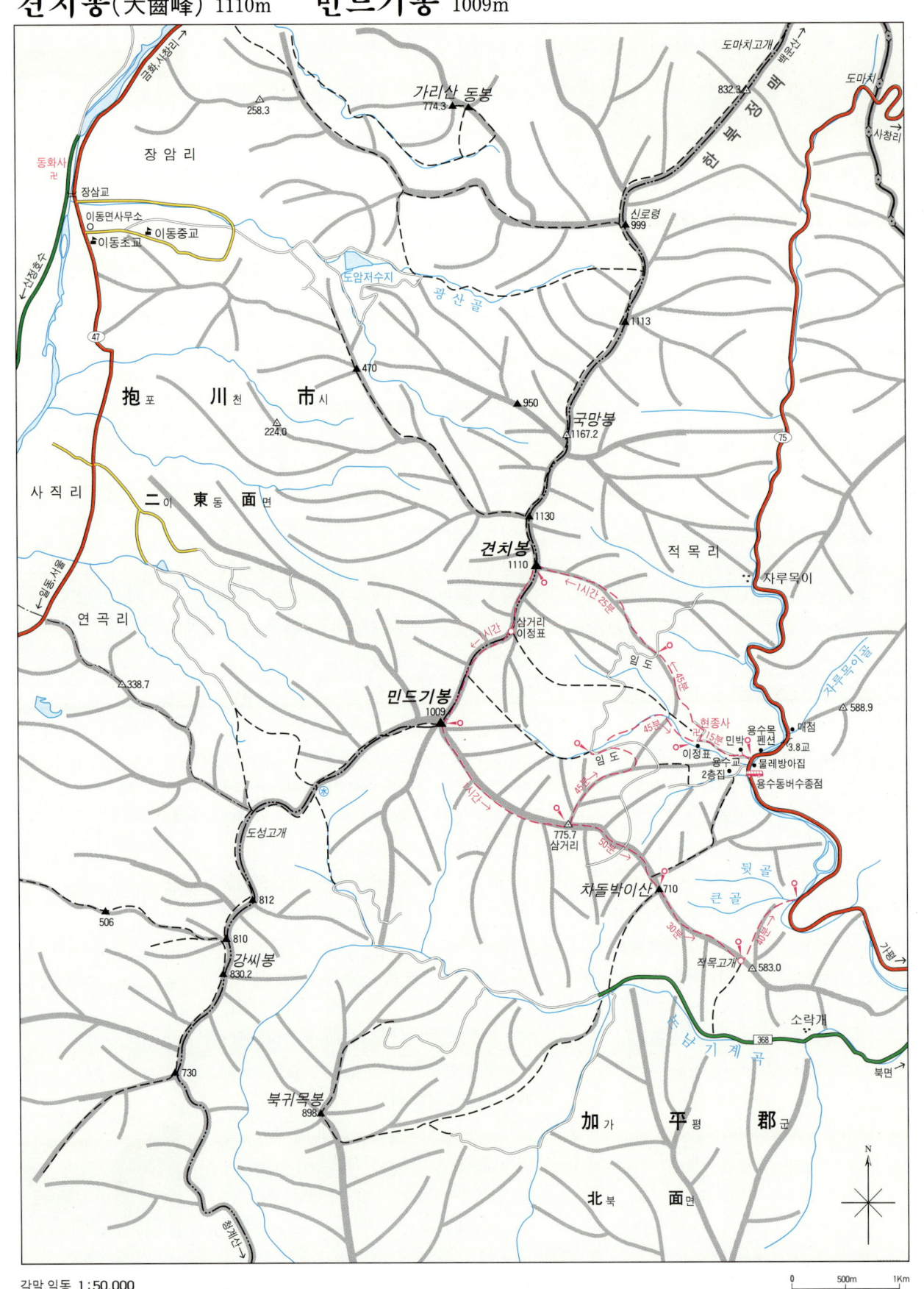

갈말, 일동 1:50,000

울창한 숲으로 이루어진 민드기봉 안바위골

견치봉 · 민드기봉
경기도 가평군 북면, 포천군 이동면

견치봉(犬齒峰, 1110m)과 **민드기봉**(1009m)은 대성산, 복계산, 백운산, 국망봉, 견치봉, 민드기봉, 강씨봉, 운악산으로 이어지는 한북정맥상에 위치한 산이다. 산세는 무난한 토산이며 험로가 없는 산이다. 견치봉과 민드기봉은 동일한 능선으로 약 2km 거리에 위치하고 있으므로 함께 산행을 하는 것이 좋다.

견치봉 정상은 미미한 봉우리이고, 민드기봉 정상은 넓은 공터이며 삼거리이다.

산행은 적목리 용수교에서 현종사를 경유하여 지능선을 타고 견치봉에 오른 다음, 남릉을 타고 민드기봉에 이른다. 민드기봉에서 하산은 남동릉을 따라 775.7봉에서 북쪽 지능선을 타고 안바윗골을 경유하여 다시 용수교로 원점회귀 산행이다.

등산로 Mountain path

견치봉 – 민드기봉 총 7시간 30분 소요

용수교 → 60분 → 두 번째 임도 → 85분 →
견치봉 → 60분 → 민드기봉 → 60분 →
삼거리 → 45분 → 임도 → 60분 → 용수교

용수동 버스종점에서 서쪽 용수교를 건너 소형차로를 따라 12분을 가면 삼거리 이정표가 나온다. 계곡길은 하산길이며, 오른쪽 길을 따라 1분을 가면 수도꼭지가 나온다. 현종사 마당 오른쪽 산길로 접어들어 10m에서 왼쪽 희미한 길을 따라 7분을 오르면 첫 번째 임도가 나온다. 임도에서 왼쪽으로 10m 정도 거리에서 오른쪽 희미한 산길로 오른다. 처음에는 희미하게 시작하지만 점점 뚜렷한 등산로를 따라 25분을 올라가면 첫 번째 능선이 나오고, 15분을 더 올라가면 두 번째 임도가 나온다.

임도를 가로질러 무난한 능선을 따라 1시간을 올라가면 죽은 큰 소나무를 통과하며, 25분을 더 오르면 주능선 견치봉 정상이다. 정상은 별 표시가 없이 무의미하다.

견치봉에서 하산은 남쪽 민드기봉을 향해 주능선을 따라 25분을 가면 이정표 삼거리가 나온다. 여기서 견치봉 산행만 계획하면 왼쪽(동)으로 내려가면 용수교로 하산(2시간 소요)한다.

삼거리에서 계속 주능선을 따라 35분을 더 내려가면 삼거리 넓은 공터 민드기봉 정상이다.

여기서부터 오른쪽 한북정맥 주능선은 억새 군락지이고 강씨봉으로 이어지는 능선이며 이동면 연곡리 방면으로 하산길이 있다.

민드기봉에서 접목리 용수교를 향해 왼편 동남쪽 능선길을 따라간다. 왼쪽으로 50m 가면 삼거리가 나온다. 삼거리에서 왼쪽으로 간다. 왼쪽 주능선길을 따라 내려가면 산길이 뚜렷하고 완만한 길로 이어져 1시간을 내려가면 775.7봉 삼거리가 나온다.

삼거리에서 왼쪽으로 간다. 직진하면 차돌박이산을 경유하여 가림 또는 용수동으로 가는 길이다. 삼거리에서 왼편 동쪽 지능선을 따라 15분을 내려가면 갈림능선이 나온다. 이 갈림능선에서 왼쪽으로 간다. 왼쪽으로 50m 가면 왼편 북쪽 방향 직각으로 하산길이 휘어진다. 하산길은 대부분 급경사로 이어져 30분을 내려가면, 임도가 나온다.

임도에서는 왼쪽으로 50m 거리에 이르면 안경다리가 나온다. 여기서 안경다리 닿기 전에 오른쪽 계곡을 향해 내려간다. 오른쪽으로 내려서면 불분명한 너덜지대 돌길로 이어져 100m 내려서면 계곡길이 뚜렷하게 나 있다. 뚜렷한 계곡을 따라 30분을 내려가면 삼거리가 나오고, 10분을 더 내려가면 현종사 입구에 닿는다. 여기서부터 소형차로를 따라 15분을 내려가면 용수교 버스정류장에 닿는다.

여행 정보 Tourist Information

대중교통
경춘선 상봉역에서 춘천행 전철 이용, 가평역 하차. 가평(역) 터미널(터)에서 용수동행 (06:20(터) 10:25(역) 13:15(역) 16:15(역) 19:00(역) 이용, 용수동 종점 하차.

자가운전
수도권에서 가평 방면 46번 국도를 타고 가평읍에서 좌회전 ⇨ 75번 국도를 타고 목동에서 좌회전 ⇨ 적목리 방면 12km 용수교 버스 종점 주차.

식당
물레방아집
토종닭 등 산악인들이 많이 찾는 집이다.
가평군 북면 적목리 516-2
☎ 031-582-8701

용추골오리숯불구이
가평읍 읍내리 737
☎ 031-581-5282

명소
남이섬
평상시 육지였다가 홍수 땐 섬이 되던 남이섬.
가평읍 달전리
문의 ☎ 031-580-8153

견치봉 민드기봉 갈림길 현종사 입구

석룡산(石龍山) 1147m   차돌박이산 710m

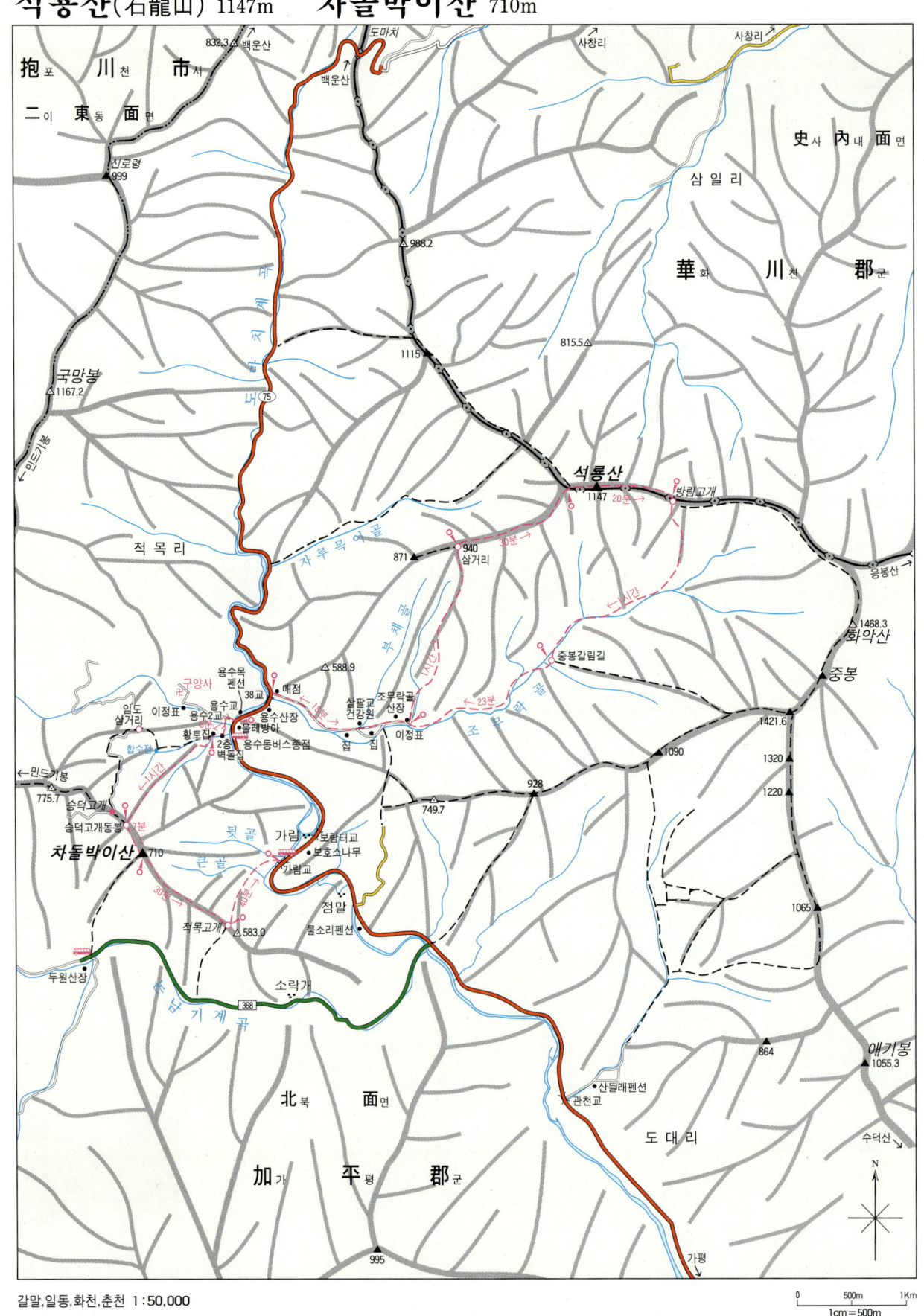

자연스러운 차돌박이산 하산지점

석룡산 · 차돌박이산
경기도 가평군 북면

스종점까지는 500m이다.

차돌박이산 총 3시간 25분 소요
용수교 → 8분 → 황토집 → 60분 → 숭덕곡개 동봉 → 7분 → 정상 → 30분 → 적목재 → 40분 → 가림교

석룡산(石龍山. 1147m)은 경기도 최북단 화악산에서 서쪽 능선으로 약 3km 지점에 위치한 육산이다. 화악산 석룡산에서 흐르는 조무락골은 길고 물이 많아 여름산행지로 유명하다.

차돌박이산(710m)은 석룡산 서남쪽에 위치한 산이다. 정상에 차돌이 4~5군데 박혀 있고 별다른 특징이 없는 육산이다.

등산로 Mountain path

석룡산 총 4시간 49분 소요
38교 → 18분 → 산장 → 60분 → 940봉 → 30분 → 석룡산 → 20분 → 방림고개 → 83분 → 산장 → 계곡 → 18분 → 38교

38교에서 동쪽으로 소형차로를 따라 1km 가면 조무락골산장 삼거리가 나온다. 삼거리에서 오른쪽으로 300m 가면 마지막 민박집이 있고 바로 삼거리가 또 나온다.

삼거리에서 왼쪽 임도를 따라 70m 거리 삼거리에서 오른쪽 언덕길을 따라 가면 전나무 밭을 지나 바로 능선으로 이어진다. 완만한 능선길을 따라 1시간을 올라가면 940봉 능선삼거리에 닿는다.

삼거리에서 능선을 타고 30분을 오르면 협소한 석룡산 정상이다.

하산은 동쪽 주능선을 따라 20분을 내려가면 방림고개가 나온다.

방림고개에서 동쪽으로 30분을 내려가면 계곡에 닿고, 계곡을 따라 30분을 내려가면 중봉갈림길을 지나고, 23분을 더 내려가면 산장을 지나며, 18분을 더 내려가면 38교에 닿고, 용수동 버

용수동 종점에서 용수교를 건너자 바로 왼쪽 용수2교를 다시 건너서 2분을 가면 2층 벽돌집 뒤로 산판길이 이어진다. 이 산판길을 따라 6분을 올라가면 오른편에 황토집이 있고, 왼쪽길 50m 지점 왼쪽에 합수곡이 나온다. 합수곡에서 무조건 왼쪽 계곡을 건너 계곡길을 따라 4분을 올라가면 오른쪽으로 희미한 갈림길이 나온다. 갈림길에서 오른쪽 희미한 길을 따라 5분을 올라가면 지능선으로 오르게 된다. 지능선길은 희미하게 산나물길 정도로 이어진다. 하지만 외길이므로 지능선 만을 따라가면 길 잃을 염려가 없다. 지능선길은 잡목이 많아 겨우 빠져나갈 정도이며 10분 정도 올라가면 길이 없어진다. 여기서 약간 왼쪽 편으로 오르면 다시 본래 지능선으로 이어진다. 산길은 갈만한 정도이며 지능선을 벗어나지 말고 계속 지능선 만을 따라 올라가면 산길은 점점 뚜렷해지면서 큰 어려움 없이 숭덕고개 동봉에 닿는다. 황토집에서 1시간 거리다.

숭덕고개 동봉에서 왼쪽 완만한 주능선을 따라 7분을 가면 차돌박이산 정상이다. 정상은 차돌이 4~5군데 박혀 있고 그 외 별 특징이 없다.

하산은 남동쪽으로 두 능선이 있는데 왼쪽(동) 능선으로 간다. 희미한 왼쪽 능선을 따라가면 두 번 정도 능선이 갈라지는데 언제나 왼쪽 능선으로 간다. 왼쪽 능선길로 내려가면 정상에서 30분 거리에 묘를 지나 적목고개에 닿는다. 적목고개에서는 왼쪽(북)으로 내려간다. 숲터널 길로 30분 정도 내려가면 방갈로 3~4개가 있는 갈림길이 나온다. 갈림길에서 우측 길 따라 10분 내려가면 우측에 파란기와집을 지나서 가림교 건너 약수상회 버스정류장이다.

여행 정보 Tourist Information

대중교통
경춘선 상봉역에서 춘천행 전철을 타고 가평역 하차. 가평역(역) 터미널(터)에서 (06:20(터) 10:25(터) 13:15(역) 16:15(역) 19:00(역) 용수동행 버스 이용, 종점 하차.

자가운전
차돌박이산은 가평 방면 46번 국도를 타고 가평에서 좌회전 ⇨ 75번 국도를 타고 목동삼거리에서 좌회전 ⇨ 20km 용수동 버스종점 주차.
석룡산은 용수동에서 직진 500m 38교에서 우회전 ⇨ 소형차로 1km 공터 주차.

식당
물레방아집(토종닭, 일반식)
북면 접목리 용수동 516-2
☎ 031-582-8701

북면한식전문점(일반식)
가평군 북면 목동리
☎ 031-582-4768

용추골오리숯불구이
가평읍 읍내리 737
☎ 031-581-5282

석룡산 계곡 하산길

화악산(華岳山) 1468.3m　　애기봉 1055.3m

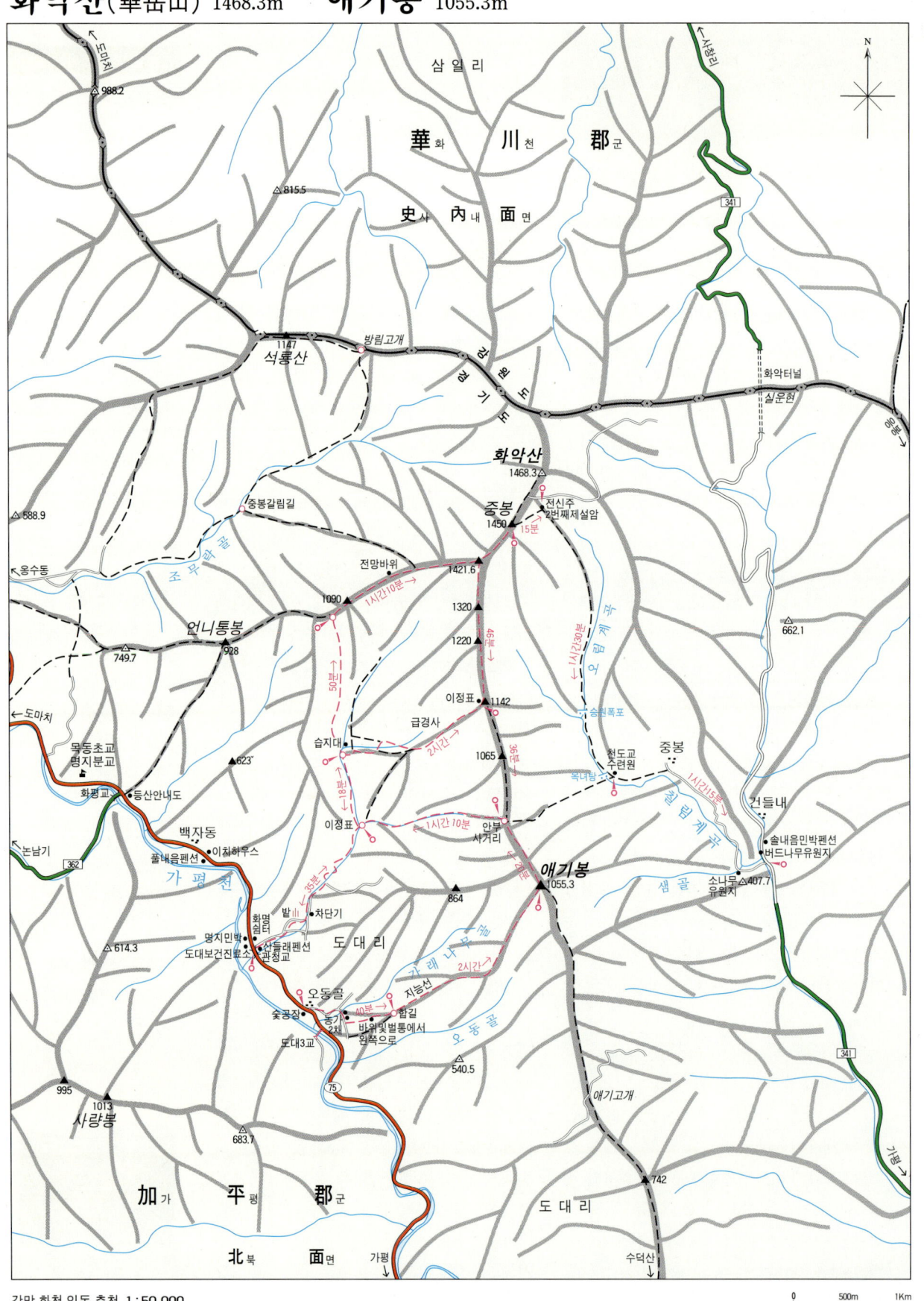

갈말, 화천, 일동, 춘천 1:50,000

울창한 숲과 계곡이 어우러진 화악산 서쪽 조무락골

화악산 · 애기봉
경기도 가평군 북면

화악산(華岳山. 1468.3m)은 경기도에서 가장 높고 한반도의 중심에 위치하고 있으며, 운악산, 송악산, 감악산, 관악산과 함께 경기 오대악산의 하나이다. 정상은 통제되어 중봉(中峰. 1450m)까지만 오를 수 있다. 웅장한 산세이나 험로는 없다.

애기봉(1055.3m)은 화악산에서 남쪽 주능선상 약 3km 거리에 위치하고 있는 산이다.

등산로 Mountain path

화악산 총 7시간 소요

관청교 → 35분 → 큰골삼거리 → 68분 → 1090봉 → 70분 → 중봉 → 46분 → 1142봉 36분 → 사거리 안부 → 105분 → 관청교

관청마을 입구에서 동쪽 마을길을 따라 10분을 가면, 시멘트포장길이 끝나고 마지막 농가가 나온다. 여기서 농가 오른편으로 난 밭길을 따라 가다가 계곡을 건너면 임도가 시작되는 철문이 나온다. 이 철문을 통과하여 임도를 따라 15분을 가면 계곡을 건너기 전에 갈림길이 나온다. 여기서 임도를 벗어나 왼쪽 계곡을 따라 50m 가면 우측으로 다시 길이 이어지고, 조금 더 들어가면 다시 계곡을 건너 등산로가 이어지며 갈림길에서 10분 거리에 이르면 큰골삼거리가 나온다.

삼거리에서 왼쪽으로 17분을 가면 산판길 삼거리가 나온다. 삼거리에서 왼쪽으로 가면 계곡을 건너가서 급경사 능선으로 이어져 50분을 오르면 1090봉 전 삼거리 능선에 닿는다.

삼거리에서 오른쪽 능선을 따라 46분을 가면 전망바위를 지나서 갈림길이 나온다. 갈림길을 지나 18분을 가면 삼거리가 나온다. 삼거리에서 왼쪽으로 6분을 가면 중봉에 닿는다.

하산은 6분 거리 삼거리로 되돌아온 다음, 왼편 남쪽 능선을 탄다. 남쪽 능선을 따라 내려가면 1320봉, 1220봉을 거쳐 40분을 내려가면 1142봉 삼거리가 나온다. 삼거리에서 계속 직진 36분을 내려가면 사거리 안부가 나온다.

안부에서 오른편 서쪽 세능선을 따라 20분을 내려가면 계곡을 만나고, 계곡 따라 50분을 내려가면 큰골삼거리다. 여기서 35분 거리에 이르면 관청교 버스정류장에 닿는다.

애기봉 총 5시간 45분 소요

숯공장 → 40분 → 지능선 → 2시간 → 애기봉 → 20분 → 안부사거리 → 70분 → 큰골삼거리 → 35분 → 관청교

관청교에서 700m 거리 숯 공장에서 동쪽 마을길로 120m 가면 오동골 마을 다리 앞 삼거리다. 이 삼거리에서 오른쪽으로 다리를 건너 새집 오른편으로 40m 돌아가서 왼쪽으로 농가 2채가 있는 사이로 밭 두럭을 건너면 밭이 나온다. 밭에서 왼쪽으로 들어가면 계곡으로 길이 희미하게 나 있다. 이 계곡길을 따라가면 바위 밑에 벌통이 있는 지점이 나오고 길이 없어진다. 벌통에서 왼쪽 능선으로 조금 올라서면 능선길이 나오고, 능선만 따라 가면 지능선 합길을 만나게 된다. 숯공장에서 40분 거리다.

능선에서부터는 산길이 뚜렷하고 능선만을 따라가면 큰 어려움 없이 장장 2시간 거리에 이르면 삼거리 애기봉 정상에 닿는다.

하산은 북쪽 능선을 타고 20분을 가면 사거리 안부가 나온다.

이 안부에서 왼쪽(서)으로 지 능선을 따라 20분을 내려가면 계곡을 만나고, 계곡을 따라 50분을 내려가면 큰골삼거리가 나온다.

여기서부터 35분을 내려가면 관청교 버스정류장에 닿는다.

여행 정보 Tourist Information

대중교통

경춘선 상봉역에서 춘천행 전철 이용, 가평역 하차. 가평역(역) 터미널(터)에서 용수동행 시내버스 (06:20(터) 10:25(역) 13:15(역) 16:15(역) 19:00(터)이용, 관청마을 하차.

자가운전

가평 방면 46번 국도를 타고 가평읍에서 좌회전 ⇒ 75번 국도를 따라 12km 북면에서 좌회전 ⇒ 15km 관청마을 주차.

식당

송원막국수
점심 때는 기다려야 할만큼 유명한 집.
가평군 가평읍 읍내 7리
☎ 031-582-1408

용추골오리숯불구이
가평읍 읍내리 737
☎ 031-581-5282

한우명가(축협한우전문)
가평읍 달전리 382-1
☎ 031-581-1592-5

명소

자라섬
사계절 자연의 멋이 살아 있는 테마공원.
가평읍 달전리
☎ 031-580-2700

젊은이들의 낙원 자라섬

수덕산(修德山) 794.2m 문바위봉 590m

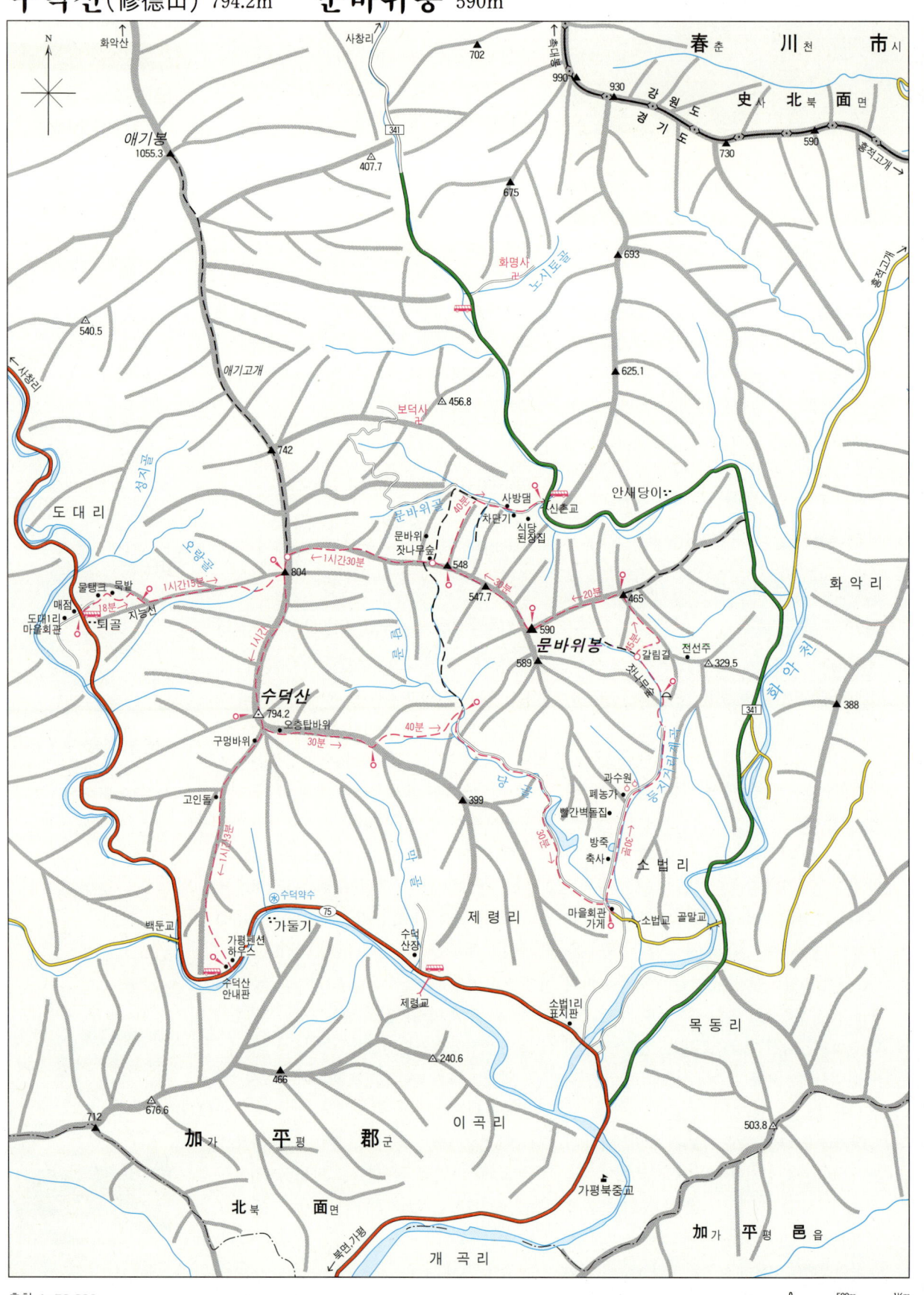

수덕산 남쪽에서 바라본 수덕산

수덕산 · 문바위봉
경기도 가평군 북면

수덕산(修德山, 794.2m)은 경기 최북단 화악산에서 남쪽으로 이어진 주능선이 애기봉을 거쳐 마지막으로 솟은 산이 수덕산이다. 가평군 북면 수많은 산 중앙에 위치한 산이다.

산행은 서쪽 도대1리를 기점으로 동쪽 지능선을 타고 주능선삼거리를 경유하여 수덕산에 오른 뒤, 남쪽 가평펜션하우스로 하산한다.

문바위봉(590m)은 수덕산에서 화악산으로 이어지는 주능선 2km 지점에서 동쪽으로 뻗어나간 지능선으로 2.5km 지점에 위치한 산이다. 산행은 소법1리에서 지능선을 타고 465봉을 경유하여 문바위봉에 오른 다음, 북쪽 능선을 타고 548봉을 거쳐 화악리 신촌교로 하산한다.

등산로 Mountain path

수덕산 총 4시간 36분 소요
도대1리 → 93분 → 주능선 → 60분 → 수덕산 → 63분 → 가평펜션하우스

도대1리 수덕산 등산안내판에서 동쪽 마을길을 따라 2분을 올라가면 개울가 마을 끝집이 나온다. 끝집 마당 오른쪽으로 계곡을 따라 50m가면 왼쪽에 물탱크가 있고, 5분 더 올라가면 묵밭 삼거리가 나온다. 삼거리에서 오른쪽 산길로 들어 11분을 올라가면 묘를 지나서 왼쪽 지능선에 닿는다. 완만한 능선을 따라 12분을 가면 이정표가 나온다. 여기서부터 급경사 능선을 타고 25분을 오르면 산길은 우측 비탈길로 이어져 5분을 가면 왼편 계곡으로 이어져 25분을 올라가면 지능선에 닿고, 오른쪽 비탈길로 8분을 가면 주능선삼거리에 닿는다.

삼거리에서 남쪽 주능선을 따라가면 바윗길로 이어져 35분을 가면 이정표가 있고, 바윗길을 우회하면서 25분을 더 오르면 삼각점이 있는 수덕산 정상이다.

하산은 남쪽으로 3분을 가면 삼거리가 나온다. 삼거리에서 오른쪽 뚜렷한 지능선을 타고 40분을 내려가면 이정표를 2번 지나서 갈림능선이 나온다. 갈림능선에서 하산길은 우측 지능선으로 이어지며, 12분 더 내려가면 하산길은 왼쪽 계곡 쪽으로 이어진다. 왼쪽으로 내려서면 묘가 나오고 묘에서 넓은 길을 따라 8분 내려가면 가평펜션하우스 도로 버스정류장이다.

문바위봉 총 3시간 45분 소요
소법교 → 30분 → 묘 → 65분 → 문바위봉 → 30분 → 548봉 → 40분 → 신촌교

소법리 소법교사거리에서 직진 100m 거리에 이르면 또 사거리가 나온다. 여기서 오른편 다리를 건너 소형차로를 따라 가면 방죽을 지나 시멘트포장길이 끝나고 마지막 농가 앞이다. 여기서부터는 임도로 바뀌어 비포장 임도를 따라 계속 들어가면 오른편에 묘가 나온다. 소법교에서 30분 거리다.

묘에서 왼쪽으로 임도를 따라 15분을 가면 오른쪽 지능선으로 산길이 있다. 이 지능선길을 따라 30분을 오르면 470봉 삼거리에 닿는다. 470봉 삼거리에서 왼쪽으로 20분을 오르면 문바위봉 정상이다.

하산은 북쪽 주능선을 따라 30분을 가면 548봉 삼거리에 닿는다.

548봉에서 우측 지능선으로 하산한다. 우측 능선은 산길이 뚜렷하지 않지만 하산하는데 큰 어려움은 없다. 우측 능선을 따라 20분을 내려가면 계곡 임도에 닿는다. 임도에서는 우측으로 임도를 따라 20분을 내려가면 민가를 지나서 신촌교 버스정류장에 닿는다.

여행 정보 Tourist Information

대중교통
경춘선 상봉역에서 춘천행 전철 이용, 가평역 하차. 가평역(역)과 터미널(터)에서 용수동행 버스 06:20(터) 10:25(터) 13:15(역) 14:15(역) 19:40(역) 이용.
문바위봉은 소법리 입구 하차. **수덕산**은 도대1리 하차.

자가운전
수덕산은 가평 방면 46번 국도를 타고 가평에서 좌회전⇨75번 국도를 타고 목동에서 좌회전⇨백둔교 삼거리에서 직진⇨3km 도대1리 마을회관 주차.
문바위봉은 목동삼거리에서 좌회전⇨1km 목동교회 삼거리에서 1차선으로 우회전⇨소법교 사거리에서 직진⇨100m 사거리에서 우회전⇨소형차로 시멘트포장길 끝 마을에 주차.

식당
범바위식당(일반식)
북면 목동1리 723-3
☎ 031-582-9730

송원막국수(막국수전문)
가평군 읍내7리 363-1
☎ 031-582-1408

한우명가(축협한우전문)
가평읍 달전리 382-1
☎ 031-581-1592

가덕산(加德山) 858.1m 삿갓봉 716.1m

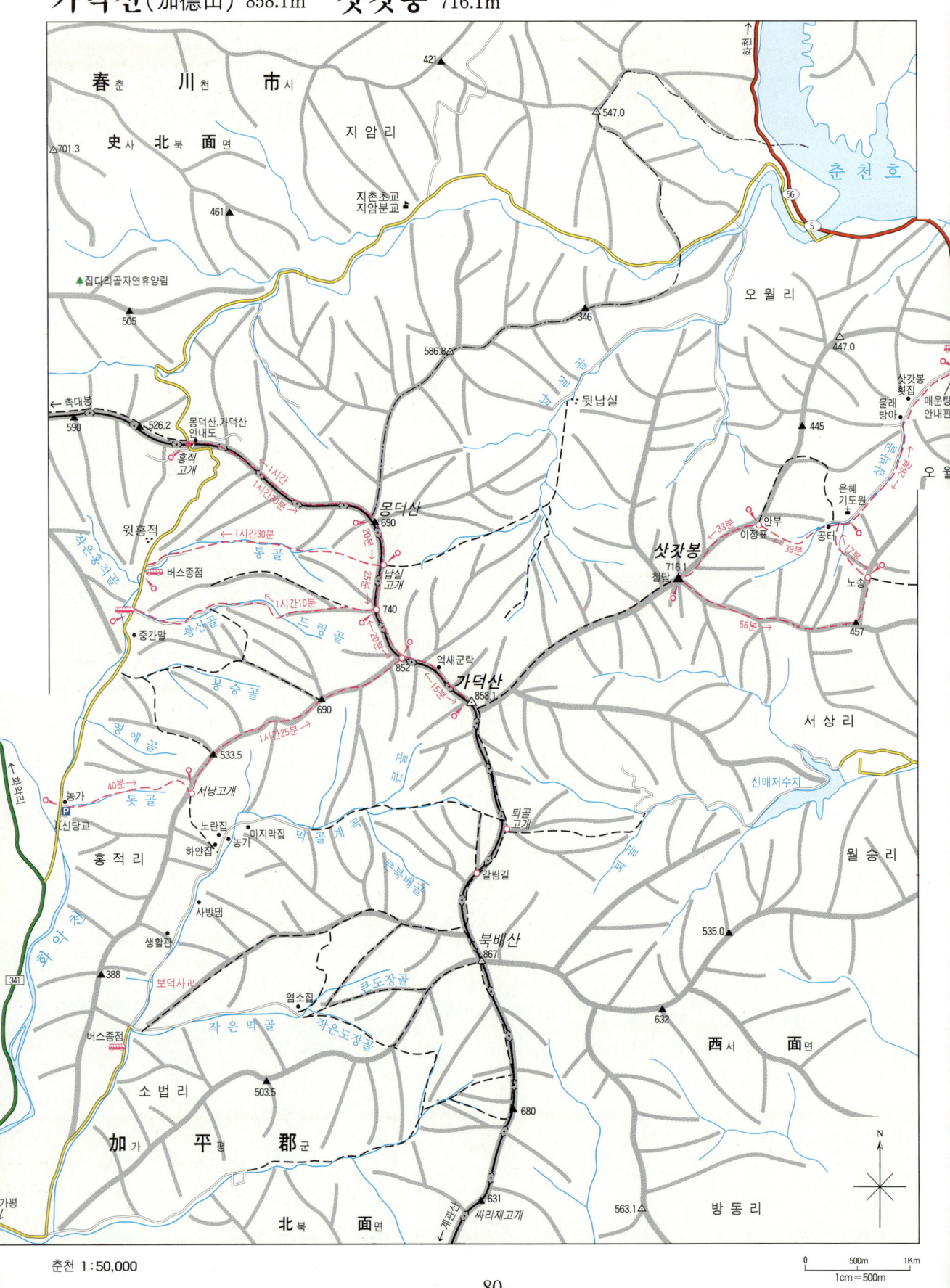

춘천 1:50,000

가덕산 서쪽 깊은 겨울 먹골계곡

가덕산 · 샷갓봉
경기도 가평군 북면 · 강원도 춘천시

가덕산(加德山. 858.1m)은 화악산에서 동남 방면으로 뻗어가는 능선이 응봉-촉대봉-홍적고개로 잠시 내렸다가-몽덕산을 지나서 높이 솟은 산이다. 주능선 방화선 대부분이 억새로 유명하여 가을에는 많은 등산객이 오르는 산이다.

산행은 톳골 서낭고개 북동릉을 타고 정상에 오른 후, 몽덕산 방향 북릉을 타고 740봉에서 서쪽 지능선-드렁골을 경유 중간말로 하산한다.

샷갓봉(716.1m)은 가덕산에서 동북쪽 능선으로 이어져 3km 지점에 위치한 산이다. 산행은 은혜기도원에서 남서능을 타고 샷갓봉에 오른 후, 동쪽 지능선을 타고 노송고개 삼거리에서 북쪽으로 하산 다시 은혜기도원으로 원점회귀 산행이다.

등산로 Mountain path

가덕산 총 5시간 5분 소요

신당교 → 40분 → 서낭고개 → 100분 → 가덕산 → 35분 → 740봉 → 70분 → 중간말

홍적리 신당교 북쪽 50m 거리 톳골 입구에서 우측 농가 앞 계곡으로 난 길을 따라 4분을 가면 합수곡이 나온다. 여기서 왼쪽으로 10분을 가면 갈림길이 나온다. 갈대가 무성한 갈림길에서 길이 희미한 우측 계곡 길을 따라 16분을 들어가면 길이 없어지는 지점이 나온다. 여기서 우측 동쪽으로 비탈을 타고 오르다가 오른편 고개 쪽 비탈로 올라서면 서낭고개다. 길이 없는 지점에서 10분 거리다.

서낭고개에서 뚜렷한 북쪽 지능선을 따라 1시간을 올라가면 690봉 삼거리가 나온다. 삼거리에서 직진 25분을 더 올라가면 852봉 주능선 삼거리에 닿는다. 삼거리에서 우측 억새밭 길을 따라 15분을 오르면 삼거리 가덕산 정상이다.

하산은 올라왔던 15분 거리 825봉 삼거리까지 되 내려간 다음, 오른쪽 주능선을 따라 20분을 더 내려가면 740봉 삼거리가 나온다.

삼거리에서 왼편 지능선을 따라 20분을 내려가면 갈림길이 나온다. 갈림길에서 왼쪽 세 능선을 따라 20분을 내려가면 계곡에 닿고, 오른쪽 계곡길을 따라 가면 광산길을 만나서 30분을 내려가면 중간말 버스정류장이다.

샷갓봉 총 4시간 16분 소요

춘천댐 → 26분 → 기도원 → 39분 → 안부 → 33분 → 샷갓봉 → 55분 → 안부 → 17분 → 기도원 → 26분 → 춘천댐

춘천댐 북단 삼박골 입구 삼거리에서 우측 매운탕골 쪽 소형차로를 따라 26분을 가면 춘천은혜원(기도원)이 나온다.

기도원에서 100m 가면 삼거리가 나온다. 삼거리에서 우측으로 조금 가서 왼쪽 철판다리를 건너고 묵밭을 지나면 계곡으로 산길이 이어진다. 계곡을 따라 기도원에서부터 25분을 가면 합수점이 나온다. 합수점에서 우측으로 휘어지는 계곡길을 따라 14분을 올라가면 안부삼거리에 닿는다.

안부에서 왼쪽 능선을 따라 33분을 올라가면 산불감시철탑이 있는 삼거리 샷갓봉 정상이다.

하산은 동쪽 지능선을 탄다. 완만하고 뚜렷한 동쪽 지능선을 따라 55분을 내려가면 고개 삼거리에 닿는다. 고개삼거리에서 왼쪽길을 따라 11분을 내려가면 계곡에 닿고, 6분을 더 내려가면 은혜기도원이다.

기도원에서 춘천댐 버스정류장까지는 26분 거리다.

여행 정보 Tourist Information

대중교통

가덕산: 경춘선 상봉역에서 춘천행 전철 이용, 가평 하차. 가평역(역) 터미널(터)에서 화악리행 (06:20(터) 09:00(역) 13:10(역) 16:30(역) 19:50(터) 버스 이용, 신당 삼거리 하차.

샷갓봉: 경춘선 상봉역에서 춘천행 전철 이용, 춘천역 하차 후, 600m 거리 인성병원 앞에서 31번, 38번, 39번, 92번, 춘천댐 방면 버스 이용, 춘천댐 북단 하차.

식당

가덕산

송원막국수
가평읍 읍내 7리 363-1
☎ 031-582-1408

용추골오리숯불구이
가평읍 읍내리 737
☎ 031-581-5282

샷갓봉

춘천횟집(민물회 매운탕)
춘천시 서면 오월1리
☎ 033-244-2348

명소

자라섬
북한강 속에 위치한 자연 친화적 캠핑장.
가평읍 달전리
☎ 031-580-2700

촉대봉(燭臺峰) 1125m

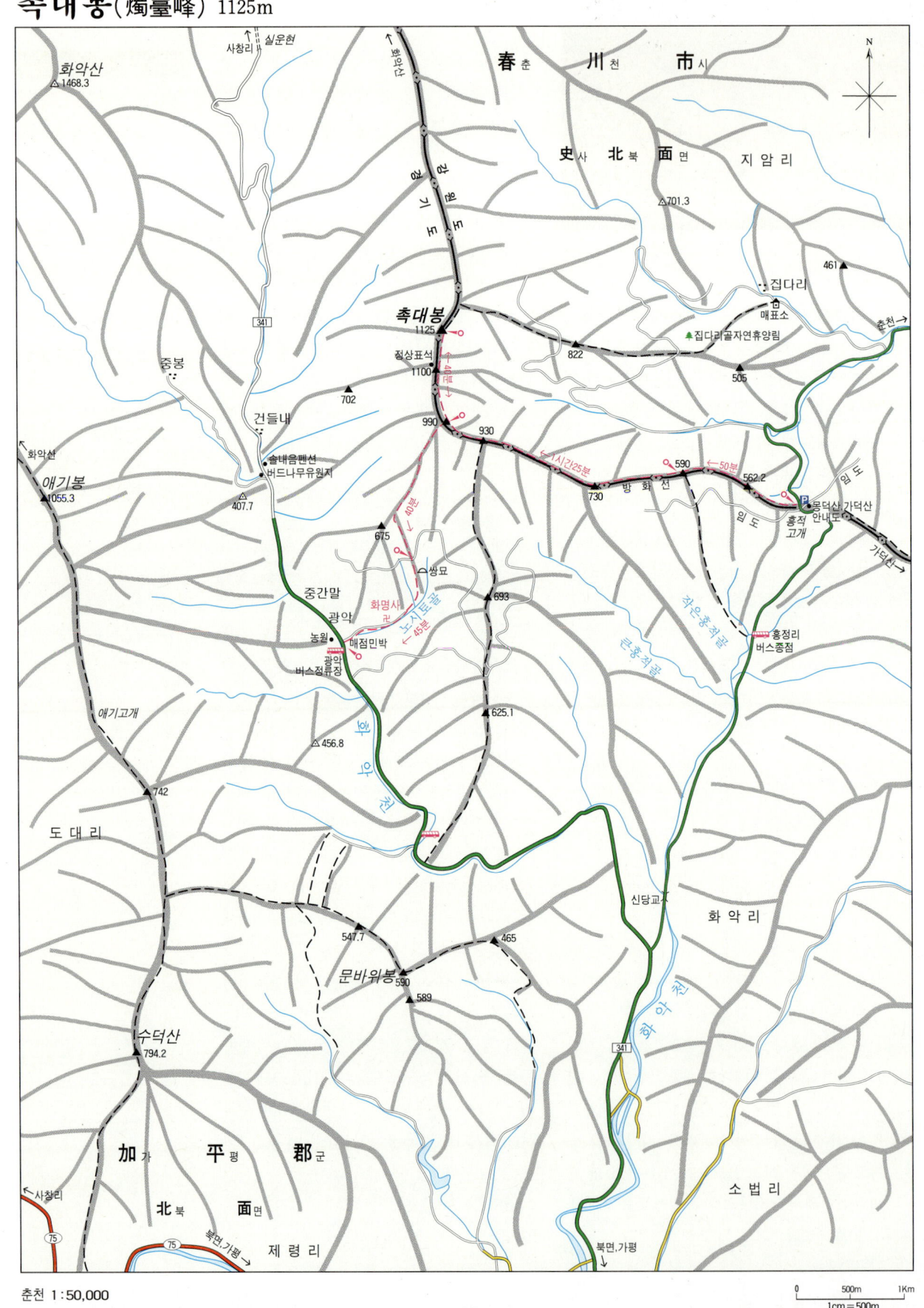

자연그대로인 촉대봉 하산길

촉대봉 경기도 가평군 북면 · 강원도 춘천시 사북면

촉대봉(燭臺峰, 1125m)은 화악산에서 동쪽으로 뻗어나간 능선이 응봉을 지나서 남쪽으로 이어져 촉대봉을 이루고 남진하다가 990봉에서 동진을 하여 몽덕산, 가덕산, 북배산, 계관산으로 이어진다. 정상 주능선 대부분은 바위로 이루어져 있으나 위험하지는 않으며, 홍적고개에서 서쪽으로 이어지는 주능선은 730봉까지 폭 10m 안팎으로 방화선이다. 이 방화선에는 모두 억새밭이며 10월 중순을 전후한 시기에는 키를 넘는 억새밭으로 변해 장관을 이룬다.

산행은 홍적고개에서 억새밭 서쪽능선을 타고 990봉을 경유하여 정상에 오른 다음, 다시 990봉으로 되 돌아와서 남쪽 675봉을 경유하여 화악리 광악분교로 하산한다.

등산로 Mountain path

촉대봉 총 6시간소요

홍적고개 → 50분 → 590봉 → 60분 → 930봉 → 25분 → 990봉 → 40분 → 촉대봉 → 40분 → 990봉 → 85분 → 광악분교

홍적고개에서 서쪽 급경사 나무계단을 따라 올라가면 넓은 방화선으로 이어져 10분 정도 오르면 고압철탑이 나온다. 철탑을 지나서 능선을 따라 10분 정도 오르면 이정표가 있는 첫봉에 닿는다. 여기서 촉대봉이 멀리 바라보인다. 첫봉에서 서쪽으로 이어진 능선을 따라가면 등산로 주변은 폭 5m~10m 방화선으로 이어진다. 방화선은 봄부터 자란 억새가 가을이 지나면 다시 베어져 깨끗하고 넓은 길로 변하며 여름, 가을은 억새로 등산로가 협소하게 된다. 다시 주능선을 따라 가면 평범한 능선으로 이어지다가 점점 경사가 급해지면서 30분을 오르면 왼편 윗흥적에서 오르는 590봉 삼거리에 닿는다.

이 삼거리에서 주능선을 따라 올라가면 잣나무 조림지역을 지나게 되며 계속 이어진 방화선을 따라 25분을 오르면 억새가 끝나는 730봉에 닿고, 730봉에서 계속 서쪽으로 이어지는 주능선을 따라가면 큰 바위를 거쳐 오르게 되며 가파른 능선을 따라 35분을 오르면 930봉 갈림길에 닿는다.

930봉에서 오른편 주능선을 따라 25분을 더 오르면 990봉 삼거리에 닿는다. 990봉 삼거리는 잘 기억을 해두고 가야 한다. 정상에서 다시 이곳으로 되돌아와서 남쪽 화악리로 하산을 해야 하기 때문이다.

990봉 삼거리에서 왼쪽 길은 하산길로 하고, 오른쪽 북쪽 주능선을 따라 가면 바윗길로 이어진다. 바위능선을 좌우로 우회하면서 25분을 올라가면 삼각점이 있는 1125봉에 닿는다. 1125봉에서 계속 북릉을 타고 15분을 더 올라가면 삼거리 촉대봉 정상이다.

정상에서 동쪽 능선으로 가는 길은 집다리골 휴양림으로 가는 길이다. 정상에서 하산은 올라왔던 주능선을 따라 40분을 내려가면 990봉 삼거리까지 되돌아온다.

990봉 삼거리에서 오른편 남서쪽 지능선을 타고 내려간다. 남서쪽 지능선을 따라 내려가면 아기자기한 바윗길로 이어지면서 30분을 내려가면 675봉 전 갈림길이 나온다.

이 갈림길에서 왼쪽으로 세능선을 따라 10분을 내려서면 가파른 절개지를 타고 임도에 내려선다. 여기서는 임도를 건너 이어지는 능선길을 따라 15분을 내려가면 쌍묘를 지나면서 계곡에 닿는다. 계곡에서 10분 거리에 이르면 화명사에 닿는다.

화명사에서부터는 소형차로를 따라 20분을 더 내려가면 광악초교 터 입구 버스정류장에 닿는다.

여행 정보 Tourist Information

대중교통

경춘선 상봉역에서 춘천행 전철 이용, 가평역 하차. 가평역(역) 터미널(터)에서 화악리행 06:20(터) 09:00(역) 13:10(역) 16:30(역) 19:50(터) 군내버스 이용, 윗흥적마을 하차. 윗흥적마을에서 흥적고개까지는 1.5km이다.

자가운전

가평 방면 46번 국도를 타고 가평에서 좌회전 ⇒ 목동에서 우회전 ⇒ 화악리 입구 삼거리에서 우회전 ⇒ 흥적고개 주차.

식당

범바위식당(일반식)
북면 목동1리 723-3
☎ 031-582-9730

송원막국수
가평읍 읍내7리
☎ 031-582-1408

용추골오리숯불구이
가평읍 읍내리 737
☎ 031-581-5282

명소

남이섬
평상시에는 육지였다가 홍수 땐 섬이 되던 동화나라 노래의 섬. 가평읍 달전리
문의 ☎ 031-580-8114

섬 같은 남이섬

북배산(北培山) 867m 계관산(鷄冠山) 736m

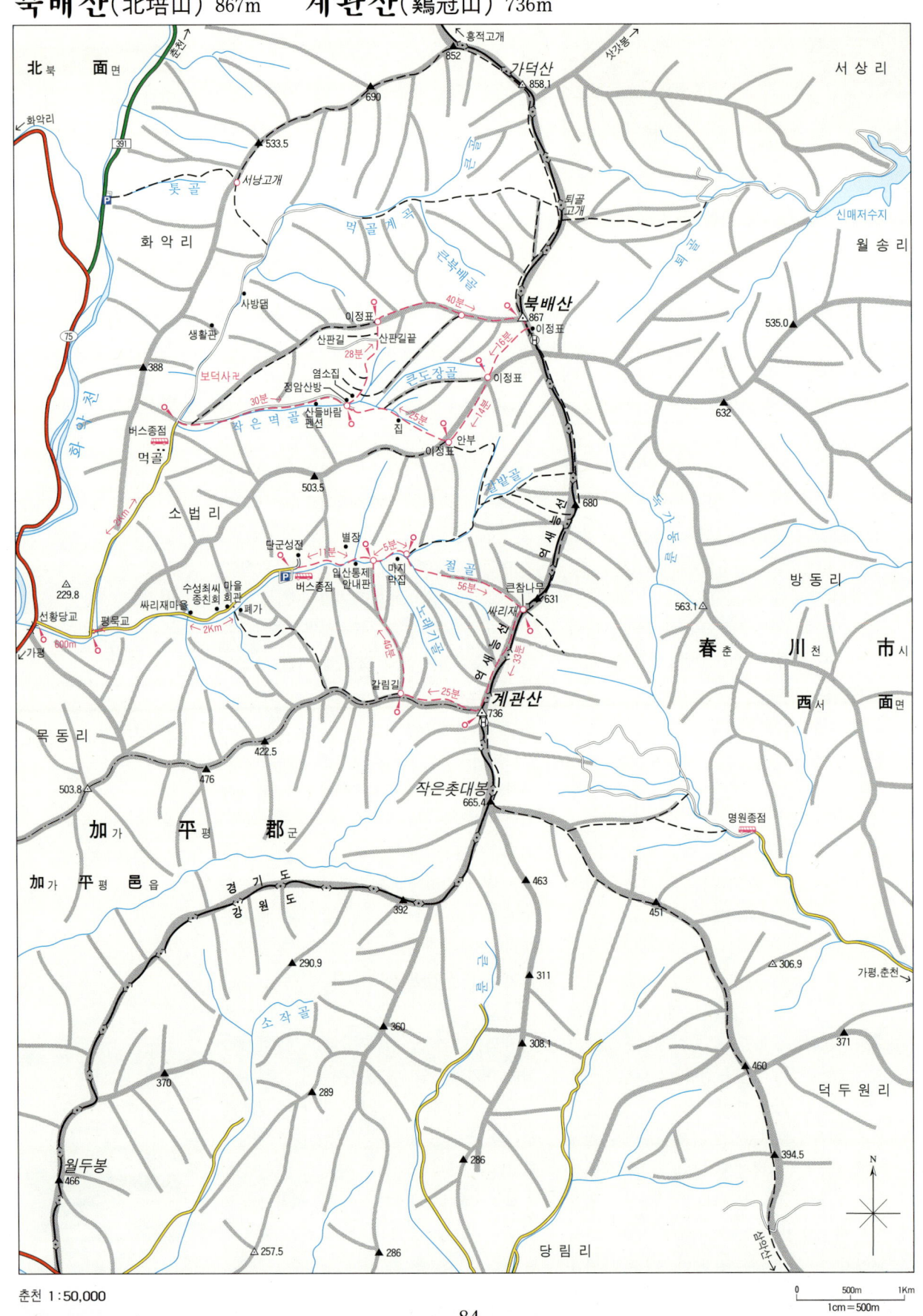

춘천 1:50,000

북배산 동릉. 가을 단풍이 한창이다.

북배산 · 계관산
경기도 가평군 북면 · 강원도 춘천시

북배산(北培山. 867m)과 **계관산**(鷄冠山. 736m)은 가덕산에서 남쪽으로 뻗은 능선이 북배산 계관산까지 이어지고 능선은 폭 10m 정도 방화선이며 억새밭으로 가을이면 장관이다.

등산로 Mountain path

북배산 총 4시간 3분 소요
버스종점 → 30분 → 삼거리 → 28분 → 지능선 → 40분 → 북배산 → 30분 → 안부 → 25분 → 삼거리 → 30분 → 버스종점

먹골 버스종점에서 북쪽 100m 거리 오른쪽 다리를 건너 소형차로를 따라 30분 거리에 이르면 먹골마을이 나온다. 먹골마을 골목길을 통과하면 염소집 전 갈림길이 나온다.

갈림길에서 왼쪽 염소집을 지나서 5분을 가면 이정표 갈림길이 나온다. 갈림길에서 직진하여 6분을 더 가면 갈림길이 또 나온다. 이 갈림길에서 오른쪽 희미한 산길로 간다. 산길은 계곡 왼쪽으로 희미하게 이어진다. 희미한 길을 따라 5분 정도 가면 산길은 없어진다. 여기서 길이 없는 골 왼쪽 편으로 정 북쪽을 향해 5분 정도만 오르면 임도가 끝나는 지점이 나온다. 여기서 직진으로 뚜렷한 산길이 이어져 5분을 오르면 또 임도가 나온다. 여기서도 직진하여 2분을 더 오르면 이정표가 있는 지능선 삼거리에 닿는다.

이정표에서 뚜렷한 오른쪽 지능선을 따라 30분을 오르면 방화선 북배산 정상이다.

하산은 남쪽 30m 거리 삼거리에서 오른쪽 길을 따라 16분을 내려가면 갈림길이 나온다. 우측은 급경사 하산길, 왼쪽은 완만한 능선길로 이어져 염소집에서 만난다. 왼쪽으로 14분을 내려가면 삼거리 안부가 나온다.

안부에서 오른쪽으로 20분을 내려가면 집이 있고 5분 더 내려가면 삼거리 염소집 앞이다. 여기서 버스종점까지는 30분 거리다.

계관산 총 4시간 1분 소요
싸리재마을 종점 → 16분 → 갈림길 → 56분 → 싸리재 → 33분 → 계관산 → 25분 → 갈림길 → 51분 → 마을종점

싸리재마을 버스종점에서 동쪽 소형차로를 따라 11분을 들어가면 입산통제 안내판이 있고 갈림길이 나온다. 여기서 우측 계류를 건너 10m 가면 오른쪽 지능선으로 하산길이 나온다.

여기서 차도를 따라 30m 거리에 이르면 갈림길이 또 나온다. 갈림길에서 왼쪽으로 계류를 건너 3분을 가면 마지막 외딴집이 나온다. 마지막집 왼쪽으로 계류를 건너서 2분을 가면 오른쪽으로 갈림길이 있다.

갈림길에서 오른쪽 산길로 간다. 오른쪽 산길로 접어들어 10분을 오르면 묘가 나온다. 묘를 지나서 30분을 오르면 두 번째 묘가 나오고, 15분을 오르면 갈림길이 나오는데 왼쪽으로 1분을 가면 큰 참나무가 있는 싸리재에 닿는다.

싸리재에서 오른쪽 방화선을 따라 33분을 오르면 표지석이 있는 계관산 정상에 닿는다.

하산은 오른편 서쪽 능선을 탄다. 정상에서 급경사로 시작하여 2분 정도 내려가면 다소 완만한 지능선 길로 이어진다. 뚜렷한 지능선 길을 따라 23분을 내려가면 양 능선 갈림길이 나온다. 갈림길에서 오른쪽 길을 따라 내려가면 뚜렷한 지능선 길로 이어지며 15분을 내려가면 묘를 지나고, 계속 지능선길로 이어져 25분을 내려가면 입산금지 안내문이 있는 임도에 닿는다. 임도에서 30m 거리에 입산금지표시를 지나고 11분을 내려가면 버스종점이다.

여행 정보 Tourist Information

대중교통
경춘선 상봉역에서 춘천행 전철 이용, 가평역 하차. 가평터미널에서 싸리재-먹골행 버스(07:15 13:30 19:30) 이용, **북배산**은 먹골종점 하차, **계관산**은 싸리재마을 하차

자가운전
가평 방면 46번 국도를 타고 가평에서 좌회전 ⇨ 75번 국도를 타고 북면삼거리에서 우회전 ⇨ 1.7km 성황당삼거리에서 우회전 ⇨ 600m 평목교에서 **계관산**은 우회전 ⇨ 2km 싸리재마을 주차장. **북배산**은 평목교에서 좌회전 ⇨ 2km 삼거리에서 우회전 ⇨ 2km 염소집 앞 공터.

식당
북면한식전문점(일반식)
가평군 북면 목동리
☎ 031-582-4768

송원막국수
가평읍 읍내7리 363-1
☎ 031-582-1408

용추골오리숯불구이
가평읍 읍내리 737
☎ 031-581-5282

명소
자라섬
사계절 자연의 멋을 그대로 느낄 수 있는 테마공원 캠핑장소.
가평읍 달전리
☎ 031-580-2700

오봉산 785m   마적산 785.6m

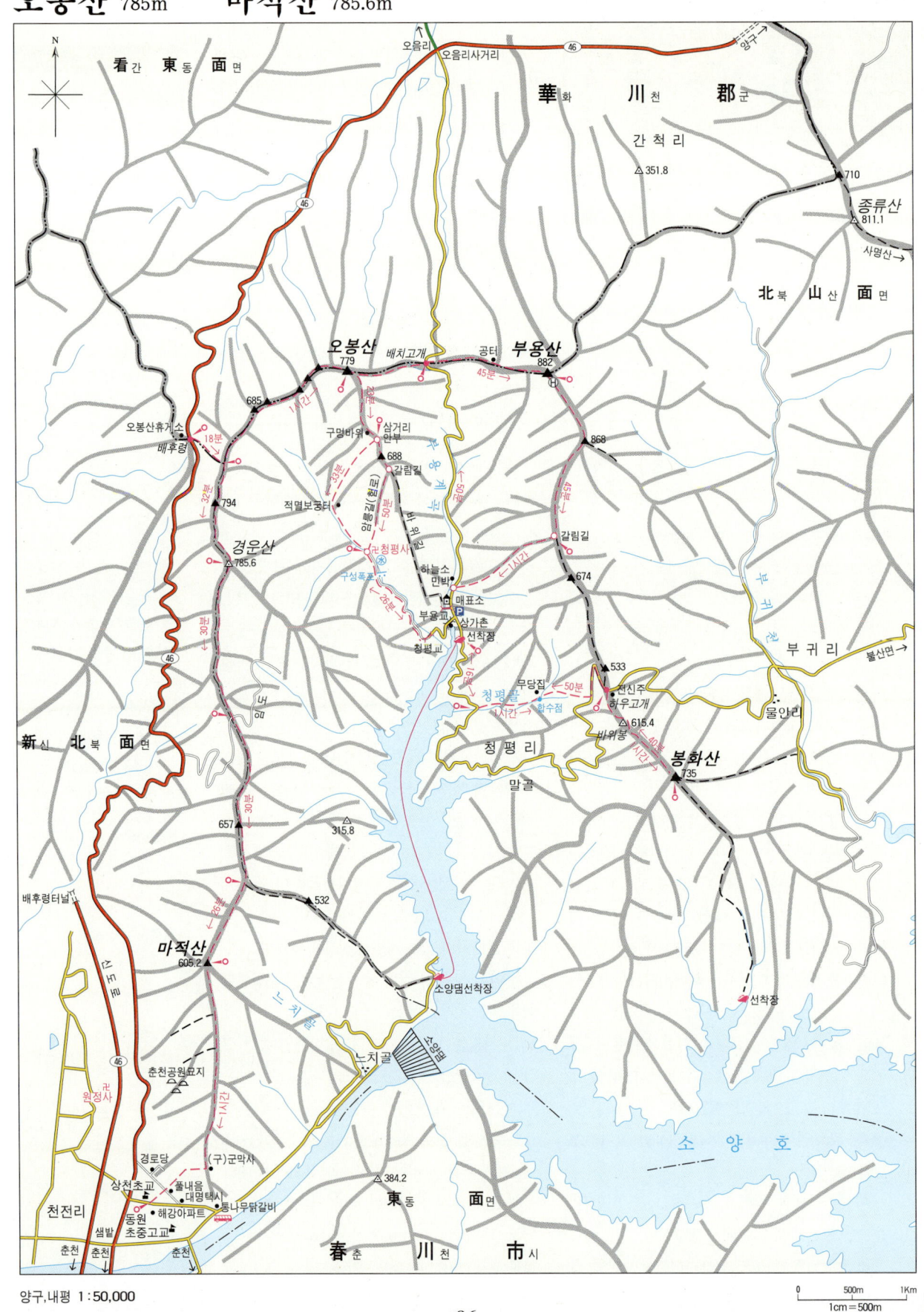

양구,내평 1:50,000

청평사 뒤로 펼쳐진 오봉산 전경

오봉산 · 마적산
강원도 춘천시 북산면

오봉산(五峰山, 779m)은 소양댐 북쪽에 위치한 산이다. 옛 이름은 경운산(慶雲山)이었으나 세월이 지나면서 오봉산으로 바뀌어 부르게 되었으며 주능선은 바위가 많고 경사가 급하며 남쪽으로는 거대한 소양호가 있고, 천년고찰 청평사가 있다.

마적산(馬蹟山, 605.2m)은 소양댐 서쪽 배후령 동쪽에 위치한 순수한 육산이다. 등산로가 완만하고 뚜렷한 오솔길 산행이다.

등산로 Mountain path

오봉산 총 3시간 40분 소요
배후령 → 18분 → 삼거리 → 60분 →
오봉산 → 23분 → 갈림길 → 33분 →
청평사 → 26분 → 선착장

배후령에서 동쪽 등산로를 따라 15분을 오르면 삼거리이정표가 나온다.

삼거리에서 왼편 능선을 따라 41분을 가면 삼각점이 있는 제 3봉이 나온다. 삼각점봉을 지나서 청솔바위 비석을 지나면서 20분 거리에 이르면 오봉산 정상이다.

하산은 동쪽으로 약 100m 1분 거리에 이르면 삼거리가 나온다. 왼쪽은 부용산 오른편은 청평사 방면이다. 오른쪽 능선을 따라 15분 내려가면 구멍바위를 통과하고, 다시 바윗길을 따라 6분을 내려가면 안부 삼거리가 나온다.

삼거리에서 오른쪽으로 간다. 직진 능선길은 청평사나, 주차장으로 하산길이나 암릉길 험로이고, 오른쪽 계곡길은 안전한 길이다. 오른쪽 길을 따라 15분을 내려가면 사리탑이 나오고 8분을 더 내려가면 합수곡이 나온다. 합수곡에서 10분 내려가면 혜탈문을 지나 청평사가 나온다. 청평사에서 소형차로를 따라 21분을 내려가면 식당가 삼거리가 나온다. 삼거리에서 오른편 선착장 길을 따라 5분 거리에 이르면 선착장에 닿는다.

마적산 총 4시간 33분 소요
배후령 → 18분 → 주능선 → 32분 →
경운산 → 30분 → 임도 → 47분 →
삼거리 → 26분 → 마적산 → 60분 →
천천리

배후령에서 동쪽 등산로를 따라 13분을 오르면 삼거리가 나오고 직진하여 5분을 더 오르면 봉우리에 공터 삼거리가 나온다.

삼거리에서 오른쪽 비탈길을 따라 3분 정도 가면 왼편절벽 바위길을 통과하고 이후, 부터는 끝까지 토산으로 이어진다. 바윗길을 지나서 29분을 가면 삼각점이 있는 삼거리 경운산이 나온다.

삼거리에서 왼쪽은 청평사로 하산길이고 마적산은 직진하여 4.2Km 더 가야 한다.

직진으로 주능선을 따라 30분을 내려가면 임도사거리가 나온다.

임도를 가로질러 오르면 다소 경사가 급해지면서 17분을 오르면 봉우리와 같은 지형에 도달하고, 이후부터는 평지와 같은 능선으로 이어지면서 30분 거리에 이르면 삼거리가 나온다. 왼쪽은 소양댐으로 가는 개설 등산로이고 마적산은 직진한다.

삼거리에서 직진으로 26분 거리에 이르면 표지석이 있는 마적산 정상이다.

하산은 계속 남쪽 능선을 따라 간다. 갈림길이 2번 나오는데 모두 직진하여 45분을 내려가면 군막사가 나온다. 군막사에서 오른쪽으로 가다가 다시 왼쪽으로 꼬부라지면서 13분을 내려가면 돌탑이 나오고 바로 도로에 닿는다. 도로에서 왼쪽 7분 거리에 버스정류장이다.

여행 정보 Tourist Information

대중교통
경춘선 상봉역에서 춘천행 전철 이용, 춘천역 하차. 춘천역 건너편에서 40분 간격으로 운행하는 양구~오음리행 시외버스를 타고 배후령 하차.
오봉산 하산 후에는 청평사 선착장에서 30분 간격으로 운행하는 소양댐행 배를 타고 소양댐 도착 후, 12-1시내버스 이용, 춘천역 하차.
마적산 하산 후에는 천천리에서 춘천역행 시내버스 이용.

자가운전
서울 춘천 간 고속도로 조양IC에서 좌회전⇨춘천IC에서 우회전⇨46번 국도 타고 춘천 외곽도로 통과 소양강 건너 상천교 건너서 빠져나와 샘밭사 거리에서 좌회전⇨배후령 (구)도로를 타고 약 5km 배후령 왼편 오봉산 휴게소 주차.

식당
통나무닭갈비
신북읍 천천리 38-26
☎ 033-241-5999

샘밭막국수
신북읍 천천리 118-23
☎ 033-242-1702

명소
소양강
청평사
오봉산에 있는 신흥사의 말사.

대룡산(大龍山) 899.3m 수리봉 644.9m

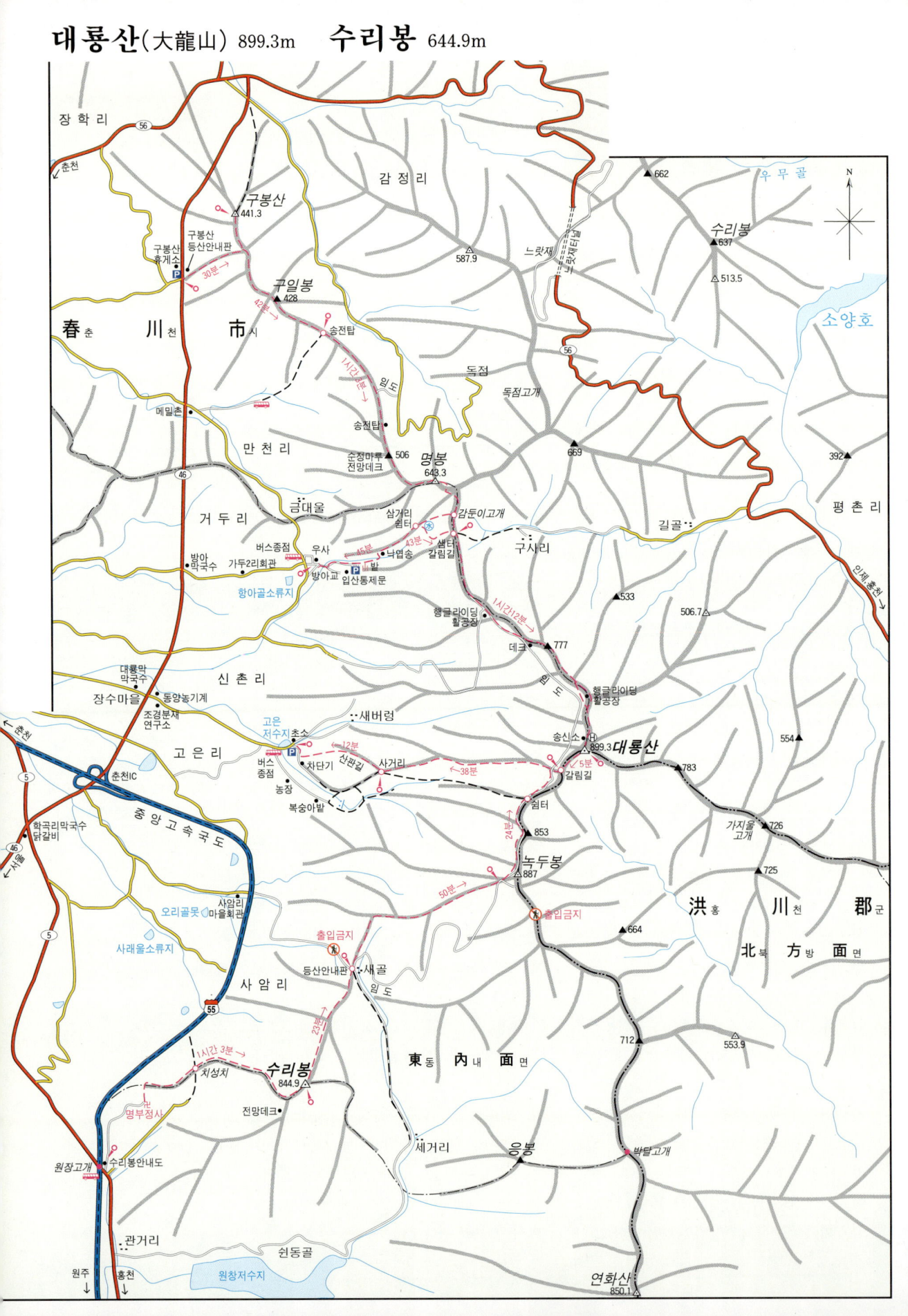

북쪽 능선에서 바라본 대룡산 전경.

대룡산 강원도 춘천시 동내면, 동면

대룡산(大龍山, 899.3m)은 춘천시 동쪽에 남북으로 웅장하게 펼쳐 보이는 산이다. 가리산에서 서쪽으로 이어진 능선이 물안봉 늘목고개를 지나 계속 서쪽능선으로 뻗어나가 가락재를 지나 서쪽으로 높이 솟은 산이 대룡산이다. 대룡산 정상에서 다시 남북으로 능선이 갈라진다. 북쪽으로 이어지는 능선은 갑둔이고개를 지나서 구봉산으로 이어지고, 남쪽으로 이어진 능선은 다시 갈라져 서쪽으로는 수리봉 원창고개 금병산으로 이어진다.

대룡산은 춘천시 주변에서 가장 높은 산이며, 북쪽에는 거대한 소양호가 있고 서쪽에 의암호에 둘러싸여 있는 호반의 도시 춘천시가 위치하고 있다. 산세는 남북으로 능선이 이어져 있고 동쪽 면은 급경사이며 서쪽은 완만한 편이다.

산행은 동내면 거두2리 버스종점에서 갑둔이고개를 경유하여 대룡산 정상에 오른 후, 서남쪽 능선 5분 거리에서 서쪽 지능선을 타고 고은리 버스종점으로 하산한다.

등산로 Mountain path

대룡산 총 3시간 50분 소요

거두2리 버스종점 → 43분 →
갑둔이고개 → 72분 → 대룡산 → 5분 →
삼거리 → 38분 → 임도 → 12분 → 주차장

춘천시 동내면 거두2리 24번 26번 버스종점 사거리에서 산 쪽으로 직진 100m 거리에 이르면 방아교가 나온다. 방아교 건너 삼거리에서 왼쪽 소형차로를 따라 5분을 가면 이정표가 있는 갈림길이 나온다. 갈림길에서 오른쪽으로 2분을 가면 주차장 있고 산불초소가 나온다.

산불초소에서 4분을 가면 계곡 입구에 갈림길이 나온다. 갈림길에서 왼쪽으로 가면 능선으로 등산로가 시작된다. 뚜렷한 능선으로 이어지는 등산로를 따라 9분을 올라가면 소나무가 구부러진 쉼터가 나오고, 6분을 더 오르면 넓은 공터에 삼거리 이정표가 나온다.

삼거리에서 뚜렷하게 이어지는 오른쪽 등산로를 따라 7분을 가면 삼거리 쉼터가 나온다. 왼쪽은 명봉 구봉산 방면이고, 오른쪽은 갑둔이고개 대룡산이다. 오른쪽으로 9분을 오르면 쉼터 갑둔이고개 사거리가 나온다.

갑둔이고개에서 오른쪽 대룡산을 향해 7분을 오르면 쉼터를 통과하고 다시 9분을 오르면 임도가 나온다. 임도를 가로질러 9분을 오르면 다시 임도를 건너 춘천시가지가 시원하게 내려다 보이는 데크가 나온다.

데크를 지나서 14분을 오르면 헬기장이 나온다. 헬기장을 지나 4분 거리 갈림길에서 오른쪽 비탈길을 따라 11분 거리에 이르면 고은리 갈림길을 지나고, 다시 16분을 더 오르면 송전탑을 지나서 2분을 더 오르면 대룡산 정상에 닿는다.

정상은 거대한 표지석이 있고 데크가 있다. 데크에서 바라보면 춘천시가지가 의암호와 함께 속속들이 내려다보이고, 멀리는 삼악산 삿갓봉 계관산 금병산등이 시야에 들어온다.

하산은 올라왔던 반대편 서남쪽 능선길을 따라 5분을 내려가면 갈림길이 나온다.

갈림길에서 왼편 주능선은 통행불가 표시가 있다. 주능선에서 오른쪽 뚜렷한 서쪽 방면 능선길을 따라 3분을 내려가면 임도가 나온다. 임도를 가로질러 능선을 따라 내려간다. 임도를 지나서부터 완만하게 이어지는 능선길을 따라 14분을 내려가면 쉼터를 지나고, 다시 15분을 내려가면 갈림길이 나오는데 왼쪽으로 간다. 왼쪽으로 6분을 내려가면 옛 산판길이 나온다.

옛 산판길에서 오른쪽 옛 산판길을 따라 12분을 더 내려가면 고은리 주차장 버스종점이다.

여행 정보 Tourist Information

대중교통

경춘선 상봉역에서 춘천행 전철을 타고 남춘천역 하차. 2번 출구에서 10분 효자사거리에서 거두2리행 26번. 24번 시내버스를 타고 거두2리 종점 하차.

자가운전

춘천 양구 방면 46번 국도를 타고 춘천외각도로 동내면 사거리에서 직진 ⇨4km 거두리에서 우회전⇨1km 거두2리 버스종점 주차.

식당

대룡산메밀싹막국수

점심 저녁 때는 줄을 서야하는 메밀싹막국수집으로 유명한 집.
동내면 신촌1리 335
☎ 033-261-1421

학곡리닭갈비, 막국수

춘천의 대표 음식인 닭갈비와 막국수로 널리 알려진 음식점.
동내면 학곡리 345-2
☎ 033-261-5775

명소

소양댐

동양 최대의 사력댐인 소양호. 그 위용에 소양호는 대륙의 바다라 불리고 있다.

웅장하고 아름다운 소양댐

금병산(錦屛山) 652.2m

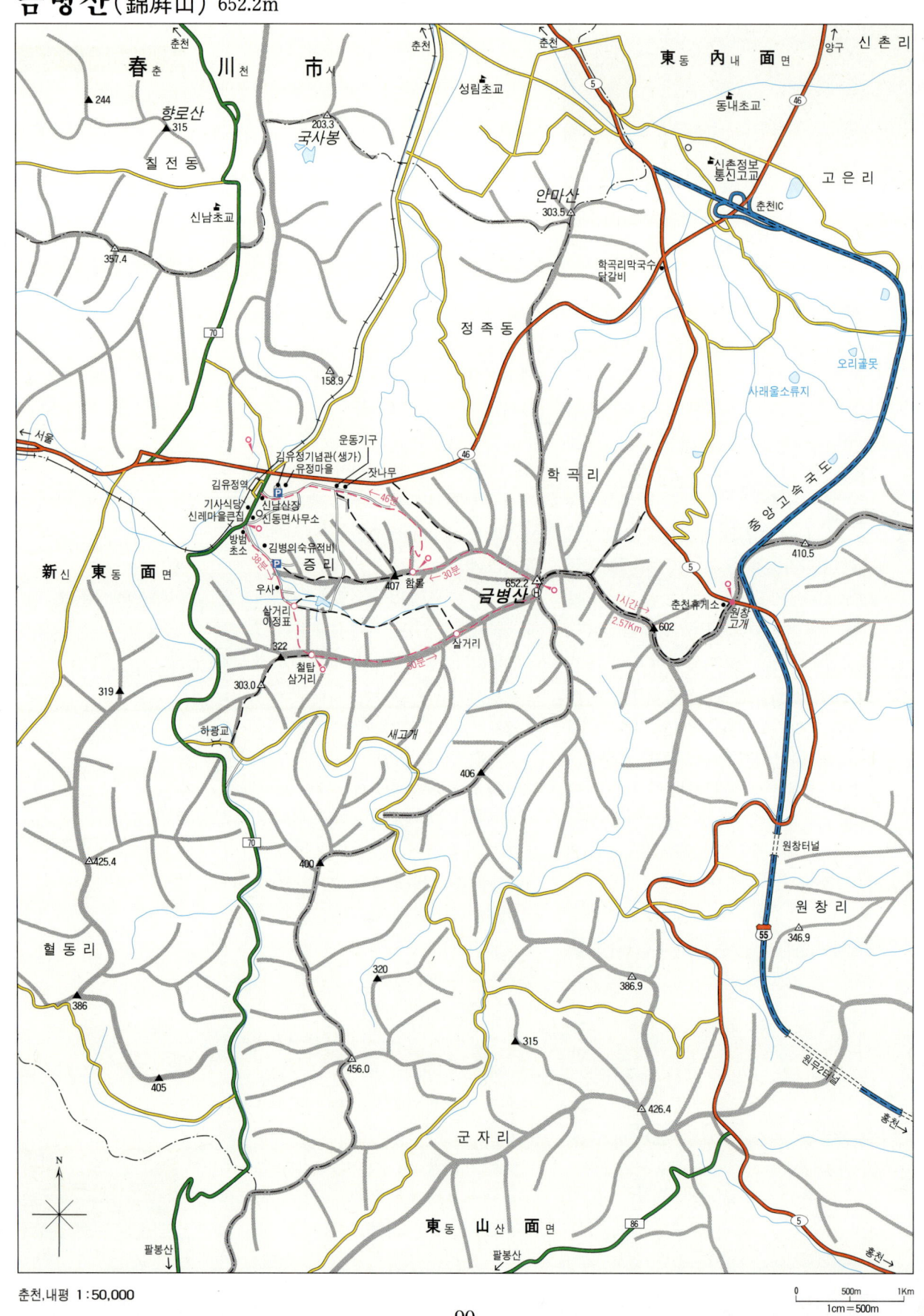

춘천, 내평 1 : 50,000

헬기장과 데크가 있는 금병산 정상

금병산 강원도 춘천시 신동면, 동내면, 동산면

김유정역 → 38분 → 안부삼거리 → 50분 → 금병산 → 30분 → 함몰삼거리 → 46분 → 김유정역

금병산(金屛山, 652.2m)은 경춘선 김유정역 동쪽에 위치하고 있으며 춘천역에서 약 8km 거리에 있는 순수한 육산이다. 춘천시내에서 남쪽으로 보면 홍천으로 넘어가는 중앙고속도로가 보이고, 원창고개가 보인다. 원창고개 동쪽은 대룡산 서쪽은 금병산이다.

산세가 완만하고 수도권에서 비교적 가까운 거리에 위치하고 있으며, 주변에 들러볼만한 곳이 많고 먹거리가 많으며, 전철에서 원점회귀 산행이 가능하여 주말 가족 산행지로 매우 적합한 산이다. 특히 산 전체가 험로가 없고 급경사가 없어 실버산행지로 적합한 산이다.

산행기점인 김유정역은 65년 동안 신남역으로 불리어 오다가 2004년 12월 1일부터 소설가 이름을 딴 김유정 역으로 바뀌었다. 김유정(金裕貞 1908~1937)은 춘천시 신동면 실레마을에서 태어나 30여 편의 탁월한 체취의 단편소설을 남김으로써 1930년대 한국문학사에 새로운 지평을 열었던 인물이다. 역 주변에는 김유정 생가. 전시관 금병의숙 실레마을 등 가볼만한 곳이 많다. 경춘선 낭만의 열차를 타고 산행 후에 김유정 유적지를 들러보고 돌아오면 더 좋은 산행이 될 것이다.

산행은 김유정역에서 정상을 바라보고 오른편 남쪽 송전탑에 오른 다음, 동릉을 타고 정상에 이른다. 하산은 서쪽으로 뻗은 능선을 타고 함몰지역을 경유하여 김유정문화촌으로 하산 다시 김유정역으로 원점회귀 산행이다.

동산로 Mountain path
금병산 총 3시간 44분 소요

김유정역 앞에서 오른편 도로를 따라 70m 정도 가면 신동면사무소 우측으로 사거리가 나온다. 사거리 도로를 건너 직진 5분 정도 가면 왼쪽에 금병의숙 복지관을 지나서 갈림길이 나온다. 갈림길에서 오른쪽 언덕길을 따라 10분 정도 가면 이정표 삼거리가 나온다.

삼거리에서 오른쪽 산길을 따라 40m 정도 오르면 임도 갈림길이 나온다. 임도 갈림길에서 오른쪽으로 100m 정도 거리에 이르면 오른쪽으로 희미한 샛길을 지나서 이정표가 새워진 뚜렷한 삼거리가 나온다.

삼거리에서 오른쪽 산길로 간다. 여기서부터 산길을 따라 오르면 완만한 길로 이어지다가 급경사가 나오면서 20분 거리에 이르면 쉼터가 있는 주능선 안부 삼거리가 나온다.

안부삼거리에서 왼쪽으로 간다. 무난한 주능선을 따라 34분 거리에 이르면 왼쪽에서 오르는 삼거리가 나온다. 삼거리에서 직진 16분을 더 오르면 금병산 정상에 닿는다.

정상은 나무를 베어내고 헬기장이 있고 데크가 설치되어 있어 전망이 매우 빼어나다.

정상 데크에서 바라보면 호반의 도시 춘천시 가지가 아름답게 내려다보인다.

하산은 서쪽능선을 탄다. 서쪽으로 이어지는 능선을 따라 30분 거리에 이르면 함몰지 안부 삼거리가 나온다.

삼거리에서 직진, 오른쪽 모두 김유정역으로 하산길이다. 오른쪽으로 9분을 내려가면 계곡길로 이어지면서 8분을 내려가면 삼거리 운동시설이 나온다. 여기서부터 넓은 산책길을 따라 10분 거리에 이르면 초소 지나서 바로 갈림길이 나온다. 갈림길에서 오른쪽으로 9분을 내려가면 김유정문학촌이 나오고 여기서 김유정역까지는 10분 거리다.

여행 정보 Tourist Information

대중교통
경춘선 상봉역에서 매시 20분, 40분에 출발하는 춘천행 전철 이용, 김유정역 하차

자가운전
춘천 방면 46번 국도를 타고 의암교 의암터널 통과 1km 첫 번째 오른쪽 갈림 도로에서 우회전 ⇒ 철로 건너 삼거리에서 좌회전 ⇒ 다시 삼거리에서 좌회전 ⇒ 김유정역

식당
유정마을(닭갈비전문)
신동면 증3리 869-2
☎ 033-262-0361

소낙비기사식당(일반식)
신동면 증리 938-5
☎ 033-261-4815

가마솥보리밥
신동면 증3리 932-1
☎ 033-261-0528

명소
김유정문화촌
1930년대 한국 소설문학의 산실이었던 실레마을 김유정 생가와 전시관이 있다.
춘천시 증3리
☎ 033-261-4660

금병산 서쪽에 자리한 김유정 생가

삼악산(三岳山) 654m   등선봉(登仙峰) 636.3m

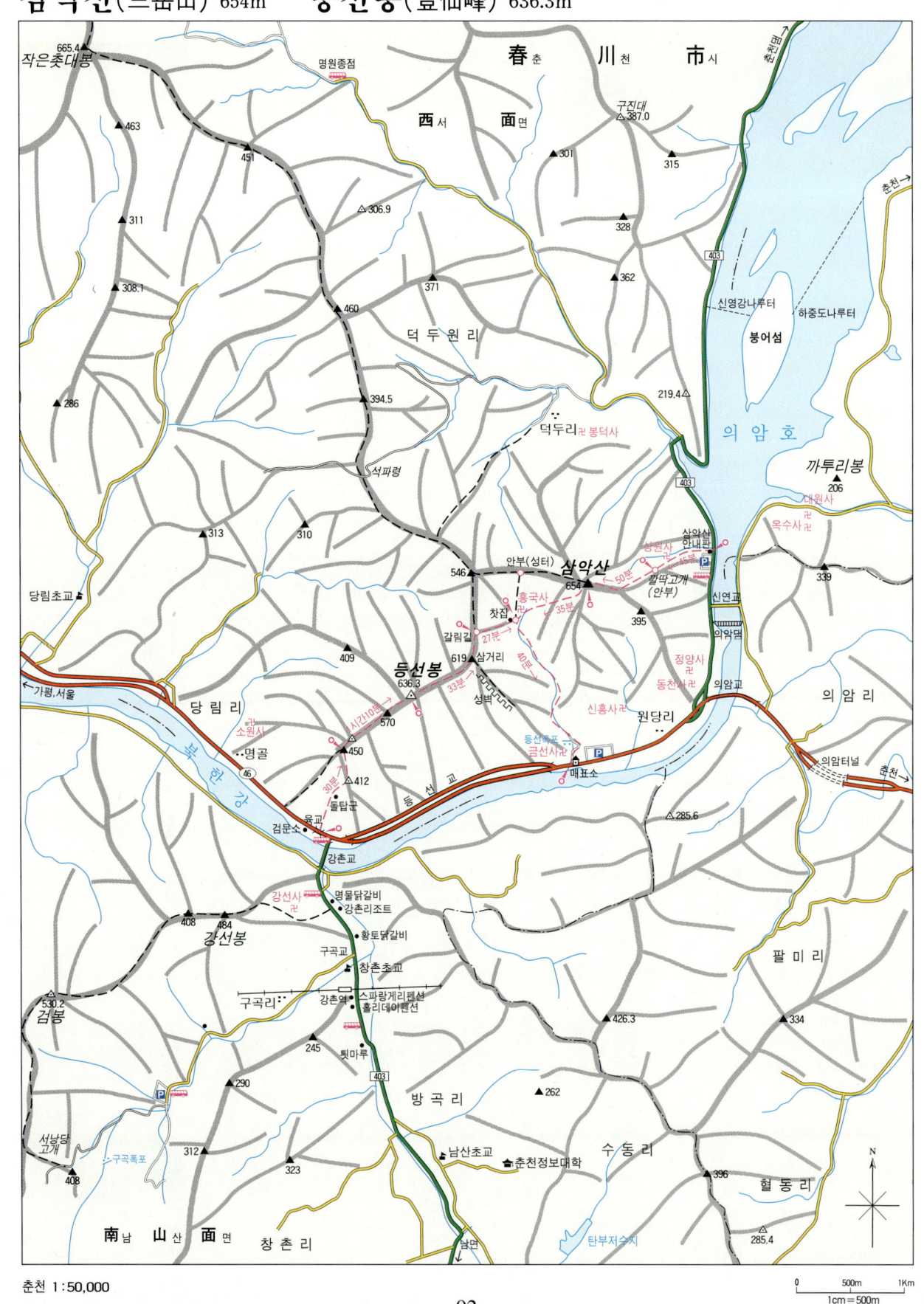

의암호 동쪽 신연교에서 바라본 삼악산

삼악산·등선봉
강원도 춘천시 서면

삼악산(三岳山, 654m)은 의암호 서쪽에 위치한 경기 5대 악산의 하나이다. 산 전체가 바위산으로 이루어져 있으며 등산로 대부분도 바윗길이다. 일기가 좋을 때는 아기자기한 등산로이지만 눈 비바람일 때는 험악한 악산이다. 산록에는 흥국사가 있고 하산길 협곡에 유명한 등선폭포가 있다.

등선봉(登仙峰, 636.3m)은 삼악산에서 남서쪽 능선으로 연결되어 약 3km 거리에 위치하고 있는 바위산이다. 산행기점 강촌교에서 407봉 첫 봉까지는 급경사이고, 407봉에서 등선봉 정상까지는 양면이 급경사이며 대부분 바윗길이다. 위험한 바윗길은 대부분 동쪽으로 우회길이 있지만 주의가 필요하며, 눈비가 올 때는 산행을 삼가야 한다.

등산로 Mountain path

삼악산 총 3시간 50분 소요
의암댐 → 45분 → 깔딱고개 → 50분 → 삼악산 → 35분 → 흥국사 → 40분 → 등선폭포

의암댐 서쪽 편에서 북쪽으로 300m 거리에 상원사 입구에 주차장이 있고 매표소가 있다. 매표소를 통과하여 오르면 바윗길이 시작되어 8분 거리에 산장이 있고, 15분을 더 오르면 상원사가 나온다. 상원사 왼쪽으로 오르면 급경사 비탈길로 이어져 22분을 오르면 깔딱고개에 닿고, 깔딱고개에서 능선 바윗길을 따라 38분을 오르면 전망봉에 닿는다. 여기서 12분을 더 오르면 삼악산정상에 닿는다.

하산은 남쪽 길로 33분을 내려가면 흥국사에 닿고, 다시 2분 거리에 찻집 앞 삼거리가 나온다. 계속 남쪽 계곡을 따라 40분을 내려가면 등선폭포를 지나서 경춘 국도에 닿는다.

등선봉 총 4시간 20분 소요
강촌교 → 30분 → 450봉 → 46분 → 570봉 → 24분 → 등선봉 → 60분 → 찻집 → 40분 → 매표소

강촌교 북단 육교가 산행기점이다. 처음부터 급경사를 따라 20분을 올라가면 돌탑 군을 지나고, 10분을 더 오르면 450봉 첫 봉에 닿는다.

첫봉을 내려서면 큰 바위가 나온다. 바위를 왼쪽으로 돌아가면 다시 능선으로 이어지고, 10분 거리에 이르면 바윗길이 나온다. 여기서 우회 길을 따라 10분을 올라가면 능선을 넘고, 1분 거리에서 다시 우측으로 능선을 넘어와 바위지역을 통과하게 된다. 바위지역은 여러 갈래로 바윗길이 나 있는데 리본이 가장 많이 매달린 방면으로 가는 것이 가장 안전하다. 바윗길을 조심하여 통과하면 작은 안부가 나오고 다시 바윗길이 시작된다. 험한 바윗길은 반드시 우회길이 있으므로 안전하게 우회 길을 따라 오르면 바윗길을 타고 오르는 길과 만나서 조금 더 오르면 570봉에 닿는다. 450봉에서 46분 거리다.

570봉에서 4분을 내려가면 안부가 나오고 다시 바위 능선길이 시작된다. 바위 능선길 혹은 우회길을 따라 20분을 더 오르면 등선봉 정상이다.

하산은 북쪽 능선을 타고 4분을 내려가면 성터가 나오고, 7분을 지나면 성벽길로 이어져 8분을 더 가면 삼거리 619봉에 닿는다. 619봉에서 왼편 북쪽 능선을 따라 14분을 내려가면 이정표가 있는 갈림길이 나온다.

갈림길에서 오른쪽 지능선을 따라 27분을 내려가면 찻집 삼거리가 나온다. 삼거리에서 계속 이어지는 계곡을 따라 40분 내려가면 등선폭포를 지나 버스정류장에 닿는다.

여행 정보 Tourist Information

대중교통
경춘선 상봉역에서 춘천행 전철 이용, 강촌역 하차 후, 강촌역-춘천시청 방면 시내버스 3번, 5번, 50번, 50-1번, 55번, 56번, 56번을 타고 **등선봉**은 강촌교 하차. **삼악산**은 의암댐(신연교) 서쪽 하차.

자가운전
춘천 방면 46번 국도를 타고 가평-강촌검문소를 통과하여 의암교에서 우회전 ⇨ 다리 및 통과 403번 지방도를 따라 1.3km 삼악산(상원사) 주차장.

식당
강촌토종닭갈비
남산면 강촌리 247-17
☎ 033-26-5949

강촌황토닭갈비
남산면 강촌리 247-17
☎ 033-262-6188

명소
등선폭포
삼악산 하산지점 협곡 속에 있는 높이 10m의 대표적인 폭포이다.

삼악산 남쪽 협곡에 위치한 등선폭포

검봉산(劍峰山) 530.2m　　봉화산(烽火山) 515m

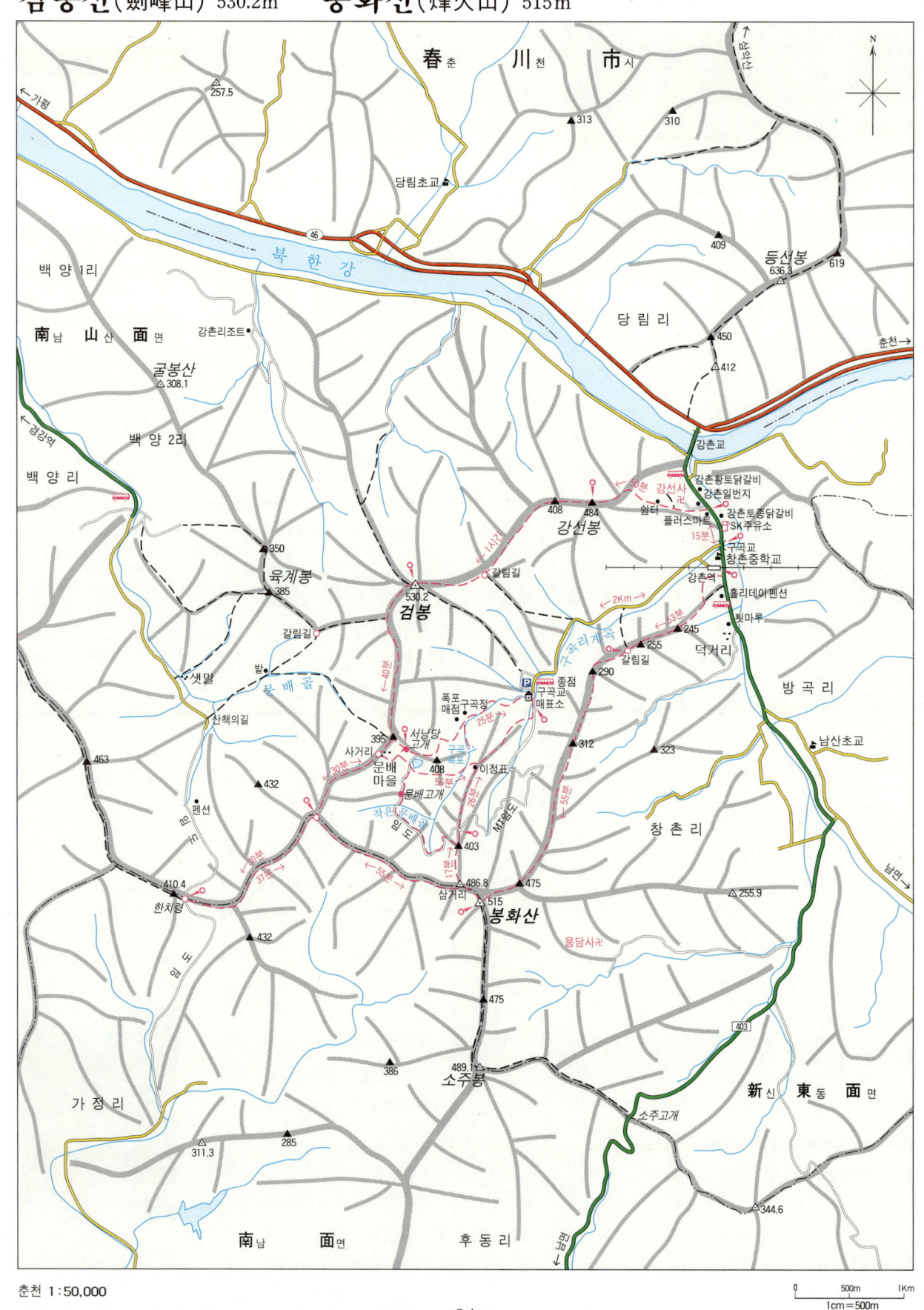

북한강에서 바라본 검봉산

검봉산 · 봉화산
강원도 춘천시 남산면, 남면

검봉산(劍峰山, 530.2m)은 강촌리 서쪽에 위치한 산이며 칼을 세워놓은 것처럼 생겼다고 하여 칼봉 또는 검봉이라고 부른다. 등산로 주변에는 문배마을, 구곡폭포가 있다.

산행은 강선사, 강선봉을 경유 검봉산에 오른 후, 문배마을, 구곡폭포 주차장으로 하산한다.

봉화산(烽火山, 515m)은 조선시대에 외적의 침입을 알리는 봉수대가 있어 봉화산으로 부른다. 산세가 완만하고 험로가 없어 가족 산행지로 좋은 산이다.

산행은 강촌역에서 시작 능선을 타고 봉화산에 오른 후, 북쪽능선을 타고 주차장으로 하산한다.

등산로 Mountain path

검봉산 총 4시간 10분 소요

플러스마트 → 50분 → 강선봉 → 60분 → 검봉산 → 40분 → 서낭고개 → 40분 → 매표소

강촌역 동쪽 50m 거리 삼거리에서 좌회전 15분 거리에 이르면 플러스마트 지나서 바로 검봉산 등산로가 있다. 검봉산 등산로를 따라 5분을 가면 강선사 삼거리가 나온다. 삼거리에서 왼쪽으로 7분을 오르면 쉼터가 나온다. 여기서부터 급경사가 시작되어 21분을 오르면 바위 위 쉼터가 나오고 11분을 더 오르면 강선봉이다.

강선봉에서 조금 내려서 오른쪽 능선 등산로를 따라 1시간 거리에 이르면 검봉산 정상이다.

하산은 남쪽 능선으로 조금 내려서면 갈림길이 나온다. 갈림길에서 왼쪽 문배마을길을 따라 12분을 가면 사거리가 나온다. 사거리에서 직진 18분을 가면 갈림길이 또 나온다. 갈림길에서 왼쪽 능선으로 5분을 오르면 삼거리 봉이 나온다. 여기서 왼쪽으로 5분을 내려가면 서낭고개가 나온다.

서낭고개에서 오른쪽 문배마을을 돌아본 다음, 다시 서낭고개로 되돌아와서 13분을 내려가면 구곡폭포 입구에 닿는다. 오른쪽으로 100m 거리 구곡폭포를 돌아보고 와서 넓은 길을 따라 12분을 내려가면 버스종점이다.

봉화산 총 3시간 33분 소요

강촌역 → 55분 → 갈림길 → 55분 → 봉화산 → 43분 → 주차장

강촌역 동쪽 50m 삼거리에서 오른쪽 20m 거리 철길 다리 밑 지나 봉화산 등산로 이정표가 있다. 여기서 오른쪽으로 50m 가서 왼쪽 능선으로 오른다. 경사진 등산로를 따라 17분을 오르면 능선이 나오고 오른쪽으로 5분을 더 오르면 첫 봉에 닿는다. 첫 봉에서부터 계속 동남쪽으로 이어지는 능선을 따라 38분을 가면 오른쪽 갈림길이 나온다.

갈림길에서 계속 동남쪽 능선을 따라 55분을 오르면 표지석이 새워진 봉화산 정상이다.

하산은 남쪽 5m 거리 삼거리에서 오른편 서쪽 비탈길을 따라 5분을 가면 이정표 삼거리가 나온다. 삼거리에서 오른편으로 10분을 내려가면 왼편으로 임도가 보이는 지점이 나온다. 여기서 오른쪽으로 1분을 내려가면 임도가 나온다.

임도에서 왼쪽으로 10m 가서 오른쪽으로 간다. 임도를 벗어나 산길로 들어가 1분을 내려가면 3번째 임도가 나온다. 이 지점에서 임도를 가로질러 산길로 내려가면 하산길이 뚜렷하다.

이 길을 따라 6분을 내려가면 삼거리가 나온다. 삼거리에서 오른편 계곡길을 따라 14분을 내려가면 임도에 닿고, 왼편 임도를 따라 5분을 내려가면 구곡폭포 주차장이다.

여행 정보 Tourist Information

대중교통
경춘선 상봉역에서 춘천행 전철 이용, 강촌역 하차.

자가운전
검봉 · 봉화산은 수도권에서 46번 경춘 국도를 타고 강촌교삼거리에서 우회전 ⇨ 1.5km 강촌역 주차.

식당
강촌토정닭갈비
강촌 중심가에 위치.
남산면 강촌리 250-1
☎ 033-261-5949

강촌황토닭갈비
강촌유원지에서 오래된 집.
남산면 강촌리 247-17
☎ 033-262-6188

문배마을이씨네집 (토종닭)
남산면 강촌1리 450
☎ 033-261-3403

문배마을한씨네 (토종닭)
남산면 강촌1리 486
☎ 033-261-3766

명소
구곡폭포
여름에는 폭포, 겨울에는 빙벽으로 장관이다. 강촌역에서 30분 거리.

거대하고 아름다운 구곡폭포

굴봉산(屈峰山) 395m   육계봉 385m

춘천 1:50,000

표시가 없고 밋밋한 굴봉산 정상

굴봉산·육계봉
강원도 춘천시 남산면

굴봉산(屈峰山 395m)은 정상부근 여러 곳에 바위굴이 있어 굴봉산이라 부른 것으로 추정이 된다. 대체적으로 완만한 등산로이나 정상 일대는 급경사에 바윗길로 이루어져 있어 눈비가 올 때는 매우 위험하고 평소에도 주의가 요구되는 산이다.

산행은 굴봉산역 서천초교에서 시작 계곡을 건너 주능선을 타고 굴봉산에 오른 뒤, 하산은 도치골을 따라 다시 굴봉산역으로 원점회귀 산행이다.

육계봉(385m)은 굴봉산에서 남쪽 주능선으로 이어져 3.9km에 위치한 순수한 육산이다.

산행은 굴봉산역 오른편 1.1km 거리 도치교에서, 도치골, 주능선을 경유 육계봉에 오른 다음, 동쪽 14분 거리 갈림길에서 오른쪽 지능선을 타고 문배골, 황토 집을 경유하여 백양 2리 버스종점으로 하산 한다.

등산로 Mountain path

굴봉산 총 2시간 55분 소요
굴봉산역 → 38분 → 주능선 → 28분 →
굴봉산 → 33분 → 도치교 → 16분 →
굴봉산역

굴봉산역 앞에서 왼쪽으로 8분을 가면 서천초교 정문이다. 정문에서 오른쪽 마을길을 따라 2분 거리 개울을 건너 28분을 올라가면 주능선 삼거리에 닿는다.

주능선에서 오른쪽 능선을 따라 28분을 가면 바윗길이 나오면서 굴봉산 정상에 닿는다.

하산은 북쪽으로 4분 내려가면 갈림길이 나온다. 갈림길에서 오른쪽으로 내려가면 급경사에 줄이 매여진 하산길이고, 여기서 왼쪽 능선으로 2분 정도 더 내려가면 두 번째 갈림길이 또 나온다. 여기서 왼쪽은 골프장이고, 하산길은 오른쪽이다.

오른쪽 하산길을 따라 3분 내려서면 바위굴이 있는 갈림길이 나온다. 바위굴 삼거리에서 오른쪽으로 50m 정도 가면 오른쪽에서 내려오는 길과 만나서 지능선을 타고 내려가게 된다.

지능선을 따라 15분을 내려가면 도치골 삼거리가 나온다. 삼거리에서 오른쪽으로 8분 거리에 이르면 도치교가 나온다.

도치교에서 다리를 건너지 말고 오른쪽 둑길을 따라 13분을 가면 굴봉역 닿기 전에 돌다리를 건너서 3분 거리에 이르면 굴봉산역이다.

육계봉 총 4시간 30분 소요
굴봉산역 → 54분 → 주능선 → 65분 →
육계봉 → 14분 → 갈림길 → 50분 →
황토집 → 27분 → 버스종점

굴봉산역 앞에서 오른쪽으로 100m 가서 왼쪽 계곡 돌다리를 건너 오른쪽 둑길을 따라 12분을 가면 도치교가 나온다. 도치교에서 왼쪽으로 3분 거리 2층 기와집 앞에서 왼쪽 계곡을 건너 오른쪽으로 100m 가면 갈림길이 나온다. 갈림길에서 오른쪽 계곡을 건너 7분을 가면 갈림길이 나온다. 갈림길에서 오른쪽으로 26분을 더 오르면 주능선 삼거리에 닿는다.

주능선에서 오른쪽 주능선만을 따라 35분을 가면 상석 묘 3기를 지나 갈림길이 나온다.

갈림길에서 직진 15분을 오르면 삼거리 봉에 닿고, 오른쪽으로 15분을 더 오르면 육계봉이다.

하산은 남동 방향 능선으로 14분을 내려가면 갈림길이 나온다. 갈림길에서 오른쪽 지능선을 따라 16분을 내려가면 집이 있는 계곡에 닿는다. 여기서부터 농로를 따라 16분을 내려가면 황토집 도로에 닿고, 백양리 버스종점은 27분 거리다.

여행 정보 Tourist Information

대중교통
경춘선 상봉역에서 매시 20분, 40분에 출발하는 춘천행 전철을 타고 굴봉산역 하차.

자가운전
경춘 46번 국도를 타고 경강교 통과 약 3km 춘성대교 건너기 전에 우회전⇨2km 서천초교 주차.

식당
정호닭갈비
춘천전통 닭갈비 집.
춘천시 남산면 서천리
☎ 033-213-2823

다리골막국수
오래된막국수 집.
남산면 서천리 253-1
☎ 033-263-2634

무공해식당
(토종닭, 매운탕)
남산면 서천리
☎ 033-263-1965

명소
자라섬
사계절 자연의 멋을 그대로 느낄 수 있는 자연생태공원.
가평읍 달전리
☎ 031-581-0228

강촌교에서 바라본 북한강 전경

새덕산 (塞德山) 490m

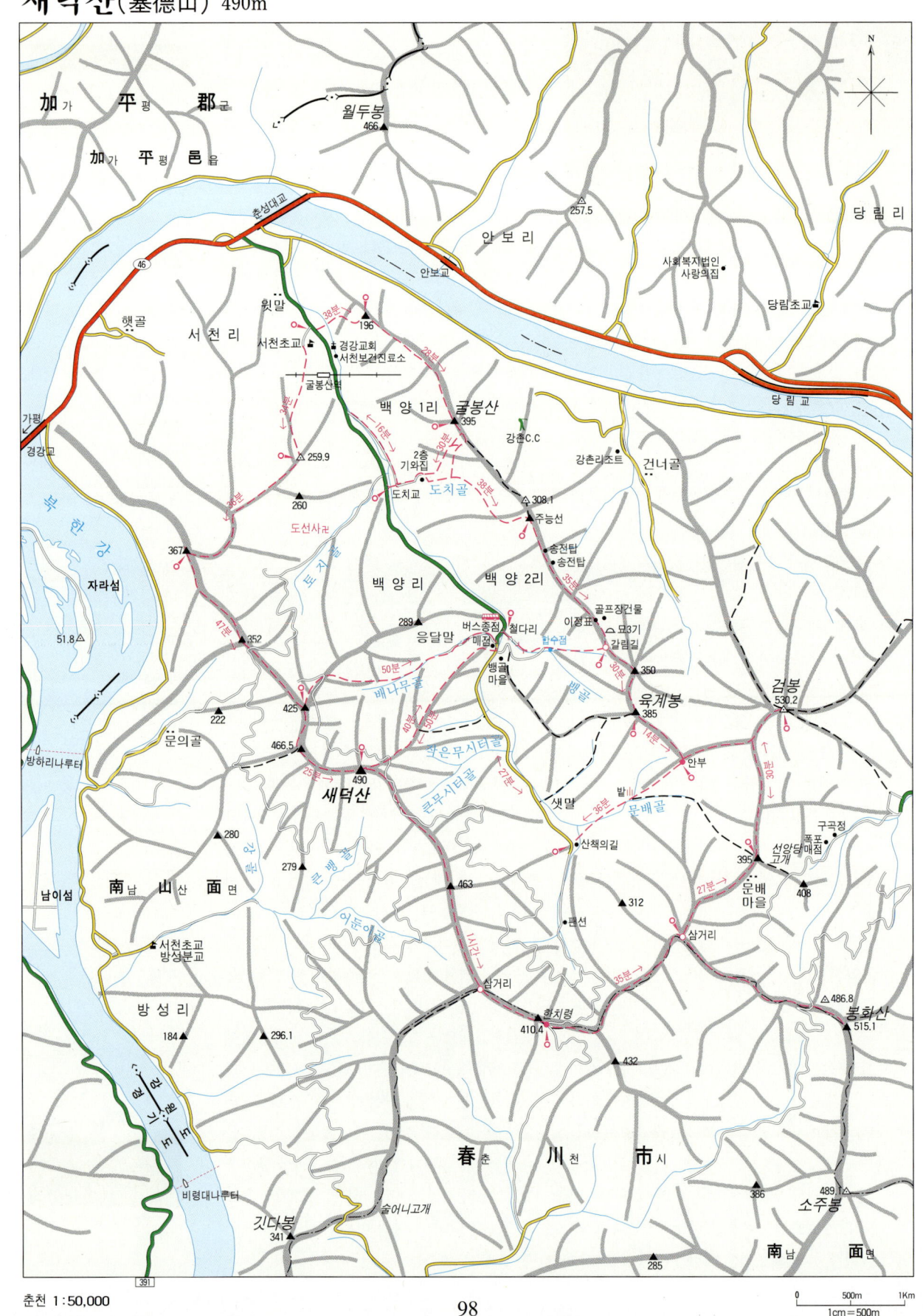

밋밋한 새덕산 정상

새덕산 강원도 춘천시 남산면

새덕산(塞德山. 490m)은 남이섬 동쪽으로 길게 이어진 산이다. 봉화산에서 서쪽으로 능선이 약 6km 지점에 새덕산을 이루고, 계속 북쪽으로 이어지는 능선은 북한강에 가라앉는다.

산행은 굴봉산역 북쪽 서천초교에서 시작 남쪽 능선을 타고 367봉을 경유 새덕산 정상에 오른다. 하산은 북동쪽 지능선을 타고 백양 2리 버스종점으로 하산한다.

* 장거리산행은 새덕산에서 동남쪽 주능선을 타고 한치령에 이른 다음, 왼편 북쪽 도로를 따라 2시간 거리 굴봉산역으로 하산을 하거나, 북쪽 능선을 타고 문배마을-구곡폭포(1시간 30분), 한치령-봉화산-강촌역(3시간), 한치령-문배마을-검봉(3시간) 으로 하산한다.

등산로 Mountain path

새덕산 총 4시간 10분 소요

굴봉산역 → 42분 → 259.9봉 → 36분 →
367봉 → 47분 → 425봉 → 25분 →
새덕산 → 40분 → 백양 2리 종점

굴봉산역에서 북쪽으로 8분을 가면 서천초교를 지나 사랑채민박 입구에서 초교 뒤로 마을길이 있다. 이 마을길을 따라 4분을 가면 왼쪽 다리를 건너 농가 2채 뒤로 등산로가 있다.

뚜렷한 등산로를 따라 10분을 오르면 상석 평묘가 나오고, 20분을 더 오르면 259.9봉 갈림길이 나온다.

여기서 계속 이어지는 능선길을 따라 12분을 가면 송전탑을 통과하고 8분을 가면 390봉 갈림길이 나온다. 갈림길에서 왼쪽 비탈길을 따라 가면 능선으로 이어져 16분을 가면 367봉 갈림길이 나온다.

갈림길에서 왼편 남서쪽 주능선을 따라 23분을 가면 안부를 지나서 352봉에 오르고 4분을 내려서면 임도가 나온다. 임도 오른편 10m에서 다시 능선으로 올라서 20분을 올라가면 435봉 왼쪽으로 갈림길이 나온다.

갈림길에서 오른쪽 주능선을 타고 12분 거리에 이르면 삼각점봉을 통과하고 13분을 더 오르면 새덕산 정상이다. 정상은 별 특징이 없고 나무에 작은 표시만 걸려있다.

하산은 북동쪽 지능선을 탄다. 정상에서 동쪽 10m 에서 왼쪽으로 희미하게 하산길이 있다. 이 길을 따라 10분을 내려가면 임도가 나온다. 임도를 가로질러 9분을 내려가면 양 편으로 갈림길이 나온다. 갈림길에서 직진 지능선 만을 따라 11분을 내려가면 오른쪽으로 갈림길이 나온다. 갈림길에서 직진 지능선을 따라 11분을 더 내려가면 능선이 끝나는 지점에서 오른편으로 내려가면 백양 2리 버스종점이다.

* 장거리 코스는 새덕산 정상에서 남동쪽 주능선을 타고 45분 거리에 이르면 삼거리가 나온다. 삼거리에서 왼편 동북쪽 주능선을 타고 15분을 가면 한치령 임도에 닿는다.

* 한치령에서 굴봉산역은 왼편 북쪽 임도-차도로 이어지며 2시간 거리다.

* 강촌역 방면은 한치령 오른편에서 북쪽 능선을 타고 37분을 가면 삼거리가 나온다. 삼거리에서 오른쪽은 봉화산 1.9km이고, 왼쪽은 문배마을-구곡폭포다.

삼거리에서 왼쪽으로 27분을 가면 사거리 안부가 나온다. 안부에서 오른쪽으로 200m 내려가면 문배마을이다. 구곡폭포 하산길은 문배마을 중간 촌집에서 왼쪽 비탈길로 4분을 가면서 낭고개가 나온다. 서낭고개에서 13분 내려가면 구곡폭포에 닿고, 12분 더 내려가면 버스종점이다. 버스는 강촌역을 경유하여 춘천행 시내버스이다.

여행 정보 Tourist Information

대중교통
경춘선 상봉역에서 매시 20분, 40분에 출발하는 춘천행 전철을 타고 굴봉산역 하차.

자가운전
46번 경춘 국도를 타고 경강교를 통과 약 3km 춘성대교 건너기 전에 우회전⇒2km 서천초교 주차.

식당
정호닭갈비
춘천전통 닭갈비 집.
춘천시 남산면 서천리
☎ 033-213-2823

다리골막국수
남산면 서천리 253-1
☎ 033-263-2634

여울식당(우거지해장국)
춘천시 남산면 서천리
☎ 033-263-4083

명소
남이섬
사계절 자연의 아름다움과 운치를 간직한 섬.
가평읍 달전리
☎ 031-582-8092

옛 군사도로였던 한치령

축령산(祝靈山) 879.5m   서리산(霜山) 832m

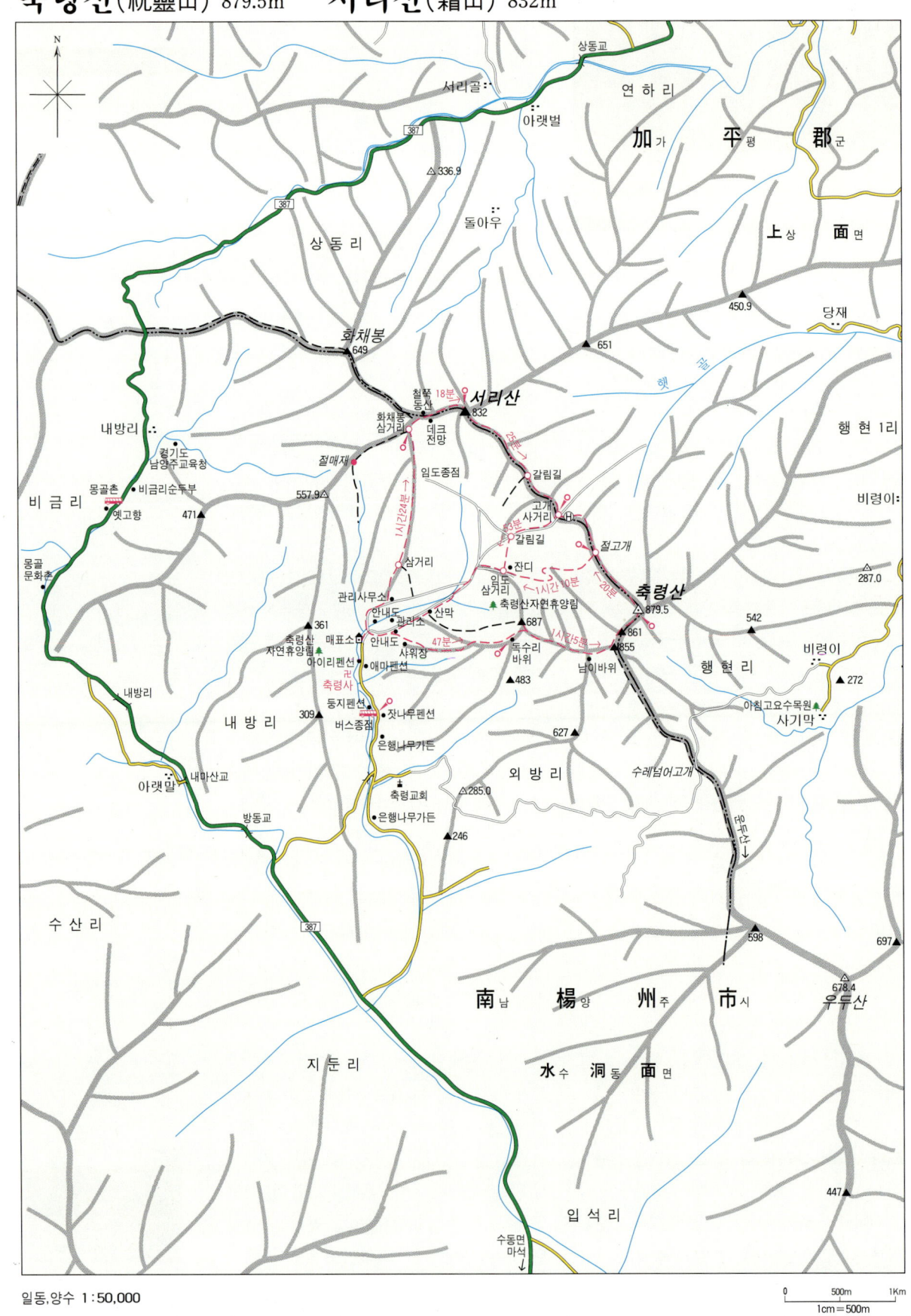

6월의 서리산 정상

축령산 · 서리산
경기도 남양주시 수동면, 가평군 상면

축령산(祝靈山, 879.5m)은 암산으로 조선왕조를 개국한 태조 이성계가 고려말에 사냥을 왔다가 한 마리도 잡지 못하였는데 이 산은 신령스러운 산이라 산신제를 지내야 한다고 하여 산 정상에 올라 제(祭)를 지낸 후 멧돼지를 잡았다는 전설이 있으며, 이때부터 고사(告祀)를 올리는 산이라 하여 축령산으로 불리어지게 되었다.

서리산(霜山, 832m)은 축령산에서 북서 방면으로 이어져 약 3km 지점에 위치한 산이다. 등산로 입구에는 자연휴양림이 있으며 영적인 산으로 알려져 매년 정초에는 많은 산악단체에서 시산제를 모시는 산이다.

등산로 Mountain path

축령산 총 4시간 22분 소요

버스종점 → 47분 → 독수리바위 → 65분 → 축령산 → 20분 → 절고개 → 70분 → 매표소

수동면 내방리 버스종점에서 휴양림 길을 따라 15분 거리에 이르면 매표소가 나온다. 매표소를 통과하여 S자로 난 길을 따라 올라가면 구 관리사무소가 나온다. 여기서 오른편 통나무집과 취사장 사이로 난 길을 통과하여 우측으로 가면 축령산 등산로가 나온다. 뚜렷한 등산로를 따라 계속 올라가면 능선으로 이어져 35분을 올라가면 독수리바위 앞이다.

독수리바위를 지나 5분을 가면 안내판이 있는 수리바위 꼭대기에 닿는다. 수리바위를 지나 30분을 올라가면 남이바위가 나타난다. 남이바위부터는 암릉길로 이어진다. 밧줄이 있으나, 우측이 수십 길 절벽이므로 주의해서 통과해야 한다. 암릉길을 주의하면서 30분을 지나면 축령산 정상이다.

하산은 북릉을 탄다. 북쪽 능선을 따라 20분을 내려가면 절고개사거리가 나온다.

절고개에서 왼쪽으로 내려가면 축령산 휴양림시설들을 통과하면서 1시간을 내려가면 휴양림매표소에 닿고 15분 더 내려가면 버스종점이다.

서리산 총 4시간 소요

버스종점 → 84분 → 화채봉삼거리 → 18분 → 서리산 → 25분 → 고개사거리 → 53분 → 버스종점

버스종점에서 도로를 따라 13분을 가면 매표소가 나온다. 매표소에서 1분 거리 삼거리에서 왼쪽으로 4분을 가면 관리사무소 전에 왼쪽 계단길이 나온다. 이 계단길을 따라 8분을 오르면 능선이 나온다. 능선을 따라 5분을 가면 바위 우회길이 나오고 우회길을 따라 5분을 가면 이정표 삼거리가 나온다. 삼거리에서 계속 직진 26분을 가면 전망장소가 나오고 6분을 더 가면 임도종점 삼거리다. 삼거리에서 계속 직진 15분을 오르면 화채봉삼거리가 나온다.

삼거리에서 오른쪽으로 가면 철쭉터널길로 이어지면서 10분 거리에 이르면 철쭉동산전망대가 나온다. 여기서 8분을 오르면 서리산 정상이다.

하산은 동남쪽 능선을 따라 16분을 내려가면 갈림길이 나오는데 직진하여 9분을 더 내려가면 사거리 임도가 나온다.

임도에서 오른편 임도를 따라 6분을 내려가면 왼쪽으로 이정표 샛길이 나온다. 이 샛길을 따라 8분을 내려가면 잔디삼거리가 나온다. 여기서 오른쪽으로 8분 내려가면 임도가 나오고 임도를 따라 2분 거리 삼거리에서 왼쪽으로 17분을 내려가면 매표소를 통과하고 13분 더 내려가면 버스종점이다.

여행 정보 Tourist Information

대중교통
경춘선 상봉역에서 춘천행 전철 이용, 마석역 하차. 마석역에서 30-4번 축령산행 시내버스(1일 11회)를 타고 종점 하차.

자가운전
수도권에서 46번 경춘(구)국도를 타고 평내-호평, 마치터널을 통과 쉼터휴게소 전 삼거리에서 좌회전 ⇨ 수동면 소재지 통과 약 5km 거리 삼거리에서 축령산휴양림 이정표 따라 우회전 ⇨ 4km 휴양림주차장.

식당
계곡가든(닭요리 전문)
축령산휴양림 입구
☎ 031-581-9126

은행나무가든
농장에서 직접 키우는 닭으로 요리를 한다.
수동면 외방 2리 361-2
☎ 031-591-6277

화광숯불갈비
수동면 운수리 95-5
☎ 031-594-3450

명소
축령산자연휴양림
남양주시 수동면
031-592-0681

서리산 철쭉터널

천마산(天摩山) 810.2m   백봉산(白峰山) 587m

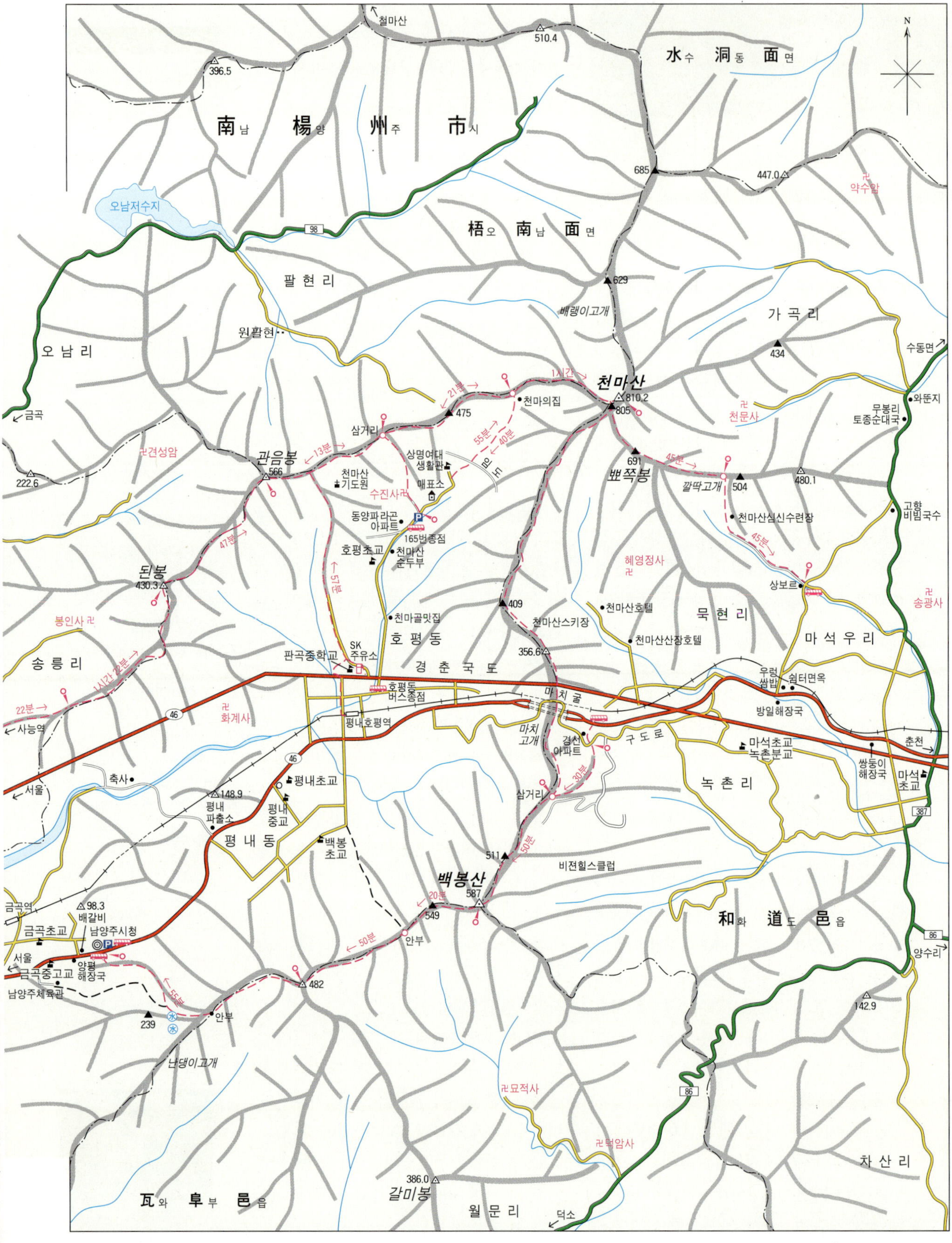

성동, 양수 1 : 50,000

1cm = 500m

천마산 서쪽 능선에 위치한 관음봉

천마산 · 백봉산 경기도 남양주시

천마산(天摩山, 810.2m)은 경춘가도 마석 북서쪽에 우뚝 솟은 산이다. 남양주시 주변 일대에서 가장 높은 산이며 북쪽 능선은 철마산 주금산으로 이어지고, 남쪽 능선은 백봉산으로 이어진다. 산행은 호평동 166번 종점 수진사를 기점으로 천마의집을 경유하여 정상에 오른 다음, 동쪽 천마산수련장 쪽이나 마치고개 쪽으로 하산한다.

백봉산(白峰山, 587m)은 경춘가도 평내동 금곡동 우측으로 길게 이어진 산이다. 등산로가 완만하고 수도권에 위치하고 있어서 언제나 편안하게 오를 수 있는 산이다. 산행은 금곡동 남양주시청 정문에서 능선을 타고 482봉, 안부삼거리를 경유하여 백봉산에 오른 후, 마치터널 방향 북쪽 경선아파트로 하산한다.

등산로 Mountain path

천마산 총 4시간 25분 소요
166번 종점 → 55분 → 천마의집 →
60분 → 천마산 → 45분 → 깔딱고개 →
45분 → 상보르버스정류장

경춘선 평내호평역 앞 버스정류장에서 천마산 등산로 입구 166번 종점행 버스를 타고 종점 하차 또는 2km 택시를 이용한다.

166번 버스종점에서 북쪽 소형차로를 따라 20분 거리에 이르면 매표소를 지나서 왼편에 컨테이너박스가 있고, 다리를 건너서면 임도를 벗어나 북쪽 계곡으로 등산로가 있다. 계곡으로 난 등산로를 따라 25분을 오르면, 천마의집이 나오고 바로 능선삼거리에 닿는다.

삼거리에서는 오른편 능선을 따라 55분을 올라가면 805봉 사거리에 닿고, 북쪽으로 5분을 더 오르면 천마산 정상이다. 정상은 바위로 되어 있으며 사방의 조망이 빼어나다.

하산은 청소년수련장으로 내려가는 것이 교통이 편리하다. 정상에서 805봉으로 되돌아가서 동쪽 지능선을 따라 15분을 내려서면 뾰쪽봉이며, 30분을 더 내려가면 깔딱고개 삼거리다.

깔딱고개에서 오른쪽으로 20분을 내려가면 심신수련장이 있고, 25분을 더 내려가면 매표소를 지나서 도로변 버스정류장이다. 천마산은 군립공원으로서 이정표 안내판이 설치되어 있고 등산로가 정비되어 있어서 산행에 큰 어려움이 없다.

백봉산 총 4시간 45분 소요
시청앞 → 70분 → 482봉 → 45분 →
안부 → 30분 → 백봉산 → 45분 →
삼거리 → 35분 → 경선아파트

경춘선 금곡역에서 하차 후, 남쪽 차도로 400m 가면 사거리가 나온다. 사거리에서 좌회전 800m 거리 남양주시청 정문에서 도로 건너면 백봉산 등산로 입구에 안내판이 있다.

능선으로 이어지는 등산로를 따라 35분을 오르면 약수터가 나온다. 약수터를 통과하여 10분을 오르면 주능선에 닿고, 주능선에서 왼편 능선을 따라 25분을 오르면 삼거리 482봉에 닿는다.

482봉에서 왼편 동쪽 능선을 따라 45분을 내려가면 안부 삼거리가 나온다.

안부에서 직진 30분을 더 오르면 삼거리 백봉산 정상에 닿는다.

하산은 천마산 쪽 북동능선을 따라 45분을 내려가면 삼거리가 나온다.

삼거리에서 오른쪽으로 25분을 내려가면 (구)도로가 나온다. (구)도로를 건너 아파트 길을 따라 10분 내려가면 경선아파트 앞 버스정류장이다.

여행 정보 Tourist Information

🚌 대중교통

천마산
경춘선 상봉역에서 춘천행 전철 이용, 평내호평역 하차. 평내호평역에서 165번을 타고 호평동 종점 하차. 또는 택시 이용.

백봉산
경춘선 상봉역에서 춘천행 전철 이용, 금곡역 하차 후, 1km 거리 남양주시청 앞 백봉산 등산로 입구.

🍴 식당

천마산

초당순두부
남양주시 호평동 383
☎ 031-591-1020

쌍둥이해장국
남양주시 화도읍 녹촌리
☎ 031-511-5011

백봉산

배갈비(전통의 갈비전문)
남양주시 금곡동 185-18
☎ 031-559-8588

양평해장국
남양주시 금곡동 154-20
☎ 031-595-3440

🏠 명소

홍유릉
조선 제26대 고종과 황후인 명성황후의 능이다.

백봉산 서쪽 금곡동에 자리한 홍유릉

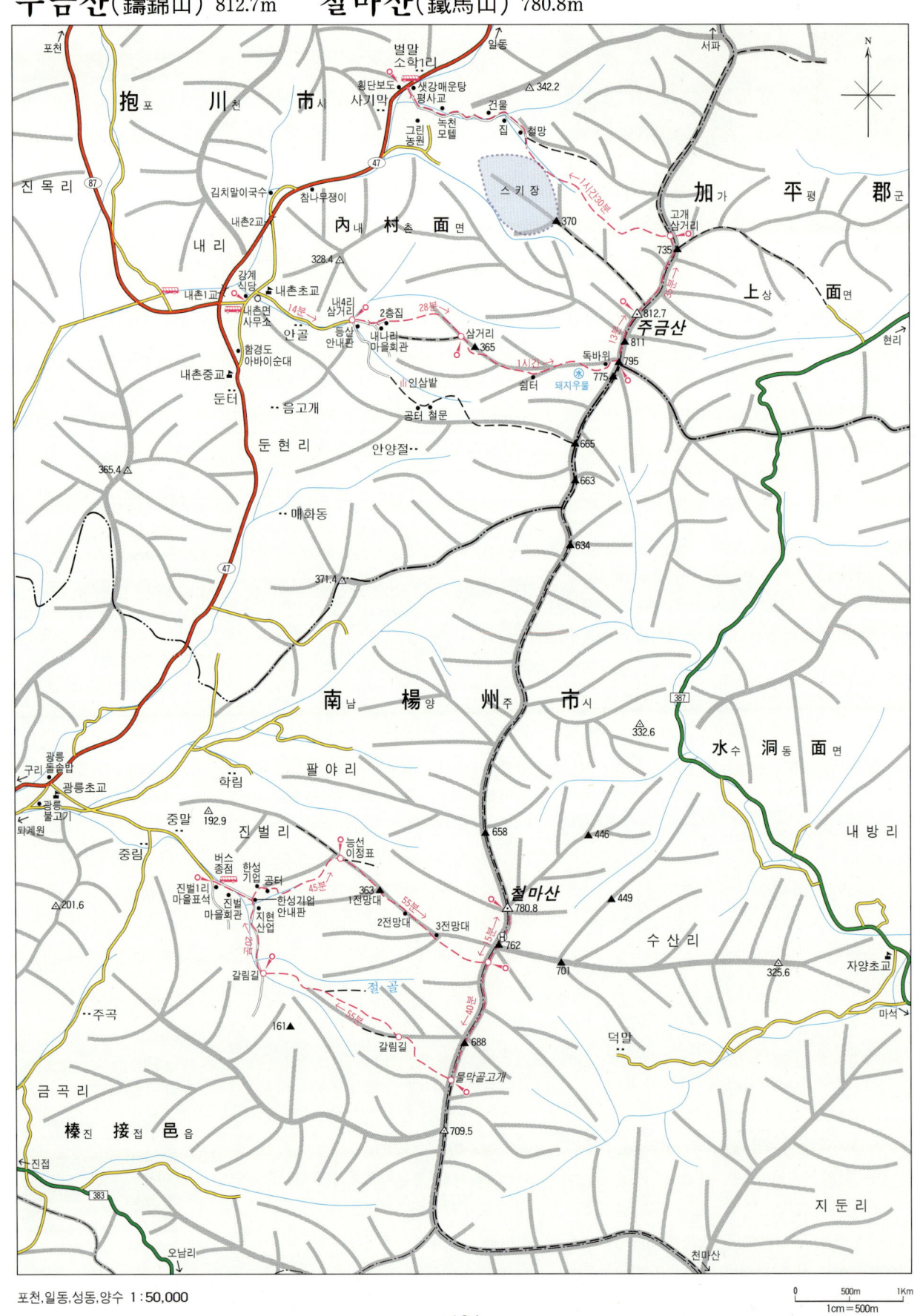

여러 안내판이 있는 주금산 정상

주금산 · 철마산
경기도 남양주시, 포천시, 가평군

주금산(鑄錦山. 812.7m)은 내촌면 동쪽에 위치한 육산이다. 정상 서남쪽에 거대한 독바위가 있고 서쪽에는 스키장이 있다.

철마산(鐵馬山. 780.8m)은 광릉내 동쪽 주금산에서 남쪽으로 이어진 능선상으로 약 6km 지점에 위치한 주변 일대에서 단풍이 가장 좋은 산이다.

등산로 Mountain path

주금산 총 5시간 소요

내4리 → 28분 → 지능선삼거리 → 60분 → 주능삼거리 → 13분 → 주금산 → 35분 → 고개삼거리 → 90분 → 평사

내촌면사무소 뒤 차로를 따라 14분 거리에 이르면 내4리 주금산 안내도가 있다. 안내도에서 왼쪽 마을길을 따라 4분을 가면 내4리 마을회관 40m 전 삼거리가 나온다. 삼거리에서 왼쪽 소형차로를 따라 50m 가면 갈림길에 오른쪽에 2층집이 나온다. 갈림길에서 오른편 2층집 왼쪽 임도를 따라 5분 거리 갈림길에서 우측으로 10m 가서 왼쪽 임도를 따라 5분을 가면 갈림길이 나온다. 갈림길에서 우측 길을 따라 2분을 가면 능선으로 올라서게 되며 다시 7분을 가면 지능선 갈림길이 나온다.

갈림길에서 능선으로 직진 14분을 가면 쉼터가 나온다. 쉼터에서부터 급경사로 이어져 9분을 오르면 바위를 지나면서 완만한 길이 이어지고 18분을 더 올라가면 독바위 아래 이정표가 나온다. 여기서 우측 비탈길을 따라 2분 거리 돼지우물 갈림길을 지나서 17분을 오르면 독바위 위에 닿고 1분 거리에 주능선 삼거리다.

삼거리에서 왼쪽 능선을 따라 13분을 오르면 표지석이 있는 주금산 정상이다.

하산은 북쪽 주능선을 탄다. 북릉을 따라 2분을 가면 베이스타운 갈림길이 나온다. 갈림길에서 우측 북쪽능선을 따라 18분을 가면 안부 갈림길이 나온다. 갈림길에서 계속 주능선을 따라 15분을 더 가면 이정표 삼거리 안부가 나온다.

안부에서 왼편 서쪽 지능선길을 따라 18분을 내려가면 계곡에 닿는다. 여기서 계곡길을 따라 50분을 내려가면 소형차로가 나오고, 20분을 더 내려가면 평사교 버스정류장이다.

철마산 총 4시간 44분 소요

진벌종점 → 45분 → 능선 → 55분 → 주능삼거리 → 15분 → 철마산 → 55분 → 물막골고개 → 54분 → 진벌종점

진벌리 버스종점에서 5분을 가면 동산교회 간판 삼거리가 나온다. 여기서 왼쪽 언덕으로 농로를 따라 11분을 가면 차도 끝 지점에 공터가 나온다. 공터에서 오른쪽 비탈길로 가면 계곡사거리가 나온다. 여기서 왼쪽 계곡길을 따라 12분을 가면 갈림길이 나온다. 갈림길에서 왼쪽길을 따라 17분을 오르면 능선 삼거리에 닿는다.

능선에서 우측 급경사 능선을 따라 13분을 오르면 전망바위가 있는 쉼터가 나온다. 전망바위에서 15분을 오르면 2전망대가 나오고, 28분을 더 가면 3전망대를 거쳐 주능선 삼거리에 닿는다.

삼거리에서 왼쪽으로 5분을 오르면 헬기장이다. 여기서 10분을 더 오르면 철마산 정상이다.

하산은 헬기장으로 되돌아와서 남쪽 능선을 따라 45분을 가면 물막골고개 삼거리가 나온다.

삼거리에서 오른쪽으로 간다. 진벌리 이정표를 따라 5분을 내려가면 갈림길이 나온다. 갈림길에서 오른쪽 길을 따라 33분을 내려가면 소형차로가 나오고, 소형차로를 따라 16분을 내려가면 진벌리 버스종점이다.

여행 정보 Tourist Information

대중교통

2호선 강변역에서 내촌행 11번 버스(12분 간격) 이용, **철마산**은 광릉내 하차. **주금산**은 내촌면 하차. 청량리역 앞에서 707번 광릉내행 버스(10분 간격) 이용, 광릉내 하차. 강변역, 잠실역에서 광릉내행 7007번 좌석버스 이용, 광릉내 하차. **주금산**은 광릉내에서 내촌까지 버스 이용. **철마산**은 택시 이용.

자가운전

내부, 외부순환도로 구리 IC에서 일동 방면 47번 국도로 빠져나와 광릉내 사거리에 이른 다음, **철마산**은 서쪽 진벌리 방면 약 2km 거리 진벌리 주차. **주금산**은 계속 47번 국로를 타고가다 내촌면으로 빠져나와 내촌면사무소 뒤로 우회전⇨소형차로 1.5km 내4리 삼거리(안내도) 주차.

식당

철마산

광릉불고기
간판 없는 불고기 집
진접읍 부평리 602-1
☎ 031-527-6631

주금산

장계식당(일반식)
내촌면 내리 480-1
☎ 031-532-2478

명소

광릉내수목원

불곡산(佛谷山) 469m

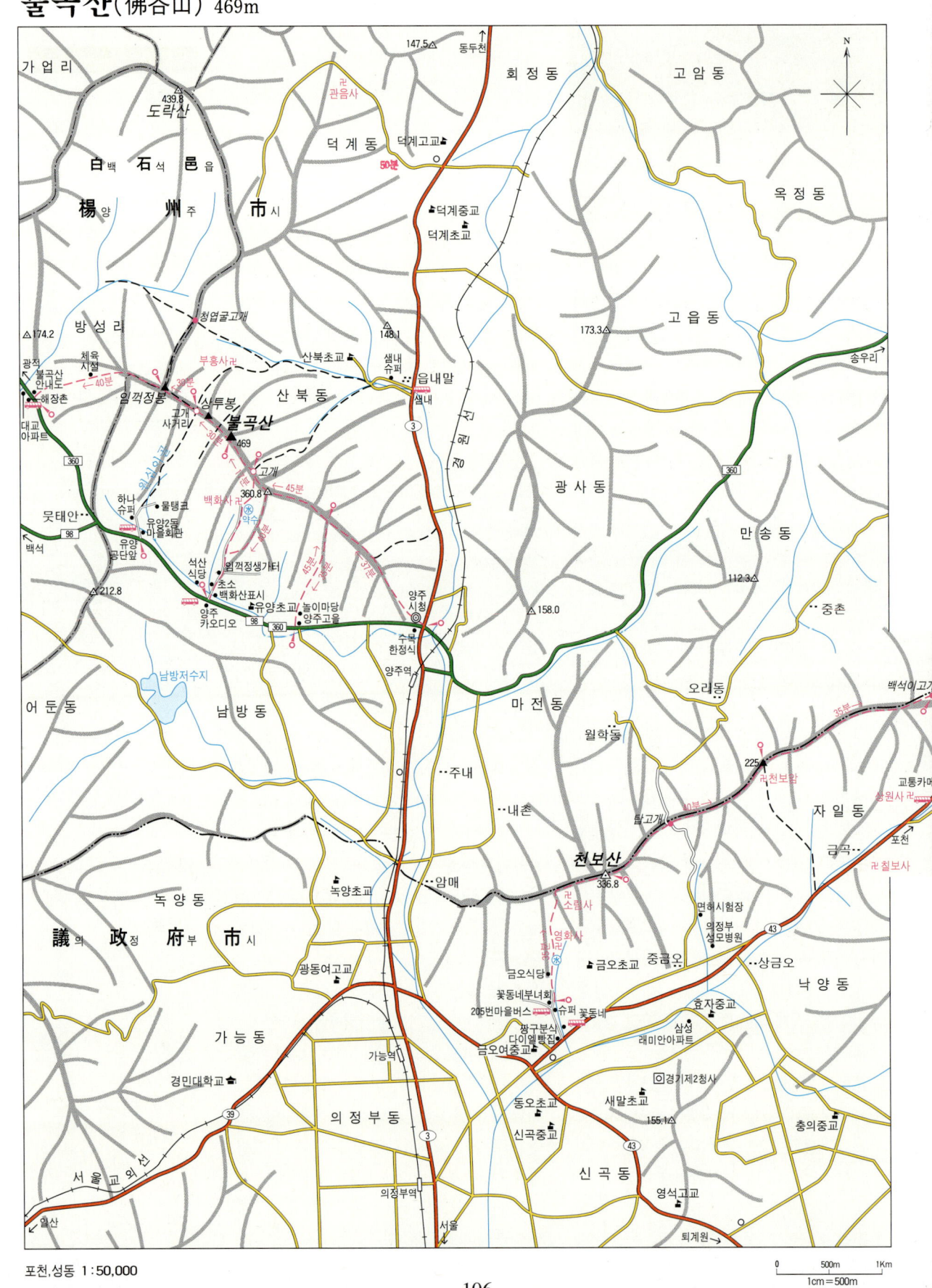

불곡산 북서쪽에 위치한 임꺽정봉

불곡산 경기도 양주시 주내면, 의정부시

삼거리에서 계속 직진하여 주능선을 따라 간다. 주능선길은 산책길 정도로 완만하고 편안하게 이어진다. 무난한 주능선을 따라 45분 거리에 이르면 임꺽정 생가 터에서 올라오는 삼거리가 나온다.

삼거리에서 직진하여 4분을 오르면 백화사에서 올라오는 삼거리가 나온다. 이 삼거리에서 직진한다. 여기서부터는 바윗길이 이어지면서 17분을 더 오르면 불곡산 정상에 닿는다.

정상에서 바라보는 전망은 매우 좋은 편이다. 바위봉으로 사방이 막힘이 없고 서울 북부 일대와 의정부시가지가 조망되고 거대한 도봉산이 조망된다.

하산은 임꺽정봉을 경유하여 서쪽 대교아파트로 장거리 하산길이 있고, 단거리 코스로는 백화사를 경유하여 석산식당으로 하산길이 있다.

임꺽정봉 코스

장거리 임꺽정봉 코스는 불곡산 정상에서 서북 방면으로 계단길을 따라 9분 내려가면 사거리가 나온다. 사거리에서 직진 11분을 가면 상투봉을 통과하고, 12분을 더 내려가면 안부사거리가 나온다. 안부에서 직진하여 급경사 바윗길을 타고 25분을 올라가면 임꺽정봉에 닿는다. 임꺽정봉에서 바라보면 불곡산 서부 북부 일대가 조망된다.

임꺽정봉에서 하산은 서북쪽 50m 거리 갈림길에서 왼쪽으로 간다. 서쪽 방면인 바위를 넘어서 다시 50m 가면 이정표가 있는 쉼터에 닿는다. 쉼터에서부터 능선을 타고 33분을 내려가면 갈림길이 나온다. 갈림길에서 오른쪽으로 7분을 내려가면 대교아파트 버스정류장이다.

* 짧은 코스는 불곡산 정상에서 올라왔던 17분 거리 백화사 삼거리로 내려가서 오른쪽 백화사 쪽으로 20분을 내려가면 백화사가 나온다. 백화사에서부터 소형차로를 따라 20분을 내려가면 석산식당 버스정류장에 닿는다.

불곡산(佛谷山, 469m)은 양주시청 북서쪽으로 길게 뻗은 바위산이다. 정상 일대는 아기자기한 암릉으로 이루어져 있고, 불곡산 서남쪽 기슭에는 신라시대 고찰 불곡사터에 백화사가 자리하고 있으며, 임꺽정 생가 터와 과천향교가 있으며, 불곡산 북쪽에는 부흥사가 자리하고 있다.

불곡산 정상에서 임꺽정봉까지 주능선은 대부분 바윗길 험로이나 계단이나 밧줄이 설치되어 있어 위험하지는 않으며 아기자기한 등산로이다.

산행은 양주시청 주차장에서 시작하여 능선을 타고 불곡산 정상에 오른다. 하산은 서북쪽 암릉길을 타고 임꺽정봉을 경유하여 서쪽 대교아파트로 하산한다. 짧은 코스로는 남쪽 백화사로 하산한다.

등산로 Mountain path

불곡산 총 4시간 19분 소요

양주시청 → 37분 → 삼거리 → 45분 →
영원사 갈림길 → 17분 → 정상 → 60분 →
임꺽정봉 → 40분 → 대교아파트

1호선 양주역에서 북쪽 동두천 방면으로 1km 거리에 이르면 양주시청이 나온다. 양주시청 왼편 주차 진입로 차단기에서 산행을 시작한다. 이정표가 세워진 쪽으로 뚜렷한 등산로를 따라가면 오솔길로 이어진다. 무난한 등산로를 따라 37분 거리에 이르면 왼편 유양리에서 오르는 삼거리가 나온다.

여행 정보 Tourist Information

대중교통
1호선 전철을 타고 양주역 하차, 양주시청까지 1km 거리. 하산지점에서는 대교정아파트에서 35번, 32번, 32-1번 양주역 방면 시내버스(10분 간격) 이용, 양주역 하차.

자가운전
의정부에서 동두천 방면 3번 국도를 타고 의정부 시내 통과 양주시청 주차장.

식당

수복한정식(일반 한정식)
양주시 남방동 양주시청 앞
☎ 031-842-0709

해장촌(양푼이왕냉면)
양주시 유양동 대교아파트 앞
☎ 031-829-0079

양주고을(한우전문점)
양주시 유양동 202
☎ 031-840-3282

불곡산 남쪽 기슭 백화사 뒤 등산로

소요산(消遙山) 587m   마차산(磨叉山) 588.4m

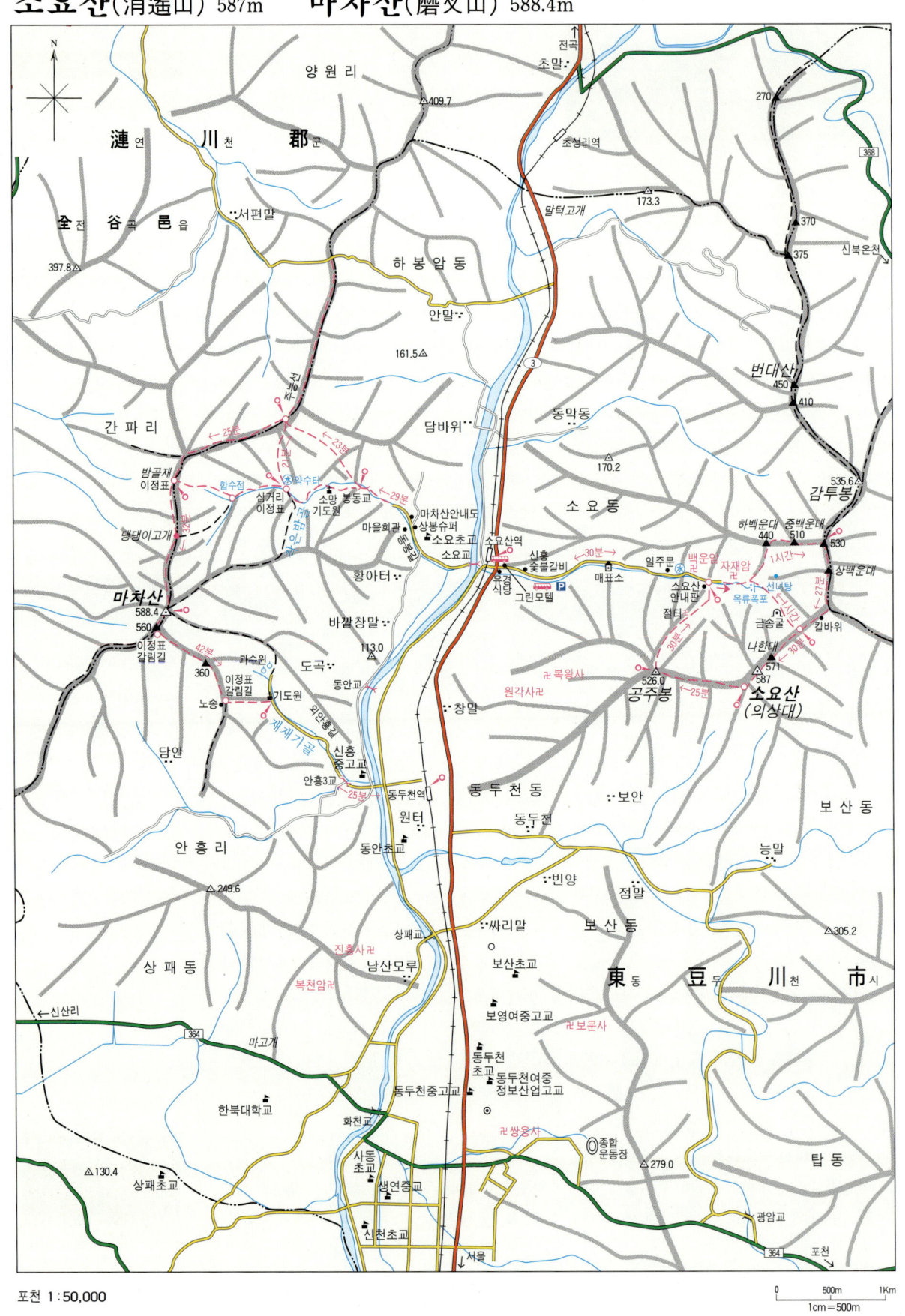

포천 1:50,000

소요산 · 마차산

경기도 동두천시, 포천시

동두천시내가 내려다보이는 마차산 정상

소요산(消遙山, 587m)은 하, 중, 상백운대를 비롯해 나한대, 의상대, 공주봉의 6개봉우리로 주능선을 이루고 있고, 서쪽 산자락에는 명찰 자재암이 자리하고 있다. 자재암(향토유적 제8호)은 신라 선덕여왕 14년 원효대사가 개산하여 산 이름을 소요, 절 이름을 자재암이라 하였다.

마차산(磨叉山, 588.4m)은 동두천시 서쪽에 위치한 순수한 육산이다.

등산로 Mountain path

소요산 총 3시간 52분 소요

큰삼거리 → 60분 → 530봉 → 27분 → 안부 → 30분 → 소요산(의상대) → 25분 → 공주봉 → 30분 → 큰삼거리

소요산역에서 동쪽 소요산으로 가는 도로를 따라 30분 거리에 이르면 주차장, 매표소, 일주문을, 통과하고 산행기점 큰삼거리가 나온다. 큰삼거리에서 왼쪽 계단길을 올라가서 6분 거리에 이르면 자재암 마당이다. 자재암에서 큰바위 왼쪽 언덕으로 급경사 등산로를 타고 30분을 오르면 삼거리 하백운대에 닿는다. 하백운대에서 오른쪽 능선을 따라 10분을 가면 중백운대 절벽지역을 통과하고 10분을 더 가면 530봉 삼거리가 나온다.

삼거리에서 오른쪽 능선을 따라 8분을 가면 상백운대에 닿는다. 상백운대에서 14분을 내려가면 칼바위가 나타나고 5분을 더 내려가면 안부갈림길이다.

갈림길에서 오른쪽으로 내려가면 돌밭길로 이어져 1시간을 내려가면 자재암에 닿는다.

안부에서 의상대를 향해 왼편 주능선을 타고 17분을 오르면 나한대에 닿고, 13분을 더 오르면 바위봉 소요산 정상(의상대)이다.

의상대에서 서쪽으로 주능선을 따라 25분을 가면 공터 공주봉에 닿는다.

공주봉에서 북쪽 지능선을 따라 내려가면 완만하고 부드러운 길로 이어져 25분을 내려가면 구 절터를 통과하고 5분을 더 내려가면 큰 삼거리에 닿는다.

마차산 총 3시간 56분 소요

소요산역 → 29분 → 삼거리 → 23분 → 주능선 → 25분 → 밤골재 → 32분 → 마차산 → 42분 → 기도원 → 25분 → 동두천역

소요산역 남쪽 100m 거리 사거리에서 서쪽 도로를 따라 13분을 가면 마차산안내도가 있는 삼거리가 나온다. 삼거리에서 왼쪽 길을 따라 10분을 가면 기도원이 나온다. 기도원에서 6분을 가면 이정표가 있는 삼거리가 나온다. 삼거리에서 왼쪽은 밤골재, 오른쪽은 주능선이다. 오른쪽으로 2분 거리 약수터에서 오른쪽 길을 따라 올라가면 왼편으로 두 번 갈림길이 있으나, 오른쪽 길만을 따라 21분을 올라가면 묘를 지나서 주능선삼거리에 닿는다.

삼거리에서 왼쪽 능선길을 따라 17분을 가면 이정표가 있는 봉우리에 닿는다. 여기서 남쪽 능선을 따라 4분을 가면 간파리 갈림길이 나온다. 여기서 왼쪽 길을 따라 4분을 가면 밤골재이고, 다시 10분을 가면 댕댕이고개이며, 22분을 더 오르면 마차산 정상이다.

하산은 서남쪽 1분 거리에서 왼쪽 능선을 타고 내려가면 바윗길로 이어져 5분을 내려가면 삼거리가 나온다. 삼거리에서 왼쪽 길을 따라 23분을 내려가면 삼거리가 또 나온다. 삼거리에서 왼쪽 길을 따라 13분을 내려가면 기도원에 닿고, 소형차로를 따라 25분을 거리에 이르면 안흥교를 지나서 동두천역이다.

여행 정보 Tourist Information

대중교통

1호선 소요산행 전철 이용, 소요산역 하차.

자가운전

수도권에서 의정부 동두천 방면 3번 국도를 타고, 소요산역 100m 전 사거리에서 **소요산**은 우회전⇒약 1km 거리 소요산 주차장. **마차산**은 소요산역 100m 전 사거리에서 좌회전⇒약 500m 거리 소요초교 부근 주차.

식당

유경(오리훈제, 삼겹살바비큐 전문)
동두천시 소요동 소요산 입구 사거리
☎ 031-865-5292

신흥숯불갈비
동두천시 상봉암동 12
☎ 031-865-1106

명소

전곡리 선사유적지

한탄강변의 구릉지대 구석기 유적지.
전곡읍
☎ 031-839-2566

소요산 직녀봉에서 마라톤산악회원들과 필자

고대산(高臺山) 831.8m

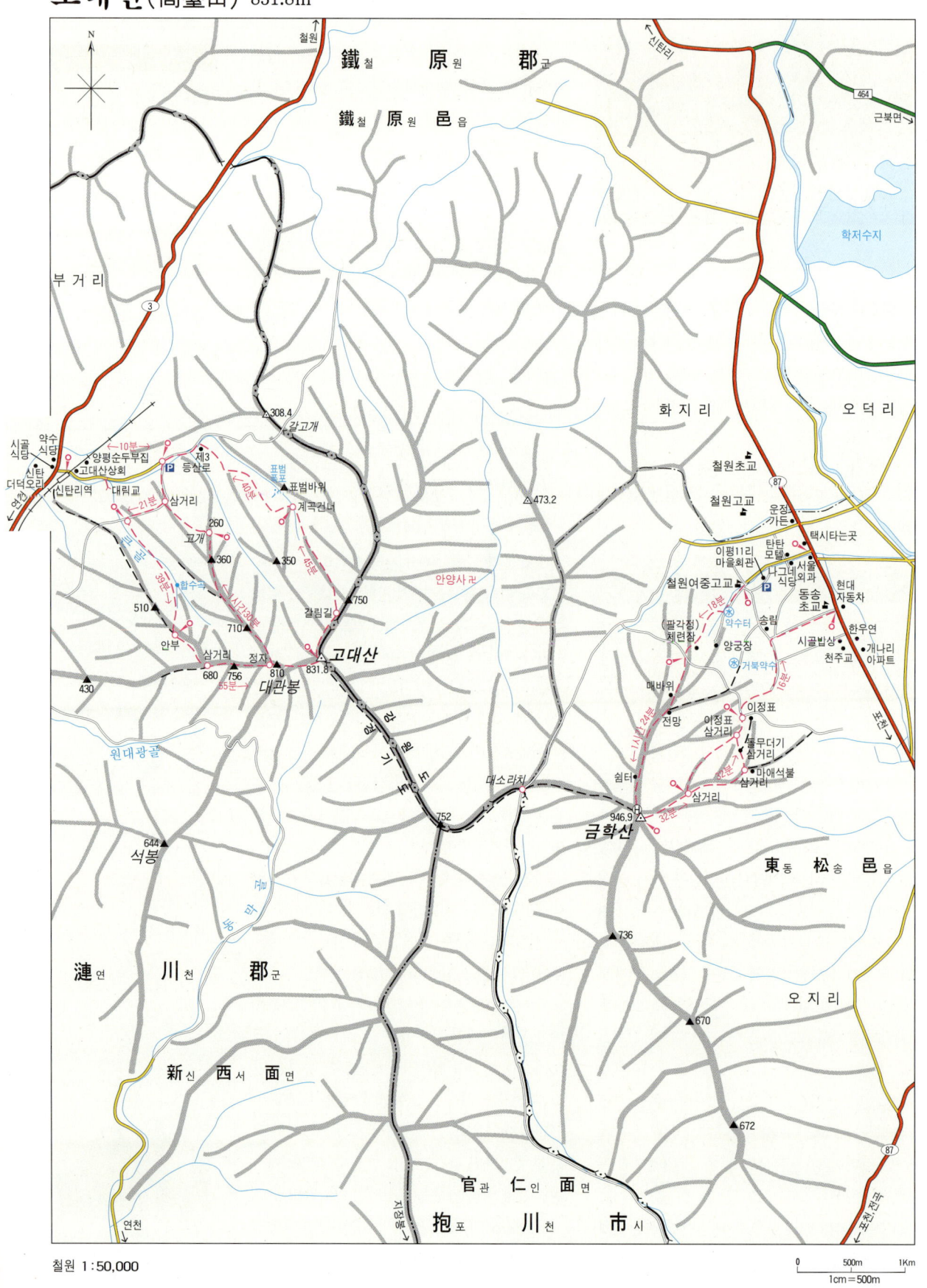

고대산 경기도 연천군 · 강원도 철원군

데크 위에 헬기장인 고대산 정상

고대산(高臺山, 831.8m)은 최전방 철의 삼각지 서부전선 민통선과 가장 가까운 산이다. 주능선은 경기도, 강원도 경계를 이루고 있고, 경원선 열차종점 신탄리역 동쪽에 위치하고 있는 산이며, 고대산 정상에서 바라보면 동쪽으로 금학산이 바로 가까이 보이고 북쪽으로 철원평야가 시원하게 내려다보이며 휴전선 너머 북한 지역이 조망된다.

1호선 전철을 타고 동두천역에서 하차 후, 매시 50분에 출발하는 경원선 신탄리행 열차를 갈아타고 끝까지 가면 종점인 신탄리역에 도착한다. 산세가 가파르고 바위가 많은 편이나 위험하지 않고 누구나 오를 수 있는 산이다. 정상에는 데크 위에 헬기장이 있고 대관봉에는 정자가 있으며, 낭만의 전동열차와 국철을 갈아타고 가는 재미가 있는 산으로 가족산행지로 적합한 산이다.

산행은 신탄리역에서 500m 거리 주차장에 이른 후 산행을 시작하여 다리 건너 큰골 제1등산로 대관봉을 경유하여 정상에 오른다. 하산은 북동쪽 제3등산로를 타고 표범폭포를 경유하여 다시 주차장을 경유하여 신탄리역으로 원점회귀 산행이다. 정상에서 정자를 경유하여 제2등산로를 타고 하산을 해도 좋다.

등산로 Mountain path

고대산 총 4시간 40분 소요

신탄리역 → 10분 → 주차장 → 60분 → 안부삼거리 → 55분 → 고대산 → 50분 → 표범폭포삼거리 → 35분 → 주차장 → 10분 → 신탄리역

신탄리역 앞에서 동쪽 소형차로를 따라가면 철길을 건너 이어지면서 10분 거리에 이르면 주차장 매표소가 나온다. 매표소에서 남쪽 다리를 건너 2차선 도로를 따라 10분을 올라가면 제2등산로 이정표가 나온다. 이정표에서 오른쪽 임도를 따라 11분 거리에 이르면 제1등산로 입구가 나온다. 여기서 왼쪽 등산로를 따라 19분을 가면 계곡을 건너고, 오른편으로 20분을 더 오르면 안부 쉼터가 나온다.

안부에서 왼쪽 능선을 따라 16분을 올라가면 매바위 쉼터가 나온다. 매바위쉼터를 지나서 21분을 오르면 고대정(정자) 삼거리가 나온다. 정자에서 동쪽으로 18분을 더 가면 데크 위에 헬기장인 고대산 정상이다.

정상에서 바라보면 동쪽으로 금학산이 가까이 보이고 철원평야가 시원하게 내려다보인다. 남쪽으로는 산맥이 이어지면서 지장봉이 바라보인다.

하산은 제2등산로 제3등산로가 있으나 제3등산로로 하산이 이상적이다. 정상에서 북동쪽으로 8분을 내려가면 삼거리가 나온다. 삼거리에서 왼쪽 비탈길로 가다가 능선으로 이어지면서 20분을 내려가면 계단길이 끝나는 지점이 나온다. 여기서부터 오른편 계곡으로 이어지면서 17분을 내려가면 표범폭포 위 왼쪽으로 계곡을 건너는 지점이 나온다. 여기서 왼쪽으로 3분을 올라가서 다시 오른쪽으로 2분을 내려가면 표범폭포 갈림길이 나온다.

갈림길에서 잠시 오른쪽 표범폭포를 다녀온 다음에 갈림길에서 직진하여 조금 내려가서 바로 왼쪽 비탈길로 이어지면서 16분을 내려가면 갈림길 이정표가 나온다. 이정표에서 왼쪽 오르막길을 따라 6분을 오르면 능선 삼거리가 나온다. 여기서부터 계곡을 따라 10분을 내려가면 제3등산로 입구가 나오고, 5분 거리에 주차장이다.

주차장에서 10분 거리에 이르면 신탄리역이다.

여행 정보 Tourist Information

🚗 자가운전

의정부 ⇨ 동두천 ⇨ 연천 ⇨ 신탄리로 가는 3번 국도를 타고 신탄리역에서 철길을 건너 500m 거리 고대산 주차장.

🍴 식당

신탄더덕오리
연천군 신서면 대광2리 175
☎ 031-834-955

고대산순두부(된장찌개, 손두부전문)
연천군 신서면 대광2리
☎ 031-834-8297

시골식당(된장보리밥, 청국장전문)
연천군 신서면 대광2리
☎ 031-834-8366

🏠 명소

재인폭포
평지가 움푹 내려앉아 큰 협곡이 생기면서 만들어진 폭포로 여러 전설이 전해진다.

전곡리 선사유적지
한탄강변에 있는 구석기 시대 유적지. 한탄강, 임진강 줄기를 따라 구석기 시대 유적이 많이 있는데, 그 가운데 전곡리 유적이 규모가 가장 크고 넓은 지역에 걸쳐 있다.
☎ 031-839-2566

고대정에서 바라본 고대산 정상

아름다운 해변 무의도 하나개유원지

호룡곡산
인천광역시 중구 무의도

등산로 Mountain path

호룡곡산 총 3시간 37분 소요

무의선착장 → 20분 → 실미고개 → 45분 → 국사봉 → 21분 → 구름다리 → 28분 → 호룡곡산 → 43분 → 광명선착장

호룡곡산(虎龍谷山. 243.8m)은 영종도 남쪽 무의도에 위치한 산이다. 무의도는 전체가 산으로 이루어져 있고 북쪽은 국사봉(237m) 남쪽은 호룡곡산이다.

호룡곡산이나 국사봉에서 바라보면 영종도를 비롯한 인천시내가 시야에 들어오고 서해안 많은 섬들이 조망되며 북으로는 연백반도와 동진반도가 수평선 너머로 바라보인다.

등산로는 무의도 최 북쪽 선착장에서 시작하여 남쪽 끝 광명까지 약 6km 능선으로 이어지는데 등산로가 잘 정비되어 있고 요소에 이정표가 배치되어 있어서, 이정표만 확인하면서 산행을 하면 누구나 큰 어려움 없이 목적한대로 산행을 할 수 있다.

산행은 북쪽의 무의선착장에서 시작하여 당산, 국사봉, 호룡곡산, 광명선착장으로 하산한다.

광명으로 하산 후에는 무의선착장까지 마을버스가 수시로 왕래하므로 마을버스를 이용하여 다시 무의선착장으로 가서 배를 타면 된다. 중간에 하산길이 있으므로 이용하면 되고, 이외에도 실미도, 하나개유원지에서 오르고 내려가는 등산로가 있어서 이용하면 된다.

무의도 산행은 교통편을 자세히 알아야 한다. 서울역, 김포공항역에서 공항전철을 타고 공항역에서 하차 후에, 잠진선착장행 버스를 타고 잠진선착장 하차 후, 무의도행 배편을 이용하면 된다. 실미도유원지나 하나개유원지를 돌아볼 계획이면 자가용을 이용하는 것이 좋다.

청량리역에서 인천공항(무의도연계)버스가 15분 간격으로 있다.

큰무의선착장에서 하선하자 바로 건너편에 등산로안내판이 있다. 나무계단으로 시작하는 등산로를 따라 13분을 오르면 쉼터로 좋은 당산에 닿는다.

당산에서 외길로 이어지는 등산로를 따라 10분을 내려가면 차도 실미고개가 나온다.

실미고개에서 차도를 가로질러 3분 거리에 이르면 이정표가 있는 갈림길이 나온다. 갈림길에서 왼쪽 길을 따라 9분을 올라가면 우측 실미도 갈림길 봉우리가 나온다. 갈림길에서 직진하여 4분을 내려가면 또 우측 실미도로가는 갈림길이 나온다. 갈림길에서 직진 2분을 내려가면 헬기장 넓은 공터가 나온다. 공터를 지나고 2분 거리에 이르면 삼막개 차도가 나온다. 차도를 따라 조금 가서 이정표가 있는 우측 산길로 오른다.

국사봉 이정표 등산로를 따라 27분을 올라가면 삼거리가 나온다. 삼거리에서 왼쪽으로 올라서면 넓은 쉼터 시설이 있는 국사봉이다.

국사봉에서 하산은 다시 삼거리로 되돌아온 다음, 왼쪽 능선을 따라 21분을 내려가면 도로 위를 통과하는 출렁다리가 나온다.

출렁다리를 건너 호룡곡산 이정표를 따라 17분을 올라가면 조망대가 나온다. 조망대에서 바라보면 서쪽 하나개해수욕장이 아름답게 내려다보이고 서해바다에 작은 섬들이 시야에 들어온다. 조망대에서 계속 능선길을 따라 11분을 올라가면 호룡곡산 정상이다.

하산은 외길인 서남쪽 능선길을 따라 10분 내려가면 의자가 있는 쉼터가 나온다. 쉼터에서 조금 오르면 작은 봉우리를 통과하고 내리막길로 이어져 43분을 내려가면 버스종점 광명마을 삼거리에 닿는다.

여행 정보 Tourist Information

대중교통
공항철도 서울역-김포공항역에서 인천공항행 전철 이용, 공항역 하차. 공항역 3층 5번 출구에서 잠진도행 버스 222번을 타고 잠진도 하차. 잠진도에서 무의도행 배편 06시 45분부터 오후 19시까지 약 30분 간격으로 운행.

자가운전
인천공항고속도로를 타고 영종대교 통과 고속도로 끝에서 직진⇨공항로에서 우회전⇨공항남로를 타고 8km 덕교동에서 좌회전⇨잠진도선착장⇨승선⇨무의도선착장 주차. 인천대교를 타면 공항로에서 좌회전⇨공항남로.

식당
무의선착장

자매조개구이
무의동 541
☎ 032-746-4948

수리봉식당(조개구이, 바지락칼국수)
무의동 475
☎ 032-747-0022

광명 종점

해오름식당(해물칼국수)
무의동 20
☎ 032-751-0399

준수산(꽃게, 주꾸미)
무의원 9-15
☎ 018-313-3033

명소
하나개해수욕장

장봉도 국사봉 149.8m

등산로 끝에 설치한 전망대

장봉도 국사봉
경기도 옹진군 북도면 장봉리

장봉도(長峰島) 국사봉(149.8m)은 하나의 섬으로 동쪽에서 서쪽으로 이어져 약 8km 나지막한 산으로 이루어져 있고, 중간에 가장 높은 국사봉이 정상이다. 민가는 해변을 중심으로 3개 부락이 있고, 도로는 해변을 따라 1개 노선이 있고 사이사이로 농로가 있으며 옹암선착장은 영종도로 통하는 교통 관문으로 하고 있다.

등산로는 옹암선착장에서 섬 끝까지 이어지고 잘 정비가 되어 길이 뚜렷하고 요소에 이정표 대피소가 있어서 산행에는 어려움은 없다.

산행은 교통편의상 배에서 내리자마자 바로 마을버스를 타고 버스종점 장봉3리 하차. 장봉3리 고개에서 산행을 시작 먼저 서쪽 섬 끝 전망대에 이른다. 전망대에서 다시 장봉3리로 되돌아온 다음, 계속 동쪽 능선을 타고 국사봉을 경유하여 옹암선착장으로 하산한다.

해변은 해수욕장과 마을이 있으며 민박 식당 편의점 등이 있어 이용하면 편리하다.

교통은 인천공항 전동열차를 이용, 공항철도 영종도 운서역에 내린 다음, 버스 편을 이용.

등산로 Mountain path

장봉도 국사봉 총 5시간 40분 소요

장봉3리 고개 → 60분 → 전망대 →
55분 → 장봉3리 → 70분 → 국사봉 →
55분 → 장봉1리 → 40분 → 옹암선착장

삼목에서 장봉도행 배편 시간에 맞추어 옹암선착장에 도착하자마자 장봉3리까지 왕래하는 마을버스를 타고 장봉3리 버스종점 하차. 종점에서 오른쪽 마을길을 따라 100m 거리에 이르면 마을삼거리가 나온다. 삼거리에서 왼쪽 소형차로를 따라 100m 정도 가면 정자가 있는 고개가 나온다.

고개가 산행기점이다. 고개에서 정자 왼쪽으로 난 등산로를 따라 오르면 다소 경사가 급한 산길로 이어진다. 뚜렷한 등산로를 따라 가면 중간에 갈림길을 통과하면서 23분 거리에 이르면 정자가 나온다. 정자에서 계속 능선을 따라 23분 거리에 이르면 전망봉이 나온다. 전망봉에서 계속 서쪽 능선을 따라 14분을 내려가면 바다끝 전망대가 나온다.

여기서 시간이 있으면 바윗길 바닷가에 내렸다가 다시 올라와도 좋다.

전망봉에서 다시 왔던 길로 되돌아가야 한다. 전망봉에서 55분 거리에 이르면 정자를 통과하여 산행기점 장봉3리 고개에 닿는다.

고개에서 농로를 건너 산길로 접어들어 10분 정도 가면 또 농로가 나온다. 농로에서 오른쪽으로 50m 정도 가면 고개를 지나서 바로 삼거리 농로가 나온다. 여기서 왼쪽농로를 따라 10분 정도가면 통나무 수도(물)가 있는 삼거리가 나온다. 삼거리에서 왼쪽 국사봉 이정표를 따라 간다. 능선으로 이어지는 능선을 따라 20분을 가면 하얀 통을 지나 헬기장이 나온다. 헬기장을 지나서 10분을 가면 갈림길이 나오고, 다시 급경사로 이어져 14분을 올라가면 정자가 있는 국사봉 정상에 닿는다.

국사봉에서 계속 동쪽 능선을 따라 10분 내려가면 도로가 나온다. 도로 우측으로 10m 가서 다시 왼쪽 산으로 올라가 18분을 가면 다시 도로가 나온다. 도로를 가로질러 27분을 가면 장봉1리 마을로 내려선다.

마을에서 이정표를 따라 다시 산으로 올라서 23분을 가면 정자가 있는 봉우리가 나온다. 정자에서 계속 이어지는 동쪽 능선을 따라 가면 삼각점을 통과하고 하산길은 왼쪽으로 꼬부라지면서 17분을 더 내려가면 옹암선착장에 닿는다.

여행 정보 Tourist Information

대중교통

공항철도 서울역, 김포공항역에서 인천공항행을 타고 운서역 하차. 운서역 건너편에서 매시 40분에 출발하는 상목행 203번 시내버스 이용, 상목선착장 하차. 상목선착장에서 오전 7시 10분부터 오후 7시 10분까지 매시 10분에 출발하는 장봉도행 배를 타고 장봉도 도착 후, 대기하고 있는 마을버스를 타고 장봉3리 종점 하차. 하산 후, 장봉(옹암)선착장에서 매시 정각에 출발하는 상목행 배편 이용 후, 운서행 버스 이용, 운서역에서 인천공항철도 이용.

식당

장봉도파주식당(자연산우럭, 산 낙지, 조개구이)
장봉1리 옹암해수욕장내
☎ 032-752-8663

옹암식당(자연산 우럭매운탕, 산 낙지)
장봉1리 옹암해수욕장내
☎ 011-9227-5243

갯벌식당, 민박(활어회)
장봉리 52
☎ 032-751-6188

명소

옹암해수욕장
장봉도 해변

장봉도 선착장 갈매기 떼

백운산(白雲山) 255.2m

남쪽에서 바라본 백운산 정상

백운산 인천광역시 중구 영종도

백운산(白雲山. 255.2m)은 영종도를 상징하는 영종도 한 중심에 솟은 산이다. 아침저녁에는 구름과 안개가 자욱이 끼고 석양에 비치는 오색구름이 산봉우리에 머물 때면 선녀들이 내려와 약수를 마시며 놀고 간다하여 백운산이라 칭하게 되었다고 한다.

산에는 단풍나무가 많아 가을철에는 오색 단풍이 아름답게 전개된다. 산자락에는 용궁사 백운사가 자리하고 있으며 산세가 수려하다. 정상에서 바라보면 인천국제공항, 영종도신도시가 시원하게 내려다보이고, 무의도, 장봉도, 강화도, 인천이 바라보인다.

산행은 (1) 운서역 광장에서 쌍굴 도로 전에 지능선을 타고 백운산에 오른다. 하산은 동쪽 용궁사를 경유하여 전소농협으로 하산한다. (2) 정상에서 남쪽 은서초교로 하산한다. (3) 정상에서 남쪽으로 10분 거리에서 북쪽 과학고로 하산한다.

등산로 Mountain path

백운산 총 3시간 소요

운서역 → 44분 → 산불초소 → 28분 → 백운산 → 36분 → 용궁사 → 12분 → 전소마을

공항철도 운서역에서 나와 오른쪽 도로를 따라 약 150m 거리에 이르면 삼거리가 나온다. 삼거리에서 도로를 건너 우회전 도로를 따라 철도 밑을 통과하면서 9분을 가면 쌍굴 도로 200m 전에 왼쪽으로 농로 같은 길이 나온다. 이 길을 따라 50m 정도 가면 정면으로 대규모 공사장이 나온다. 여기서 오른편 산과 공사장 사이로 난 등산로를 따라 간다. 뚜렷한 등산로를 따라 10분을 가면 갈림길이 나온다. 갈림길에서 왼쪽으로 간다. 약간 내려가다가 평지와 같은 오솔길을 따라 10분을 가면 산맥이 끊기는 지역이 나온다. 여기서 계속 이어지는 산길을 따라 12분 거리에 이르면 산불초소가 있는 사거리가 나온다.

산불초소 사거리에서 직진 14분을 올라가면 오른쪽으로 갈림길이 나온다. 갈림길에서 직진 9분을 오르면 운동시설이 있는 쉼터가 나오고, 5분을 더 오르면 데크를 지나서 백운산 정상 헬기장에 닿는다. 정상에서 바라보면 사방이 막힘이 없다. 인천공항과 영종도 일대가 속속들이 다 내려다보이고, 강화도, 장봉도, 무의도가 가까이 보인다.

하산은 세 곳으로 내려갈 수 있다.

(1) 헬기장에서 동쪽 전소리 방면으로 주능선을 따라 26분을 내려가면 용궁사가 나온다.

용궁사에서 오른편으로 5분을 가면 고개가 나온다. 고개에서 직진 7분 거리에 이르면 중구출장소(보건소)가 나온다. 출장소에서 5분 거리에 이르면 전소농협 버스정류장이다. 전소농협에서 운서역행 버스가 30분 간격으로 운행한다.

(2) 백운정에서 남쪽 운서초교 방면으로 10분을 내려가면 갈림길이 나온다. 갈림길에서 직진 11분 거리에 이르면 쉼터 사거리가 나온다. 사거리에서 오른쪽 운서초교 이정표를 따라 10분 거리에 이르면 운서초교 앞 버스정류장에 닿는다.

(3) 백운정에서 남쪽으로 10분 거리에 이르면 갈림길이 나온다. 갈림길에서 오른쪽 과학고등학교 방면 길로 내려간다. 나무계단을 따라 내려가면 하산길은 계곡을 지나서 오른편 비탈길로 이어지다가 내려가게 되어 18분 거리에 이르면 과학고등학교 왼편 울타리에 닿는다. 여기서부터 울타리를 따라 9분을 가면 과학고등학교 입구를 지나서 쌍굴 쪽으로 샛길을 따라 4분을 가면 도로에 닿고, 도로를 따라 18분 거리에 이르면 운서역에 닿는다.

여행 정보 Tourist Information

대중교통

서울역, 김포공항역 등에서 인천공항행 공항철도를 타고 운서역 하차. 하산지점 전소리나 운서초교 앞에서는 (구)배터에서 전소리-운서초교 경유 운서역행 마을버스(222번, 221번, 202번, 203번)를 타고 운서역 하차.

식당

산장오리
운남동 498-1 전소리
☎ 032-751-7737

대성생고기
운서동 2805-1
환희프라자 1층
☎ 032-752-1072

충청도회조개구이
을왕리 해수욕장내
☎ 032-746-3365

보길도회센터, 민박
을왕동 765-11
☎ 032-764-3686

늘목쌈밥
을왕동 238-4
☎ 032-746-8877

미미네 칼국수
중구
☎ 032-746-3838

명소

을왕리해수욕장
무의도
실미도

영종도 백운산 정상

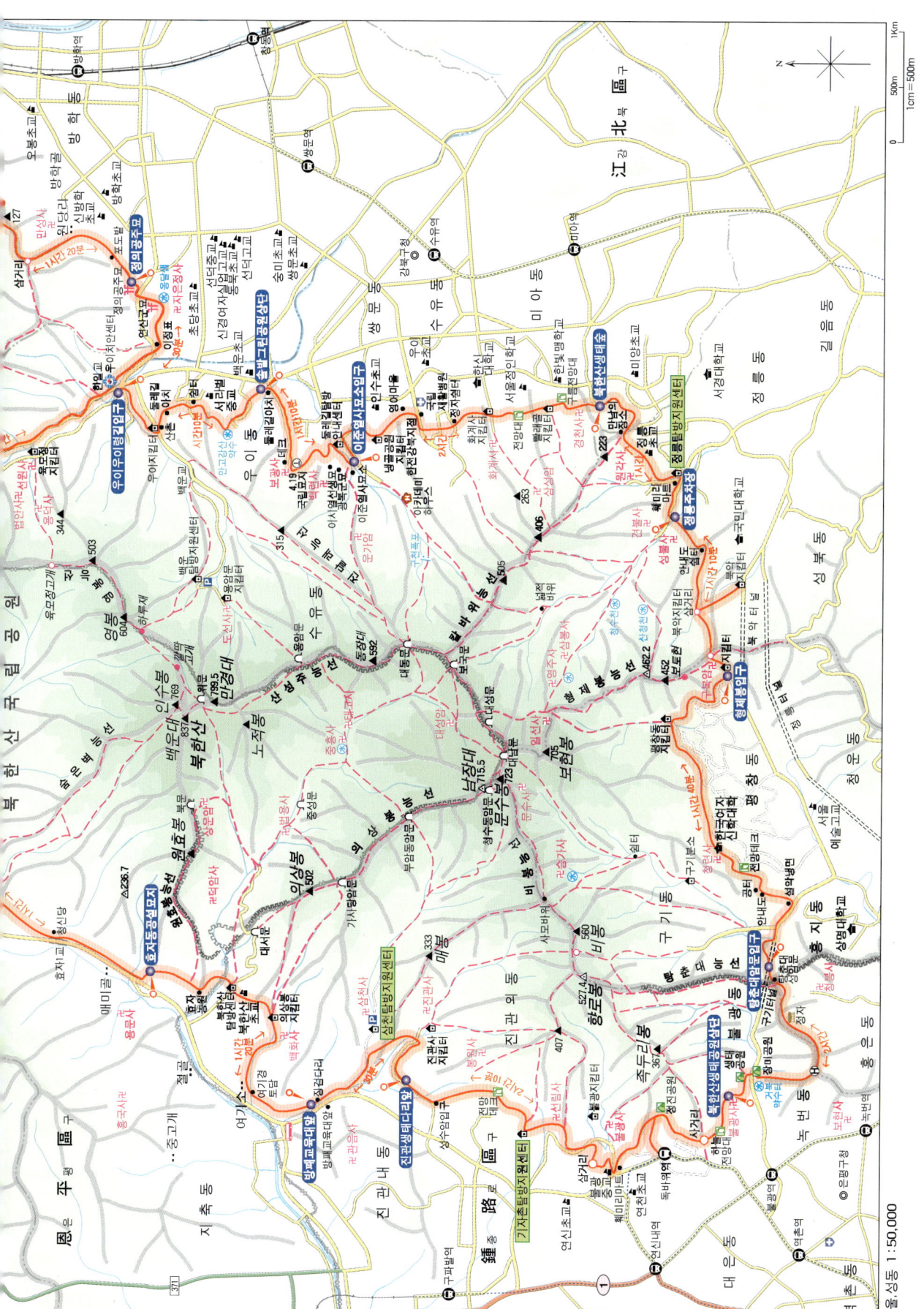

아름다운 북한산 동부 일대 전경

북한산국립공원 둘레길

둘레길

북한산 37.2km, 총 16시간 소요
우이동 우이령길 입구 → 70분 → 솔밭그린공원 상단 → 70분 → 이준열사묘역 입구 → 110분 → 북한산생태숲 앞 → 50분 → 정릉주차장 → 70분 → 형제봉 입구 → 80분 → 탕춘대성암문 입구 → 112분 → 북한산생태공원 상단 → 110분 → 진관생태다리 앞 → 30분 → 방패교육대 앞 → 70분 → 효자공설묘지 → 60분 → 사기막골 입구 → 60분 → 교현리 우이령길 입구

※ 우이령길 우이동 우이령길 입구 → 교현리 우이령길 입구(총 3시간 소요)

1구간 : 소나무숲길
(우이령길 입구~솔밭그린공원 상단)
3.1km, 1시간 10분 소요

우이동 소나무숲길

여행 정보 Tourist Information

대중교통

1구간 : 우이동치안센터
4호선 수유역 3번 출구에서 120번 153번 버스, 종점 하차(도보 5분).

2구간 : 솔밭그린공원 상단
4호선 수유역 3번 출구에서 120번 153번 버스, 덕성여대입구 하차. 길 건너(도보 5분).

3구간 : 이준열사묘역 입구
4호선 수유역 1번 출구에서 강북01번 마을버스, 통일교육원 하차.

4구간 : 북한산생태숲 앞
4호선 길음역 3번 출구에서 1014번 1114번 버스, 종점 하차.

5구간 : 정릉주차장
4호선 길음역 3번 출구에서 143번 110B번 버스, 종점 하차(도보 5분).

6구간 : 형제봉 입구
4호선 길음역 3번 출구에서 153번 7211번 버스, 롯데삼성아파트 하차(도보 15분).

7구간 : 탕춘대성암문 입구
3호선 불광역 2번 출구에서 7211번 7720번 버스, 구기동 하차.

북한산 국립공원 둘레길은 북한산과 도봉산 주변 산자락에 있는 옛길과 마을길, 산길을 연결하여 조성한 산책로이며, 우리의 소중한 자연과 역사를 체험할 수 있는 길이다.

북한산은 1구간부터 12구간까지이고, 도봉산은 13구간부터 20구간까지이다. 산책로 설명은 북한산은 1구간부터 12구간까지 순서대로 기록하였고, 도봉산은 편의상 반대로 20구간부터 13구간으로 이어져 설명이 되었다.

어떤 길은 숲길, 어떤 길은 도로, 어떤 길은 등산로이다. 전 구간 요소에 이정표가 있고, 도로로 이어지는 둘레길은 녹색선으로 표시가 되어 있으며, 전신주에는 표시판이 붙여져 있어 누구나 쉽게 찾아갈 수 있도록 되어있다.

산책은 1구간, 2구간, 3구간을 주력에 따라 적당하게 하면 된다.

북한산은 우이동치안센터에서 시작하여 남쪽 솔밭그린공원 상단 - 이준열사묘소 입구 - 북한산생태숲 앞 - 정릉주차장 - 형제봉 입구 - 탕춘대성암문 입구 - 북한산생태공원 상단 - 진관생태다리 앞 - 방패교육대 앞 - 효자동공설묘지 - 사기막골 입구 - 교현리 우이령길 입구까지이다.

도봉산은 우이동치안센터에서 시작하여 정의공주묘 - 무수골 입구 - 다락원 - 원도봉 입구 - 회룡탐방지원센터 - 안골계곡 - 원각사 입구 - 교현리 우이령길 입구까지이다.

* 우이령길은 사전예약제이므로 북한산국립공원에 사전예약을 한 후에 우이동치안센터에서 시작하여 우이령고개를 넘어 교현리 우이령 입구로 하산하는 것이 좋고, 그 반대로 해도 된다.

우이동 치안센터 건너편 미니스톱마트에서 북한산 둘레길 안내도와 이정표를 확인하고, 서쪽으로 난 계곡길을 따라 10분 거리에 이르면 북한산국립공원 우이동 분소가 나온다. 우이동 분소에서 왼쪽 도로를 따라 100m 가서 오른쪽으로 간다. 오른쪽으로 6분을 가면 둘레길 아치를 통과하여 7분을 가면 쉼터를 지나서, 15분 거리에 이르면 만고강산약수터가 나온다. 약수터를 지나서 21분을 가면 솔밭그린공원 상단에 닿는다.

2구간 : 순례길
(솔밭그린공원 상단~이준열사묘소 입구)
2.3km, 1시간 10분 소요

4.19묘소 위 전망장소에서 바라본 4.19국립묘지

솔밭그린공원 상단을 지나면 소형차로가 나온다. 여기서 오른쪽으로 조금 가서 왼쪽 둘레길 아치를 통과하고, 11분 거리에 이르면 4.19묘소 위 전망장소가 나온다. 전망장소를 지나 8분을 가면 대성문 갈림길을 통과하고, 8분 거리에 이르면 백련사 입구를 지나서, 10분을 가면 백련사 지킴터 입구를 통과하며, 11분 거리에 이르면 독립유공자묘소 입구를 지나서 이준열사묘소 입구에 닿는다.

3구간 : 흰구름길
(이준열사묘소 입구~북한산생태숲 앞)
4.1km, 1시간 50분 소요

이준열사묘소 입구에서 5분 거리 통일교육원에서 오른쪽으로 돌아간다. 여기서 13분을 가면 한전 강북지점 앞 도로가 나온다. 도로에서 오른쪽으로 5분 거리에 이르면 신토불이식품 입구에서 왼쪽 산길로 접어들고, 산길을 따라 21분을 가면 화계사지킴터가 나온다.

화계사지킴터에서 8분을 가면 전망대가 나오고, 5분을 더 가면 구름전망대가 나온다. 구름전망대에서 바라보면 북한산 동부 일대가 펼쳐지고 도봉산이 시야에 들어온다. 둘레길 전체구간 중 가장 전망이 좋은 곳이다.

전망대를 지나서 13분을 내려가면 빨래골지킴터가 나온다. 여기서 5분을 지나면 데크를 통과하며 다시 17분 거리에 이르면 북한산생태숲 앞이다.

4구간 : 솔샘길
(북한산생태숲 앞~정릉주차장)
2.1km, 50분 소요

북한산생태숲 앞에서 잠시 내려가다가 다시 오르막길을 따라 10분을 오르면 만남의장소 정자가 나오고, 정자에서 서쪽으로 14분을 내려가면 정릉동 마을 하이츠아파트 앞이다. 여기서 왼쪽 마을길을 따라 4분 내려가서 오른편 대로를 따라 13분 거리에 이르면 정릉탐방지원센터를 지나서 주차장이 나온다.

5구간 : 명상길 구간
(정릉주차장~형제봉 입구)
2.4km, 1시간 10분 소요

국민대 위 능선에서 바라본 형제봉 보현봉 일대

정릉주차장 중간 왼편에 둘레길 안내도가 있다. 여기서부터 형제봉 입구까지는 완전 등산로이다. 처음부터 급경사인 등산로를 따라 15분을 오르면 국민대에서 대성문으로 오르는 삼거리가 나온다. 삼거리에서 좌회전 3분을 내려가면 다시 삼거리가 나온다. 삼거리에서 우회전 비탈길을 따라 9분을 가면 배드민턴장을 지나서 11분을 가면 북악지킴터가 나온다. 여기서 직진 13분을 오르면 주능선 형제봉사거리가 나온다. 형제봉사거리에서 오른쪽으로 조금 가다가 삼거리에서 왼쪽 길을 따라 13분을 내려가면 구복암을 지나서 형제봉 입구 지킴터가 나온다.

여행 정보 Tourist Information

8구간 : 북한산생태공원 상단
3호선 불광역 2번 출구에서 구기터널 쪽(도보 10분).

9구간 : 진관생태다리 앞
3호선 연신내역 3번 출구에서 7211번 버스 진관사 앞 하차(도보 15분).

10구간 : 방패교육대 앞
3호선 구파발역 1번 출구에서 34번 704번 버스, 임곡사거리 하차(도보 5분).

11구간 : 효자동공설묘지
3호선 구파발역 1번 출구에서 34번 704번 버스, 효자동마을금고 하차(도보 5분).

12구간 : 사기막골 입구
3호선 구파발역 1번 출구에서 34번 704번 버스, 사기막골 하차.

※ 교현리 우이령길 입구
3호선 구파발역 1번 출구에서 34번 704번 버스, 우이령길 입구 하차.

🍴 **식당**

우이동

금천옥(갈비탕전문)
강북구 우이동 5-1
☎ 02-904-5191

울터두부마을(두부전문)
강북구 우이동 도선사버스 정류장
☎ 02-996-1487

6구간 : 평창마을길
(형제봉 입구~탕춘대성암문 입구)
5km, 1시간 40분 소요

형제봉지킴터에서 구기터널까지는 완전 평창동 마을길(도로)을 따라간다. 전신주에 안내 표시가 있는 평창동 산복도로를 따라 25분을 가면 평창지킴터가 나온다. 여기서 14분 거리에 이르면 의자가 있는 청련사 마당이 나온다. 여기서 잠시 휴식을 취하고 12분을 가면 차도 끝 공터가 나온다. 공터에서 샛길을 따라 6분을 내려가면 구기동 입구 버스정류장에 닿는다. 정류장에서 오른쪽 녹색선을 따라 10분 거리에 이르면 구기터널 입구 탕춘대성암문 입구가 나온다.

7구간 : 옛 성길
(탕춘대성암문 입구~북한산생태공원 상단)
2.7km, 1시간 52분 소요

탕춘대성암문 입구에서 오른쪽 왼쪽으로 골목길을 따라 11분을 오르면 주능선 사거리 탕춘대성암문이 나온다. 탕춘대성암문을 통과하여 남쪽 능선을 타고 8분을 내려가면 사거리가 나온다. 사거리에서 직진 14분을 가면 정자가 나오고, 12분을 가면 헬기장 전망대가 나온다.

전망대에서 19분을 더 내려가면 산불초소를 지나서 장미공원 대로변이다.

장미공원에서 오른편 횡단보도를 건너 왼쪽으로 30m 가면 생태공원안내 이정표가 나온다. 생태공원으로 난 둘레길을 따라 가면 아파트 오른편으로 이어지면서 22분을 오르면 북한산생태공원상단 불광사가 나온다.

8구간 : 구름정원길
(북한산생태공원 상단~진관생태다리 앞)
4.9km, 1시간 55분 소요

족두리봉 산자락에 자리한 불광사

불광사에서부터는 산 비탈길로 이어져 10분 거리에 이르면 전망 데크가 나온다. 전망 데크를 지나서 3분을 내려가면 불광역에서 오르는 사거리가 나온다. 사거리에서 직진 5분을 내려가면 독바위역에서 오르는 삼거리가 나온다. 삼거리에서 직진 10분을 가면 정진공원지킴터 사거리가 나온다.

정진공원지킴터 사거리에서 직진 5분을 내려가면 정진사 입구가 나온다. 여기서부터는 마을길을 따라 3분 내려가면 양평슈퍼가 나온다. 양평슈퍼 우회전 4분 거리에 이르면 불광중학교 차도에 닿는다.

여기서 불광중학교 오른편 담을 따라 4분을 가면 불광중학교 후문이 나오고 바로 왼쪽 산으로 오른다. 산길을 따라 7분 거리 삼거리에서 우회전 5분을 가면 고개 사거리가 나온다.

고개에서 왼쪽으로 농로를 따라 가면 삼거리에서 우회전 7분 거리에 이르면 선림사 입구가 나온다. 여기서 왼쪽으로 18분 거리에 이르면 기자촌둘레길 전망데크가 나온다.

여기서 4분을 가면 전망데크가 또 나오고, 12분 거리에 이르면 진관생태다리가 나온다.

장미공원 위 남쪽 전망대에서 바라본 북한산. 왼쪽부터 족두리봉, 향로봉, 비봉, 문수봉, 보현봉이 보인다.

여행 정보 Tourist Information

이준열사 묘소

도봉산갈비(갈비전문)
강북구 수유4동 535-12
☎ 02-902-0977

곤드레이야기(곤드레밥)
강북구 수유동 535-55
☎ 02-994-5075

농우(등심, 왕갈비탕전문)
강북구 수유동 535-17
☎ 02-999-6233

정릉

산장순두부(두부전문)
성북구 정릉4동 822-33
☎ 02-919-1599

돼지할머니(삼겹살전문)
성북구 정릉4동 822-54
☎ 02-918-8198

평창동

예강(돼지갈비전문)
종로구 평창동 북악터널 서편
☎ 02-379-8008

강촌쌈밥(쌈밥전문)
종로구 평창동 460
☎ 02-395-6467

구기동

할머니두부집
종로구 구기동 88-9
☎ 02-379-6276

삼천사 입구

순천집(닭, 오리전문)
은평구 진관동 348-4
☎ 02-381-9270

9구간 : 마실길
(진관생태다리 앞~방패교육대 앞)
1.5km, 30분 소요

생태다리에서 우회전 11분을 가면 느티나무를 지나서 우회전 진관사주차장이 나온다.

주차장에서 왼쪽으로 6분을 내려가면 삼천사 입구가 나온다. 여기서 왼쪽으로 2분 거리 사거리에서 직진 왼쪽 다리를 건너면 대로가 나온다. 대로를 따라 5분 거리에서 오른쪽으로 징검다리를 건너면 방패교육대 앞이다.

10구간 : 내시묘역길
(방패교육대 앞~효자동공설묘지)
3.5km, 1시간 10분 소요

방패교육대 앞에서 왼쪽으로 13분 거리에 이르면 여기경로당이다. 여기경로당에서 오른쪽으로 12분을 가면 백화사 입구이고, 6분을 더 가면 의상봉으로 가는 삼거리가 나온다. 삼거리에서 직진 농로를 따라 8분을 가면 북한산탐방센터에 닿는다.

북한산탐방센터에서 오른쪽으로 조금 가면 삼거리가 나온다. 삼거리에서 왼쪽 둘레교를 건너 12분을 가면 효자농원사거리가 나온다. 사거리에서 직진 8분 거리에 이르면 효자동공설묘지 입구가 나오고 도로에 닿는다.

11구간 : 효자길
(효자동공설묘지~사기막골 입구)
2.9km, 1시간 소요

도로에서 오른쪽 도로를 따라 18분을 가면 천신당 입구가 나온다. 여기서 도로를 벗어나 왼쪽으로 11분을 가면 밤골지킴터가 나온다. 밤골지킴터에서 오른편으로 접어들어 바로 왼쪽으로 10분을 가면 사기막길을 만나서 왼쪽으로 8분을 가면 사기막 입구 지킴터에 닿는다.

12구간 : 충의길
(사기막골 입구~교현리 우이령길 입구)
2.7km, 1시간 소요

사기막 입구 지킴터 닿기 전에 오른쪽 계곡 다리를 건너 8분 거리 데크에서 25을 가면 도로에 닿는다. 여기서부터 오른편 송추 방면 도로를 따라 27분 거리에 이르면 교현리 우이령길 입구에 닿는다.

※ 우이령길
(우이동치안센터~교현리 우이령길 입구)
6.8km, 3시간 소요

우이령탐방안내소에서 우이령으로 가는 우이령길

우이동 치안센터에서 우이령길을 따라 2분 거리에 이르면 한일교가 나온다. 한일교를 건너 12분을 지나면 월벽교가 나온다. 월벽교를 통과하여 16분 거리에 이르면 탐방안내소가 나온다. 탐방안내소를 통과하여 35분 거리에 이르면 우이령 고갯마루가 나온다.

고갯마루에서 9분을 내려가면 전망 데크가 나온다. 우이령 구간에서 가장 전망이 좋고 오봉이 보이는 전망장소이다.

전망 데크에서 내려가면 호수를 지나서 소형차로를 따라 1시간을 내려가면 우이령통제소를 지나서 우이령길 입구 대로에 닿는다.

* 우이령길은 반대로 교현리 우이령 입구에서 시작하여 우이동 치안센터로 하산해도 된다.

여행 정보 Tourist Information

사슴집(닭, 오리전문)
은평구 진관동 연서로 54길 20-1
☎ 02-381-9506

북한산성

만석장(일반식)
은평구 진관동 278-32호
☎ 02-385-2093

옛골토성(오리전문)
서대문구 진관동 북한산 입구
☎ 02-385-3064

전주식당(일반식)
서대문구 진관동 279-37
☎ 02-355-3300

밤골

된장예술(된장백반)
고양시 효자2동 밤골 입구
☎ 031-352-2111

사기막

시골밥상(일반식)
고양시 효자2동 46-4
☎ 02-354-7667

교현리 우이령 입구

풍년고을(두부전문)
양주시 장흥면 교현리 265-2
☎ 031-855-7859

두부고을(두부전문)
양주시 장흥면 교현리 342
☎ 031-829-5673

우이동 도봉옛길에서 연산군묘로 가는 첫 둘레길 아치

도봉산쪽 둘레길은 우이동치안센터에서 동북서쪽 방향으로 연산군묘, 다락원 입구, 원도봉, 회룡지원센터, 직동공원, 원각사 입구, 오봉탐방센터, 교현리 우이령 입구까지다. 주력에 따라 진행을 하고 반대로 교현리 우이령 입구에서 반대로 해도 된다.

등산로 Mountain path

도봉산
(우이동치안센터~교현리 우이령길 입구)
23.3km, 총 12시간 6분 소요

우이령동치안센터→ 30분 → 정의공주묘
→ 80분 → 무수골 입구→ 80분 →
다락원 입구 → 50분 → 원도봉 입구 →
150분 → 회룡지원센터 → 110분 →
안골계곡 → 120분 → 원각사 입구 →
106분 → 교현리 우이령길 입구

20구간 : 왕실묘역길
(우이동치안센터~정의공주묘)
1.6km, 30분 소요

우이동치안센터에서 방학사거리 방면 도로를 따라 10분 거리에 이르면 오른쪽 산으로 도봉산둘레길 안내도가 나온다. 이 산길을 따라 13분 거리에 이르면 소형차로가 나온다. 소형차로 오른쪽으로 가서 다시 왼쪽으로 가면 바로 오른편에 옹달샘이 있고 은행나무가 있으며 왼쪽에 연산군 묘가 나온다. 연산군묘 입구를 지나서 100m 정도 가면 우이동에서 방학동으로 가는 대로가 나온다. 대로를 건너 오른쪽으로 50m 거리 왼쪽에 정의공주묘가 나온다.

19구간 : 방학동길
(정의공주묘~무수골 입구)
3.1km, 1시간 20분 소요

정의공주묘 오른쪽으로 가면 사천육씨 재실이 나오고, 재실 오른쪽 산으로 둘레길이 이어진다. 여기서부터 산길을 따라 12분 거리에 이르면 포도밭이 나온다.

포도밭을 가로질러 6분 거리 갈림길에서 오른쪽으로 9분을 가면 갈림길이 나온다. 갈림길에서 왼쪽으로 3분을 내려가면 바가지약수터 사거리 쉼터가 나온다.

약수터 사거리에서 직진으로 가면 길은 왼쪽 능선으로 이어져 12분을 올라가면 삼거리가 나온다. 삼거리에서 오른쪽으로 11분을 내려가면 갈림길이 나온다. 갈림길에서 왼쪽으로 10분을 내려가면 사거리고개가 나온다. 고개에서 왼쪽으로 5분을 내려가면 무수골 입구 세일교가 나온다.

18구간 : 도봉옛길
(무수골 입구~다락원)
3.1km, 1시간 20분 소요

우이동에서 시작하는 도봉옛길 둘레길

세일교 동편에서 왼쪽으로 간다. 왼쪽으로 7분 거리에 이르면 아치가 있는 윗무수골이다.

윗무수골을 지나서 14분 거리에 이르면 갈림길에 화장실이 있는 도봉산 이정표가 나온다. 갈림길에서 오른쪽으로 15분 거리에 이르면

여행 정보 Tourist Information

🚌 대중교통

20구간 : 우이동치안센터
7호선 노원역 7번 출구에서 1161번, 7호선 노원역 3번 출구에서 1144번, 4호선 창동역 1번 출구에서 1161번 1144번을 타고 우이동 우이치안센터 하차.
4호선 수유역 3번 출구에서 120번, 153번 버스를 타고 우이동 120번 종점 하차.

19구간 : 정의공주묘
7호선 노원역 7번 출구에서 1161번, 4호선 창동역 1번 출구에서 1161번, 1144번, 7호선 노원역 3번 출구에서 1144번을 타고 연산군묘 하차.

18구간 : 무수골 입구
1호선 도봉역 3~4번 출구로 나와 도봉치안센터 앞에서 10분 간격 주말농장행 8번 마을버스를 타고 주말농장 하차 후 무수골 입구 세일교까지 간다.

17구간 : 다락원 입구
1호선·7호선 도봉산역 1번 출구에서 의정부 쪽으로 1.5km 다락교 건너서 좌회전 ➡ 다락원 뒤 다락원탐방센터까지 간다.

16구간 : 원도봉 입구
1호선 망월사역 3번 출구에서 서쪽 도로 약 1km 고가도로 밑에서 시작.

도봉산 탐방안내소 삼거리가 나온다.

삼거리에서 왼쪽으로 4분 거리에 이르면 광륜사 지나서 삼거리가 나온다. 삼거리에서 오른쪽으로 간다. 오른쪽 등산로를 따라 12분 거리에 이르면 능선에 삼거리가 나온다. 삼거리에서 오른쪽 능선을 타고 내려간다. 도봉산이 바라보이는 능선을 따라 15분을 내려가면 벙커가 있는 갈림길이 나온다. 갈림길에서 왼쪽으로 2분 내려가면 다락원 입구 임도가 나온다.

17구간 : 다락원길
(다락원~원도봉 입구) 3.3km, 50분 소요

임도에서 왼쪽으로 8분 거리에 이르면 다리를 건너 소형차로가 나온다. 여기서 오른쪽으로 30m 거리 삼거리에서 왼쪽으로 가면 새엘루살렘장로교회 전에 왼쪽 개울 건너 숲길로 이어진다. 숲길을 따라 20분 거리에 이르면 도로 밑에 닿는다. 도로 밑 오른편 30m에서 횡단보도를 2번 건너 이정표에서 좌회전으로 가다가 첫 삼거리에서 좌회전 하면서 13분 거리에 이르면 망월사역에서 오는 사거리가 나온다.

16구간 : 보루길
(원도봉 입구~회룡탐방지원센터)
3.1km, 2시간 30분 소요

사거리에서 왼쪽으로 1분 거리 삼거리에서 오른편 길로만 따라 17분을 가면 원각사 삼거리가 나온다. 삼거리에서 오른쪽으로 간다. 비탈길로 가다가 능선으로 오르면서 17분 거리에 이르면 능선 갈림길이 나온다. 갈림길에서 오른쪽으로 10분 내려가면 소형차로에 안골지킴터가 나온다. 안골지킴터에서 왼쪽으로 24분 거리에 이르면 갈림길이 나온다. 갈림길에서 오른쪽으로 7분을 내려가면 소형차로가 나온다. 소형차로에서 왼쪽으로 11분을 가면 원심사갈림길이 나온다. 갈림길에서 오른쪽 산길을 따라 20분을 오르면 능선 오보루 갈림길이 나온다.

오보루에서 오른쪽 능선을 타고 내려간다. 능선을 타고 16분을 내려가면 아치가 나오고, 3분 거리에 회룡골탐방지원센터가 나온다.

15구간 : 안골길
(회룡탐방지원센터~안골계곡)
4.7km, 1시간 50분 소요

탐방안내소에서 다리 오른쪽으로 40m 정도 가서 오른쪽 나무계단을 타고 오르면 도로 왼편으로 길이 이어져 11분을 오르면 갈림길이 나온다. 갈림길에서 오른쪽으로 7분을 내려가면 호암사 입구가 나온다.

호암사 입구에서 도로와 나란히 북쪽 소형차로를 따라 6분 거리에 이르면 갈림길이 나온다. 갈림길에서 오른쪽으로 8분 거리에 이르면 산정약수 갈림길이 나온다. 갈림길에서 오른쪽으로 가면 도로 터널을 통과한다. 터널을 통과하자마자 바로 왼쪽으로 직동공원길을 따라 12분을 가면 사거리 공원길이 나온다.

사거리에서 직진 5분을 가면 축구장 위가 나오고, 축구장 윗길을 따라 3분 거리 이정표에서 왼쪽 능선으로 오른다. 능선을 따라 21분을 오르면 운동시설이 있는 불로약수터가 나온다. 약수터에서 오른쪽 계곡길을 따라 7분을 내려가면 안골에 닿는다.

14구간 : 산너머길
(안골계곡~원각사 입구) 2.3km, 2시간 소요

사패산 북릉 전망바위에서 바라본 안골계곡

안골 둘레길 사패산 안내도가 있는 삼거리에서 사패산 방향 남쪽 소형차로를 따라 19분 거리

여행 정보 Tourist Information

15구간 : 회룡탐방지원센터
1호선 회룡역 2번 출구에서 서쪽 편으로 약 1km 회룡탐방지원센터.

14구간 : 안골계곡
1호선 가능역 1번 출구에서 왼쪽 100m에서 34번 버스 이용, 안골 입구 하차. 직동교 건너 21분 거리 안골삼거리.

13구간 : 원각사 입구
1호선 가능역 1번 출구 왼쪽 100m 지점 또는 3호선 구파발역 1번 출구에서 원각사 입구, 오봉통제소 입구를 경유하여 왕래하는 34번 버스 이용, 원각사 입구 하차.

식당

우이동

금천옥(설렁탕전문)
강북구 우이동 5-1
☎ 02-904-5191

우리콩순두부
우이동 도선사 입구
☎ 02-995-5918

울터두부마을
우이동 도선사버스정류장
☎ 02-996-1487

토성(오리전문)
강북구 우이동 216-43
☎ 02-990-9292

무수골

무수골집(사철탕전문)
도봉구 도봉1동 무수계곡 자현암 입구
☎ 02-9040-7944

두 번째 다리를 지나면 이정표가 있는 갈림길이 나온다.

갈림길에서 오른쪽다리를 건너 면 바로 세능선 산길로 이어져 7분을 오르면 지능선삼거리가 나온다. 삼거리에서 왼쪽 지능선을 따라 13분을 오르면 전망 바위가 나온다.

전망바위를 뒤로하고 16분을 오르면 지능선 삼거리가 나온다. 지능선삼거리에서 왼쪽으로 조금가면 오른쪽으로 갈림길이 나온다. 갈림길에서 오른쪽으로 6분을 내려가면 능선사거리가 나온다.

사거리에서 직진 비탈길을 따라 14분을 가면 또 사거리가 나온다. 여기서 오른쪽으로 11분을 내려가면 계곡을 지나서 다시 능선이 나온다. 능선에서 왼쪽으로 3분을 가면 갈림길이 나온다. 갈림길에서 오른쪽으로 10분을 내려가면 원각사 입구 삼거리가 나온다.

13구간 : 송추마을길
(원각사 입구~교현리 우이령길 입구)
5.2km, 1시간 46분 소요

송추에서 바라본 오봉

여기서 오른쪽 소형차로를 따라 11분을 내려가면 원각사 입구 도로에 닿는다.

송추 원각사 입구 도로에서 서쪽으로 송추역 방향 인도를 따라 8분 거리에 이르면 둘레길 이정표가 나온다. 이정표에서 왼쪽 치킨호프 앞 골목길을 따라 7분을 가면 주차장 오른편으로 송추계곡으로 가는 소형차로가 나온다.

여기서 왼쪽 송추계곡길을 따라 3분 거리에 이르면 송천식당을 지나서 다리가 나온다. 여기서 오른쪽 다리를 건너 5분을 가면 삼거리 오봉탐방센터가 나온다. 탐방센터에서 오른쪽 둘레길을 따라 5분을 가면 이정표가 있는 갈림길이 나온다. 갈림길에서 오른쪽으로 오르면 바로 지능선 삼거리가 나온다. 삼거리에서 오른쪽으로 6분을 가면 부대초소가 있는 능선이 나온다.

능선에서 오른쪽으로 20m 정도 가면 갈림길이 나온다. 갈림길에서 왼쪽으로 간다. 왼쪽으로 5분을 내려가면 갈림길이 나온다. 갈림길에서 왼쪽으로 2분을 가면 부대철조망 능선이 나온다. 여기서 철조망을 따라 가다가 오른쪽으로 내려가게 되면서 7분 거리에 이르면 송추에서 구파발로 가는 도로가 나온다.

여기서 왼쪽 인도를 따라 6분 거리에 이르면 올림픽부대 앞을 지나고, 8분을 더 가면 교현리(새골) 버스정류장 전에 왼쪽으로 마을길이 나온다. 여기서 마을길을 따라 300m 거리 갈림길에서 오른쪽으로 가면 마을 중간에 연곡사 샛골교를 지나면서 반월형으로 이어지는 마을길을 따라 18분 거리에 이르면 우이령길 입구 안내도에 닿는다.

🍴 식당

송추

서울뚝배기(알반식)
장흥면 부곡리 540-20
☎ 031-826-4190

부일기사식당(부대찌개)
장흥면 부곡리 504-5
☎ 031-826-4108

진흥관(중식전문)
장흥면 울대리 390-2
☎ 031-826-4077

고현리 우이령 입구

풍년고을(두부전문)
양주시 장흥면 교현리 265-2
☎ 031-855-7859

두부고을(두부전문)
양주시 장흥면 교현리 342
☎ 031-829-5673

여행 정보 Tourist Information

도봉산역

콩사랑(두부요리전문)
도봉동 생태공원 위
☎ 02-955-6016

산두부(두부요리전문)
도봉동 생태공원 위
☎ 02 954-1138

섬진강(해물전문)
도봉동 주차장 전
☎ 02-956-7386

홍도해물(해물전문)
도봉동 주차장 부근
☎ 02-955-2710

토성(오리전문)
도봉군 도봉동1동 288-1
☎ 02-955-5667

망월사역

윤초시(생고기전문)
망월사역 3번 출구 100m
☎ 031-877-6694

전원정육점식당(생고기)
의정부시 호원동 464-11
☎ 031-873-6317

회룡역

돌판구이(생고기전문)
의정부시 호원동 314-1
☎ 031-872-5291

안골

대가(닭, 오리 전문)
가능3동 581-24
☎ 031-829-9133

흥부산장(약백숙, 오리)
가능3동 581-203
☎ 031-872-1136

수도권 전철 노선도

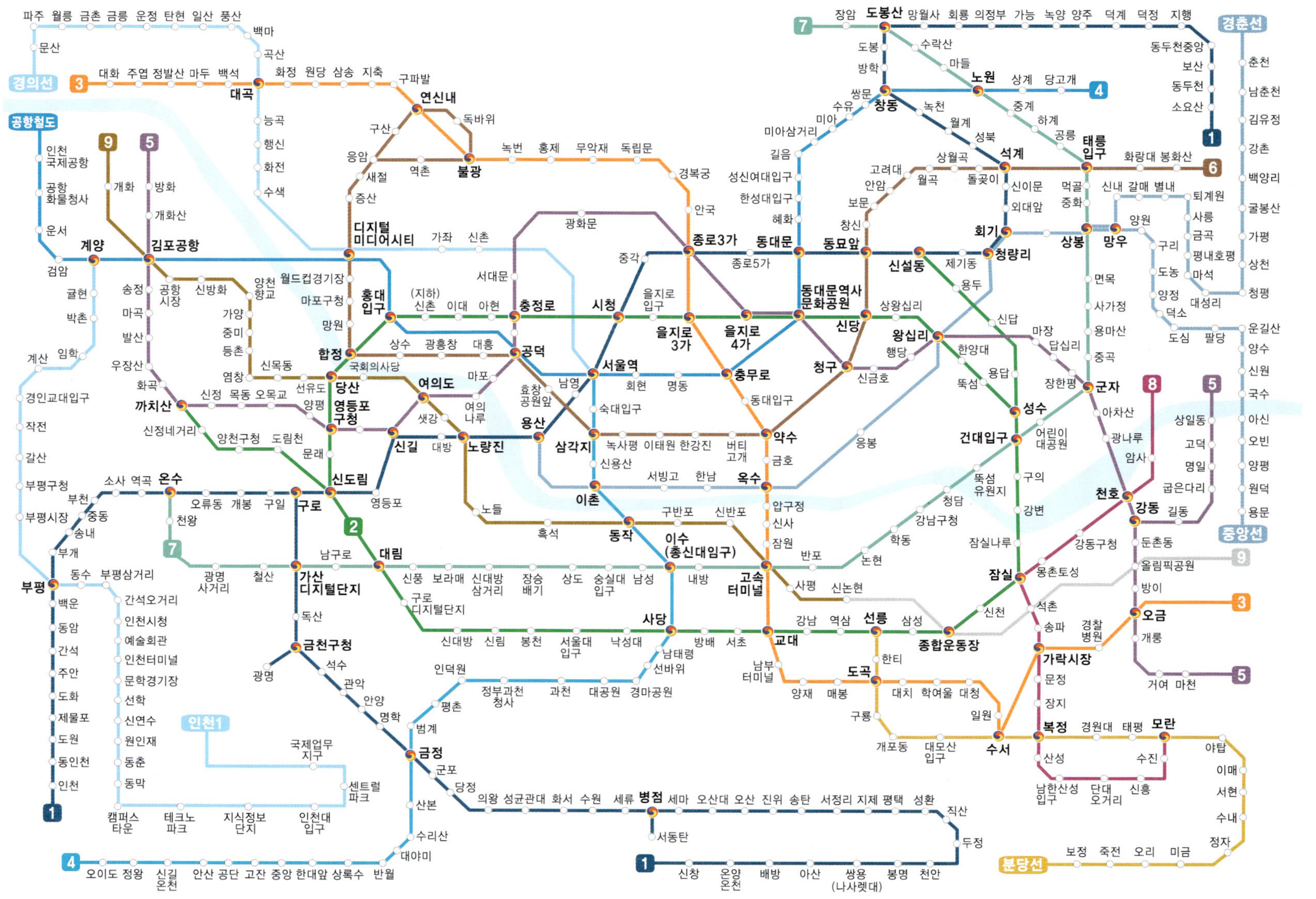

경의선
파주 월롱 금촌 금릉 운정 탄현 일산 풍산
백마
문산
곡산
능곡
행신
화전
수색
가좌
신촌
3
대화 주엽 정발산 마두 백석
대곡
화정 원당 삼송 지축
구파발
연신내
독바위
구산
응암
새절
역촌
불광
증산
녹번 홍제 무악재 독립문
경복궁
안국
종로3가
공항철도
인천 국제공항
공항 화물청사
운서
계양
검암
김포공항
9
개화
5
방화
개화산
송정
공항 시장
신방화
양천 향교
가양
증미
등촌
염창
신목동
마곡
발산
우장산
화곡
까치산
신정네거리
신정 목동 오목교
양천구청
도림천
문래
디지털 미디어시티
월드컵경기장
마포구청
망원
합정
홍대 입구
(지하) 신촌
이대
아현
충정로
서대문
광화문
상수
광흥창
대흥
공덕
국회의사당
당산
선유도
양평
영등포 구청
여의도
마포
여의 나루
샛강
신길
대방
노량진
효창 공원앞
용산
남영
서울역
회현
명동
충무로
시청
중각
을지로 입구
을지로 3가
을지로 4가
종로5가
동대문
동대문역사 문화공원
숙대입구
삼각지
녹사평 이태원 한강진
버티 고개
약수
동대입구
신용산
서빙고 한남
옥수
금호
이촌
동작
구반포 신반포
압구정
신사
잠원
고속 터미널
흑석
노들
이수 (총신대입구)
내방
반포
사평
신논현
신도림
영등포
구로
2
대림
남구로
신풍 보라매 신대방 삼거리
장승 배기
상도
숭실대 입구
남성
구로 디지털단지
가산 디지털단지
독산
금천구청
광명
석수
관악
안양
명학
금정
군포
당정
의왕 성균관대 화서 수원
세류 병점 세마 오산대 오산 진위 송탄 서정리 지제 평택 성환
직산
두정
서동탄
1
신창 온양 온천 배방 아산 쌍용 (나사렛대) 봉명 천안
산본
수리산
대야미
4
오이도 정왕 신길 온천 안산 공단 고잔 중앙 한대앞 상록수 반월
온수
소사 역곡
오류동 개봉 구일
천왕
7
광명 사거리
철산
부천
중동
송내
부개
부평
부평구청
부평시장
계산 임학
경인교대입구
작전
갈산
동수 부평삼거리
간석오거리
인천시청
예술회관
인천터미널
문학경기장
선학
신연수
원인재
동춘
동막
백운
동암
간석
주안
도화
제물포
도원
동인천
인천
1
인천1
국제업무 지구
센트럴 파크
인천대 입구
지식정보 단지
테크노 파크
캠퍼스 타운
사당
남태령
선바위
경마공원
대공원
과천
정부과천 청사
인덕원
평촌
범계
신대방 신림 봉천
서울대 입구
낙성대
방배 서초
교대
강남 역삼
선릉
삼성
종합운동장
한티
도곡
남부 터미널
양재 매봉
대치 학여울 대청
일원
구룡
개포동
대모산 입구
수서
7
장암
도봉산
망월사 회룡 의정부 가능 녹양 양주 덕계 덕정 지행
도봉
방학
수락산
마들
노원
상계 당고개
4
쌍문
수유
미아
미아삼거리
창동
녹천
월계
성북
중계
하계
공릉
태릉 입구
석계
상월곡
월곡
고려대
안암
보문
창신
길음
성신여대입구
한성대입구
혜화
동묘앞
돌곶이
신이문
외대앞
화랑대 봉화산
6
먹골
중화
신내 갈매 별내
퇴계원
사릉
금곡
평내호평
마석
회기
청량리
상봉
망우
양원
구리
도농
양정
덕소
도심
팔당
신설동
제기동
용두
신당
상왕십리
왕십리
행당
한양대
마장
답십리
뚝섬
용답
장한평
군자
성수
건대입구
어린이 대공원
면목
사가정
용마산
중곡
아차산
광나루
천호
암사
강동
길동
굽은다리
명일
고덕
상일동
5
8
청구
신금호
응봉
뚝섬 유원지
청담
강남구청
학동
논현
구의
강변
잠실나루
잠실
강동구청
몽촌토성
신천
석촌
송파
경찰 병원
가락시장
문정
장지
복정
경원대 태평
모란
산성
수진
남한산성 입구
단대 오거리
신흥
오금
개롱
거여 마천
5
방이
올림픽공원
둔촌동
9
3
1
동두천중앙
보산
동두천
소요산
경춘선
춘천
남춘천
김유정
강촌
백양리
굴봉산
가평
상천
청평
대성리
운길산
양수
신원
국수
아신
오빈
양평
원덕
용문
중앙선
분당선
보정 죽전 오리 미금
정자
수내
서현
이매
야탑

⮕ 어느 역에서 내리면 될까?

경춘선

금곡역 백봉산

평내호평역 천마산

마석역 축령산, 서리산

대성리역 운두산

청평역 호명산, 깃대봉, 화야산, 고동산, 뽀루봉, 연인산, 청우산

상천역 불기산, 주발봉, 청우산

가평역 보납산, 월두봉, 북배산, 계관산, 가덕산, 촉대봉, 수덕산, 문바위봉, 칼봉산, 매봉, 대금산, 깃대봉, 송이봉, 수리봉, 옥녀봉, 노적봉, 명지산, 백둔봉, 화악산, 애기봉, 석룡산, 차돌박이산, 견치봉, 민드기봉, 연인산

굴봉산역 새덕산, 굴봉산, 육계봉

강촌역 검봉산, 봉화산, 삼악산, 등선봉

김유정역 금병산

남춘천역 대룡산

춘천역 삿갓봉, 오봉산, 마적산

중앙선

덕소역 갑산

팔당역 예봉산

운길산역 운길산, 문안산, 금남산

양수역 청계산, 부용산

원덕역 추읍산

용문역 용문산, 중원산, 용조봉, 도일봉, 단월산

경원선

청량리역 주금산, 철마산

양주역 불곡산

소요산역 소요산, 마차산

신탄리역 고대산

수도권

1호선 도봉산역 도봉산 만월암, 포대능선, 도봉주능선 코스

1호선 망월사역 도봉산 원효사, 망월사 코스

1호선 회룡역 사패산

4호선 수유역 북한산 도선사, 4.19묘소방면 코스

4호선 미아역 북한산 정릉, 국민대 코스

3호선 불광역 북한산 족두리봉, 비봉능선, 구기동 코스

3호선 구파발역 북한산 북한산성, 삼천사, 진관사, 사기막 코스

2호선 서울대입구역 관악산 서울대입구, 무너미고개, 장군봉능선 코스

2호선 사당역 관악산 사당능선 코스

4호선 과천종합청사역 관악산 연주암, 국기봉 코스. 청계산 응봉 코스

4호선 인덕원역 관악산 관양능선 연주암 코스

1호선 관악역 삼성산 학우능선 코스

1호선 석수역 삼성산 석수능선 코스

3호선 양재역 청계산 원터골, 화물터미널, 옛골 코스

1호선 수원역 바라산, 백운산, 광교산

4호선 상계역 불암산

6호선 태릉입구역 불암산 동쪽 방면 코스

7호선 수락산역 수락산

5호선 마천역 남한산성 동쪽 방면 코스

8호선 남한산성역 남한산성 남쪽 방면 코스

5호선 고덕역 검단산, 용마산

1호선 안양역 수리산, 수암봉

공항철도 운서역 백운산, 호룡곡산, 장봉도

북한산국립공원 둘레길

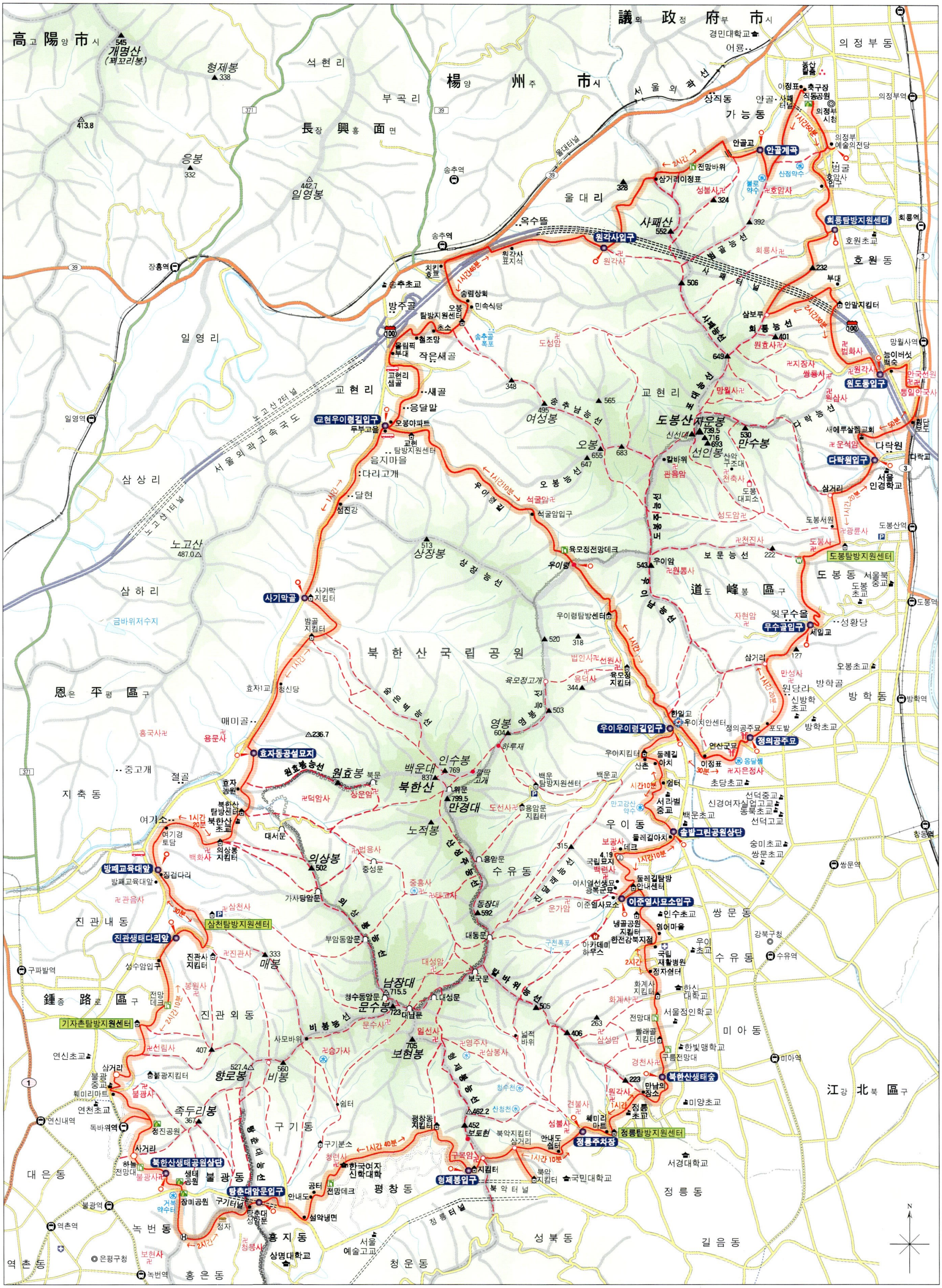

서울,성동 1:50,000

북한산국립공원 둘레길

둘레길

북한산 37.2km, 총 16시간 소요
우이동 우이령길 입구→70분→솔밭그린공원 상단→70분→이준열사묘역 입구→110분→북한산생태숲 앞→50분→정릉주차장→70분→형제봉 입구→80분→탕춘대성암문 입구→112분→북한산생태공원 상단→110분→진관생태다리 앞→30분→방패교육대 앞→70분→효자공설묘지→60분→사기막골 입구→60분→교현리 우이령길 입구

※ 우이령길
우이동 우이령길 입구→교현리 우이령길 입구(총 3시간 소요)

1구간 : 소나무숲길
(우이령길 입구~솔밭그린공원 상단)
3.1km, 1시간 10분 소요

2구간 : 순례길
(솔밭그린공원 상단~이준열사묘소 입구)
2.3km, 1시간 10분 소요

3구간 : 흰구름길
(이준열사묘소 입구~북한산생태숲 앞)
4.1km, 1시간 50분 소요

4구간 : 솔샘길
(북한산생태숲 앞~정릉주차장)
2.1km, 50분 소요

5구간 : 명상길 구간
(정릉주차장~형제봉 입구)
2.4km, 1시간 10분 소요

6구간 : 평창마을길
(형제봉 입구~탕춘대성암문 입구)
5km, 1시간 40분 소요

7구간 : 옛 성길
(탕춘대성암문 입구~북한산생태공원 상단)
2.7km, 1시간 52분 소요

8구간 : 구름정원길
(북한산생태공원 상단~진관생태다리 앞)
4.9km, 1시간 55분 소요

9구간 : 마실길
(진관생태다리 앞~방패교육대 앞)
1.5km, 30분 소요

10구간 : 내시묘역길
(방패교육대 앞~효자동공설묘지)
3.5km, 1시간 10분 소요

11구간 : 효자길
(효자동공설묘지~사기막골 입구)
2.9km, 1시간 소요

12구간 : 충의길
(사기막골 입구~교현리 우이령길 입구)
2.7km, 1시간 소요

둘레길

도봉산
(우이동치안센터~교현리 우이령길 입구)
23.3km, 총 12시간 6분 소요
우이동치안센터→30분→정의공주묘→80분→무수골 입구→80분→다락원 입구→50분→원도봉 입구→150분→회룡지원센터→110분→안골계곡→120분→원각사 입구→106분→교현리 우이령길 입구

20구간 : 왕실묘역길
(우이동치안센터~정의공주묘)
1.6km, 30분 소요

19구간 : 방학동길
(정의공주묘~무수골 입구)
3.1km, 1시간 20분 소요

18구간 : 도봉옛길
(무수골 입구~다락원)
3.1km, 1시간 20분 소요

17구간 : 다락원길
(다락원~원도봉 입구)
3.3km, 50분 소요

16구간 : 보루길
(원도봉 입구~회룡탐방지원센터)
3.1km, 2시간 30분 소요

15구간 : 안골길
(회룡탐방지원센터~안골계곡)
4.7km, 1시간 50분 소요

14구간 : 산너머길
(안골계곡~원각사 입구)
2.3km, 2시간 소요

13구간 : 송추마을길
(원각사 입구~교현리 우이령길 입구)
5.2km, 1시간 46분 소요

🚌 대중교통

북한산

1구간 : 우이동치안센터
4호선 수유역 3번 출구에서 120번 153번 버스, 종점 하차(도보 5분).

2구간 : 솔밭그린공원 상단
4호선 수유역 3번 출구에서 120번 153번 버스, 덕성여대입구 하차. 길 건너(도보 5분).

3구간 : 이준열사묘역 입구
4호선 수유역 1번 출구에서 강북01번 마을버스, 통일교육원 하차.

4구간 : 북한산생태숲 앞
4호선 길음역 3번 출구에서 1014번 1114번 버스, 종점 하차.

5구간 : 정릉주차장
4호선 길음역 3번 출구에서 143번 110B번 버스, 종점 하차(도보 5분).

6구간 : 형제봉 입구
4호선 길음역 3번 출구에서 153번 7211번 버스, 롯데삼성아파트 하차(도보15분).

7구간 : 탕춘대성암문 입구
3호선 불광역 2번 출구에서 7211번 7720번 버스, 구기동 하차.

8구간 : 북한산생태공원 상단
3호선 불광역 2번 출구에서 구기터널 쪽(도보 10분).

9구간 : 진관생태다리 앞
3호선 연신내역 3번 출구에서 7211번 버스 진관사 앞 하차(도보 15분).

10구간 : 방패교육대 앞
3호선 구파발역 1번 출구에서 34번 704번 버스, 임곡사거리 하차(도보 5분).

11구간 : 효자동공설묘지
3호선 구파발역 1번 출구에서 34번 704번 버스, 효자동마을금고 하차(도보 5분).

12구간 : 사기막골 입구
3호선 구파발역 1번 출구에서 34번 704번 버스, 사기막골 하차.

※ **교현리 우이령길 입구**
3호선 구파발역 1번 출구에서 34번 704번 버스, 우이령길 입구 하차.

🚌 대중교통

도봉산
(우이령길 입구~고현리 우이령길 입구)

20구간 : 우이동치안센터
7호선 노원역 7번 출구에서 1161번, 7호선 노원역 3번 출구에서 1144번, 4호선 창동역 1번 출구에서 1161번 1144번을 타고 우이동 우이치안센터 하차.
4호선 수유역 3번 출구에서 120번, 153번 버스를 타고 우이동 120번 종점 하차.

19구간 : 정의공주묘
7호선 노원역 7번 출구에서 1161번, 4호선 창동역 1번 출구에서 1161번, 1144번, 7호선 노원역 3번 출구에서 1144번을 타고 연산군묘 하차.

18구간 : 무수골 입구
1호선 도봉역 3~4번 출구로 나와 도봉치안센터 앞에서 10분 간격 주말농장행 8번 마을버스를 타고 주말농장 하차 후 무수골 입구 세일교까지 간다.

17구간 : 다락원 입구
1호선·7호선 도봉산역 1번 출구에서 의정부 쪽으로 1.5km 다락교 건너서 좌회전 ⇨ 다락원 뒤 다락원탐방센터까지 간다.

16구간 : 원도봉 입구
1호선 망월사역 3번 출구에서 서쪽 도로 약 1km 고가도로 밑에서 시작.

15구간 : 회룡탐방지원센터
1호선 회룡역 2번 출구에서 서쪽 편으로 약 1km 회룡탐방지원센터.

14구간 : 안골계곡
1호선 가능역 1번 출구에서 왼쪽 100m에서 34번 버스 이용, 안골 입구 하차. 직동교 거너 21분 거리 안골삼거리.

13구간 : 원각사 입구
1호선 가능역 1번 출구 왼쪽 100m 지점 또는 3호선 구파발역 1번 출구에서 원각사 입구, 오봉통제소 입구를 경유하여 왕래하는 34번 버스 이용, 원각사 입구 하차.

산악도서 전문출판사
02-396-1044
깊은솔